Kurs- und Übungsbuch

Campus Italia

A1/A2

Überarbeitete Ausgabe

Mit Audios

von
Rosa Errico
Maria Antonia Esposito
Nicoletta Grandi

Ernst Klett Sprachen
Stuttgart

Campus Italia A1/A2
Kurs- und Übungsbuch
Überarbeitete Ausgabe

von
Rosa Errico
Maria Antonia Esposito
Nicoletta Grandi

Zu diesem Buch gibt es Audios, die mit der Klett-Augmented-App geladen und abgespielt werden können.

Klett-Augmented-App kostenlos downloaden und öffnen | Bilderkennung starten und **Seiten mit Audios** scannen | Audios laden, direkt nutzen oder speichern

Scannen Sie diese Seite für weitere Komponenten zu diesem Titel.

1. Auflage 1 3 2 1 | 2021 20 19

Internetadresse: www.klett-sprachen.de

Autorinnen Rosa Errico, Maria Antonia Esposito, Nicoletta Grandi

Redaktion Rosa Errico, München; Michael Krumm, Lüneburg
Layoutkonzeption grundmanngestaltung, Karlsruhe
Illustrationen Gregor Schöner, Bremen
Gestaltung und Satz grundmanngestaltung, Karlsruhe
Umschlaggestaltung grundmanngestaltung, Karlsruhe
Titelbild Frau in Florenz: Corbis (Innocenti), Düsseldorf;
Frau mit Büchern: Thinkstock (minoandriani), München;
Palazzo dell'Archiginnasio, Bologna: Thinkstock (Eric Hood), München
Druck und Bindung Elanders GmbH, Waiblingen

ISBN 978-3-12-**525628**-6

Liebe Lernerinnen, liebe Lerner des Italienischen,

willkommen bei *Campus Italia*! Dieses Lehrwerk richtet sich an Studenten und junge Erwachsene, die die Grundzüge der italienischen Sprache und Kultur kennenlernen oder mit Austauschprogrammen nach Italien gehen wollen.

Konzeption und Struktur

Das Lehrwerk besteht aus 2 Bänden in folgenden Komponenten:

Niveau A1/A2
- Kurs- und Übungsbuch + Audios
- Trainingsbuch + Audio-CD
- Lehrerhandbuch
- Campus Italia A1/A2 digital (DVD-ROM)

Niveau B1/B2
- Kurs- und Übungsbuch + Audios
- Trainingsbuch + Audio-CD
- Lehrerhandbuch
- Campus Italia B1/B2 digital (DVD-ROM)

sowie ergänzenden Online-Materialien.

Jeder Band gliedert sich in zwei Teile: einen Teil für den Präsenzunterricht im Kurs und einen Teil für die Arbeit zu Hause. Circa 150 Arbeitsstunden sollten pro Band eingeplant werden.

Die Aufteilung der Lektionen orientiert sich dabei an den Niveaus des Gemeinsamen Europäischen Referenzrahmens für Sprachen:

A1:	Erste Kontakte	L1–L6
A2:	Über sich selbst sprechen	L7–12
B1:	Interagieren und beschreiben	L1–L6
B2:	Argumentieren und erzählen	L7–12

Jede Lektion besteht wiederum aus 4 Einheiten:

Teile A und B:	zwei *Unità* von 90 Minuten
Teil C:	Grammatikerläuterungen in deutscher Sprache
Teil D:	Aussprache und Orthographie
Test / Glossar:	Test zur Selbsteinstufung und ein thematisches Glossar

Ziele und Inhalte

- Themenlektionen, die in universitären und studentischen Kontexten situiert sind
- Grammatikvermittlung, die auf den natürlichen Verlauf des Spracherwerbs abgestimmt ist, aber auch einen schnellen und zyklischen Fortschritt vorsieht, mit zahlreichen Aktivitäten zur Fokussierung auf die Sprachstrukturen
- klare Struktur der Kommunikationsfunktionen; im ersten Band auf die gesprochene, im zweiten Band auf die geschriebene Sprache fokussiert
- Wortschatz, der in semantische Bereiche gegliedert ist
- integrierte Übungen für Aussprache und Orthographie
- Informationen zu Studium und Arbeitswelt
- Schwerpunkt auf der Entwicklung von Fähigkeiten, die während des Studienverlaufs erforderlich sind, wie Notizen machen, Zusammenfassen, Berichten, Präsentieren, Argumentieren

Wir wünschen Ihnen viel Erfolg und Spaß beim Erlernen des Italienischen mit *Campus Italia*!

Ihre Autorinnen
Ihre Redaktion

Weitere Materialien finden Sie unter
www.klett-sprachen.de/campusitalia

Tavola dei contenuti

4 VITA QUOTIDIANA

Funzioni comunicative Sich nach den täglichen Gewohnheiten erkundigen // Berufswünsche äußern // Einladen // Sich über die Jahreszeiten unterhalten // Einen Vorschlag annehmen / ablehnen/ Zweifel äußern // Weginformationen erfragen / geben

Grammatica Präsens der regelmäßigen Verben // Die Verben auf *-ciare, -giare, -care, -gare* // Die Verben *fare, uscire, stare, sapere, dare, andare, venire, uscire, dire* // Die Modalverben *dovere, potere, volere* // Die Adverbien der Häufigkeit // Von Gewohnheiten sprechen (*il lunedì, il pomeriggio…)* // Ortsadverbien *a destra, a sinistra, di fronte, davanti…*

Pronuncia e ortografia Laute und Lautverbindungen: [ʃ] – [sk]; [e] – [ɛ]; [o] – [ɔ] // Betonung der Verben im Präsens

Aree semantiche Ausdrücke der Häufigkeit // Zeitangaben // Wochentage // Wegangaben // Jahreszeiten // Studium // Zahlen 100–1 Milliarde

5 IN GIRO PER UFFICI

Funzioni comunicative Wegziel erfragen / angeben // Höflich Hilfe anbieten // Eine Frage / einen Wunsch formulieren // Sich nach der Uhrzeit und dem Datum erkundigen

Grammatica Die Präpositionen mit und ohne Artikel // Die Ortspräpositionen mit den Verben *andare* und *essere* // Die Partitivartikel // Die unbetonten direkten Objektpronomen *lo, la, li, le* // Das Partitivpronomen *ne* // Die Relativpronomen *che, chi*

Pronuncia e ortografia Wiederholung der Laute: [e] – [ɛ]; [o] – [ɔ] // Der Laut [kw] // Fortführung: Betonung der Verben im Präsens // *Signor, Dottor, Professor, Ragionier*

Aree semantiche Orte // Alltagstätigkeiten // Bekräftigung // Reisen // Zeitangaben

6

LA MIA CASA

Funzioni comunicative Jemanden ermutigen // Sich nach Vorlieben erkundigen / Vorlieben äußern // Wohnung beschreiben

Grammatica Die betonten und unbetonten indirekten Objektpronomen // Das Verb *piacere* // Die Konstruktion *stare* + Gerundium // Die Possessivpronomen und -adjektive

Pronuncia e ortografia Akzente // Die Laute: [ɲ] – [ʎ] // Fortführung: Betonung der Verben im Präsens

Aree semantiche Wohnungstypen // Eigenschaften der Wohnung // Möbel // Materialien // Die Ordnungszahlen

7 Che fai di bello?

Funzioni comunicative Vergleiche ziehen // Über die Persönlichkeit reden // Vergangenes erfragen und erzählen // Eine Meinung äußern

Grammatica Substantive und Adjektive auf *-co* und *-go* // Die unbetonten direkten Objektpronomen // Das Präsens der reflexiven Verben // Der Komparativ // Der relative und der absolute Superlativ // *Passato prossimo*

Pronuncia e ortografia Die Laute [rr] - [r] // Die Präfixe *il-, ir-, in-, im-* // Der Superlativ auf *-issimo* // Intonation des Ausrufesatzes

Aree semantiche Freizeit // Charaktereigenschaften // Zeitangaben // Theater

8 Cos'è successo?

Funzioni comunicative Eine Zeitungsnotiz in der Vergangenheitsform nacherzählen // Ein persönliches Erlebnis in der Vergangenheitsform erzählen // Staunen ausdrücken

Grammatica *Passato prossimo* der regelmäßigen, unregelmäßigen und reflexiven Verben // *Passato prossimo* bei Modalverben // Zeitadverbien *ieri, dopo, poi, alla fine, prima, fa* // Adverbien der Art und Weise

Pronuncia e ortografia Wortakzent // Die Laute [s] - [z].

Aree semantiche Medien // Adverbien der Art und Weise // Eigenschaften von Ereignissen

9 MOMENTI INDIMENTICABILI

Funzioni comunicative Beschreibungen von Personen / Situationen / Orten / Gewohnheiten in der Vergangenheitsform // Erinnerungen erzählen // Über die Familie reden

Grammatica Imperfekt // Die Funktionen des Imperfekts und *passato prossimo* // Possessivpronomen bei Verwandtschaftsbezeichnungen

Pronuncia e ortografia Die Laute [ʎ] - [l], [j] und [w] // Die Aussprache der Vokalkombinationen *io, ia, ie, iu – uo, ua, ue, ui* // Die Betonung der Verben im Imperfekt

Aree semantiche Aussehen // Körperteile // Persönliche Beziehungen // Studium

10 In giro per negozi

Funzioni comunicative // Einen Wunsch äußern // Auf höfliche Art fragen // Zweifel äußern / // Einen Rat geben

Grammatica Konditional I // Funktionen des Konditional I // Die Relativpronomen *chi, che, cui* // Plural der unregelmäßigen Substantive

Pronuncia e ortografia Die Doppelkonsonanten // Intonation der Ausrufesätze // Intonation der Sätze, mit denen ein Zweifel ausgedrückt oder ein Rat gegeben wird // Die Betonung der Verben im Konditional

Aree semantiche Kleidung, Accessoires // Materialien // Eigenschaften von Kleidung // Gefühle

11 FARE UNO STAGE

Funzioni comunicative Befehl / Ratschlag / Erlaubnis geben // Formelles Interview // Lebenslauf schreiben // Am Telefon sprechen

Grammatica Imperativ // Imperativ und Pronomen // Funktionen des Imperativs

Pronuncia e ortografia Intonation: Frage vs. Aufforderung // Betonung beim Imperativ

Aree semantiche Arbeitswelt // Einen höflichen Brief schreiben // Telefonieren

12

NON SOLO VACANZE

Funzioni comunicative Von Zukunftsplänen sprechen // Anregungen einholen und geben // Über das Wetter reden

Grammatica Futur // Funktionen des Futurs // Die Präpositionen *fra, tra, per, fino a* // Die direkten unbetonten Objektpronomen beim *passato prossimo* // Die Verben *servire, mancare, occorrere* // *stare per* + Infinitiv

Pronuncia e ortografia Die Aussprache der Vokalkombinationen: *eu, ei, eo, ea – au, ae, ai, ao – oi, oa, oe* // Die Laute [b] – [p], [v] – [f] // Doppelkonsonaten: *p* oder *pp*, *b* oder *bb* // Betonung der Verben im Futur

Aree semantiche Wetter // Landschaften // Himmelsrichtungen // Reisen

Anhang

Weitere Komponenten

Campus Italia A1/A2

Campus Italia A1/A2 auf einen Blick!

Trainingsbuch + Audio-CD

- Zum Selbstlernen und für den Unterricht
- Vertiefung von Grammatik und Wortschatz
- Verbesserung der Kommunikationsfähigkeit
- Mit Audio-CD

Campus Italia A1/A2 digital, DVD-ROM

- Komplettes Kurs- und Übungsbuch zur Präsentation per Whiteboard oder Beamer
- Komplettes Lehrerhandbuch zur Vorbereitung am PC
- Alle Audio-Dateien

Guida per l'insegnante

- Detaillierte Unterrichtsvorschläge
- Alle Transkriptionen des Audiomaterials
- Lösungen

Glossar online unter
www.klett-sprachen.de/campusitalia

Verwendete Symbole

Ascoltare
Zuhören

Dialogare
Sich unterhalten

Leggere
Lesen

Grammatica da costruire
Grammatikregeln konstruieren

Scrivere
Schreiben

Grammatica da osservare
Grammatikregeln beobachten

esercizi 1–5 Rimandi agli esercizi
Verweise auf Übungen

1

Come ti chiami?

Presentarsi // Chiedere / dire la provenienza // Chiedere / dire la nazionalità // Chiedere / dire l'età // Formale / informale

Quali parole italiane conosci?

ciao!

opera

pasta

sole

A

1. A gruppi. Avete 5 minuti di tempo per scrivere accanto ad ogni lettera dell'alfabeto le parole italiane che conoscete.

A amico, ___	H ___	Q ___
B ___	I ___	R ___
C ___	L ___	S ___
D ___	M musica, ___	T ___
E ___	N ___	U ___
F ___	O ___	V ___
G ___	P ___	Z ___

2. Perché queste lettere non sono nell'alfabeto?

J K Y X W

3. TR 1.1 **Come si pronunciano le lettere dell'alfabeto italiano? Ascoltate e ripetete.**

a	di	gi	elle	o	erre	u
bi	e	acca	emme	pi	esse	vi/vu
ci	effe	i	enne	qu	ti	zeta

i lunga cappa ics doppia vu ipsilon

4. TR 1.2 **Ascoltate le seguenti parole, scrivete e abbinate poi alle immagini.**

1. ____________ ☐
2. ____________ ☐
3. ____________ ☐
4. ____________ ☐
5. ____________ ☐
6. ____________ ☐
7. ____________ ☐
8. ____________ ☐
9. ____________ ☐

A

B

C

D

E

F

G

H

I

5. TR 1.3 **Ascoltate il dialogo e rispondete alle domande.**

1. Chi parla?
   a. ☐ due attori
   b. ☐ due studenti
   c. ☐ due giornalisti
   d. ☐ due professori

2. Dove sono?
   a. ☐ alla stazione
   b. ☐ in classe
   c. ☐ al cinema
   d. ☐ a teatro

6. TR 1.3 **Ascoltate ancora una volta e segnate le parole che sentite.**

facoltà ☐
lezione ☐
prego ☐
Milano ☐
piacere ☐
università ☐
Franco ☐
città ☐
americano ☐
posto ☐
nazionalità ☐
insieme ☐
nome ☐

7. TR 1.3 Ascoltate ancora una volta e segnate con una crocetta le risposte.

	italiano	tedesca	Berlino	Erasmus	Psicologia	Firenze
Marco	X					
Katrin						

8. Completate il dialogo.

- Ciao. ____________________ Marco e tu ____________________ ti chiami?
- Piacere. ____________________ Katrin.
- Piacere! Non ____________________ italiana, vero?
- No. ____________________ tedesca.
- Ah tedesca, e ____________________?
- Di Berlino.
- Ah, Berlino! ____________________ una città bellissima!

esercizi
1–5

9. A coppie. Presentatevi usando il dialogo come modello.

- Ciao, mi chiamo Franz. E tu, come ti chiami?
- Io sono Marina. Piacere.
- Di dove sei?
- Sono italiana, di Livorno. E tu?
- Sono di Zurigo.

B

1. TR 1.4 **Di che nazionalità sono i ragazzi? Fate delle ipotesi. Ascoltate le presentazioni e completate.**

1

Eva

nazionalità: ____________

città: ____________

facoltà: ____________

2

Alejandra

nazionalità: ____________

città: ____________

facoltà: ____________

3

Dimitrios

nazionalità: ____________

città: ____________

facoltà: ____________

4

João

nazionalità: ____________

città: ____________

facoltà: ____________

5

Anna

nazionalità: ____________

città: ____________

facoltà: ____________

6

Yoko

nazionalità: ____________

città: ____________

facoltà: ____________

esercizi 6–8

2. Leggete i due testi e rispondete alle domande.

Mi chiamo Eva, sono tedesca di Amburgo ma vivo a Firenze. Ho 20 anni e studio psicologia al primo anno. Vivere in Italia mi piace molto e poi Firenze è bellissima. L'università non è lontana da casa e la mattina non ho molte lezioni. Abito in un piccolo appartamento in centro con una ragazza spagnola che si chiama Alejandra. Abbiamo molti hobby in comune, per esempio giocare a tennis o ascoltare musica. Sono molto contenta della mia vita qui in Italia.

1. Di dov'è Eva? ____________
2. Quanti anni ha? ____________
3. Cosa studia? ____________
4. Dove vive? ____________
5. Che hobby ha? ____________

Io sono João ho 26 anni. Sono portoghese di Lisbona. Sono in Italia già da 5 anni e studio Ingegneria elettronica a Milano. La città non è molto bella, secondo me è caotica e rumorosa, ma ha anche molti lati positivi: è una città moderna e organizzata e offre molto nel campo della cultura e del divertimento. La sera, per esempio, è molto bello andare sui Navigli a prendere un aperitivo o andare a teatro o al cinema.

1. Di dov'è João? ____________
2. Quanti anni ha? ____________
3. Cosa studia? ____________
4. Che idea ha di Milano? ____________
5. Cosa fa la sera? ____________

esercizi 9–13

3. In gruppi di tre chiedete informazioni ai compagni e completate la tabella.

Nome:		
Città:		
Nazionalità:		
Età:		
Facoltà:		
Interessi:		

4. Scrivete un breve testo su uno dei vostri compagni.

Il mio compagno / la mia compagna si chiama ____________. È ____________ di ____________. Ha ____________. Studia ____________ I suoi hobby sono ____________.

5. TR 1.5 **Ascoltate come si salutano le persone. Quale dialogo si abbina alle foto?**

A

Dialogo ☐

B

Dialogo ☐

C

Dialogo ☐

6. TR 1.5 **Ascoltate ancora una volta. Quale dialogo è formale, quale informale?**

7. **A coppie. Immaginate dei dialoghi fra le persone delle foto.**

Formale

- Buongiorno Signor… / Signora…
- Buongiorno. Come sta?
- Non c'è male, grazie, e Lei?
- Bene, grazie.

Informale

- Ehi, Matteo!
- Ciao Giulio, come va?
- Bene, grazie. E tu come stai?
- Benissimo!

esercizi 14–16

8. TR 1.6 Abbinate la domanda alla risposta. Ascoltate e controllate.

1. ☐ Scusi, posso fare una domanda?
2. ☐ Scusi, cosa significa "fare un giro"?
3. ☐ Scusi, come si dice in italiano "ich bin Deutscher"?
4. ☐ Scusi, come si scrive "Psicologia"?
5. ☐ Scusi, non ho capito, può ripetere più lentamente per favore?

a. In italiano si dice "sono tedesco".
b. Significa "spazieren gehen".
c. Si scrive: pi esse i ci o elle o gi i a.
d. Certamente: pi esse i ci o elle o gi i a.
e. Ma certo! Prego.

9. Trovate le indicazioni corrispondenti alle immagini.

A

B

C

1. ☐ A coppie
2. ☐ A gruppi
3. ☐ In classe

10. Che cosa significano questi simboli? Abbinate.

1. ☐ 
2. ☐ 
3. ☐ 
4. ☐ 
5. ☐ 

a. Grammatica
b. Ascoltare
c. Scrivere
d. Leggere
e. Parlare

C Grammatica

Essere

Präsens: *essere*

(io)	sono
(tu)	sei
(lui / lei / Lei)	è
(noi)	siamo
(voi)	siete
(loro)	sono

Avere

Präsens: *avere*

(io)	ho
(tu)	hai
(lui / lei / Lei)	ha
(noi)	abbiamo
(voi)	avete
(loro)	hanno

Im Italienischen wird das Alter mit dem Verb *avere* angegeben.

Ho 25 anni. Ich bin 25 Jahre alt.

Stare

1.–3. Person Singular des Verbs *stare*

(io)	sto
(tu)	stai
(lui / lei / Lei)	sta

Chiamarsi

1.–3. Person Singular des Verbs *chiamarsi*

(io)	mi chiam**o**
(tu)	ti chiam**i**
(lui / lei / Lei)	si chiam**a**

L'aggettivo singolare

Das Adjektiv im Singular

Marco è	italian**o**	-o bei männlichem Bezugswort
Anna è	polacc**a**	-a bei weiblichem Bezugswort

John è	ingles**e**	-e bei weiblichem und männlichem Bezugswort
Marie è	frances**e**	

Anders als im Deutschen benutzt man im Italienischen Adjektive, um die Nationalität einer Person anzugeben:

Mario è italiano. Mario ist Italiener.

La frase affermativa, negativa e interrogativa

Der Aussagesatz, der verneinte Aussagesatz und der Fragesatz

Marco è italiano.	Marta **non** è italiana.	Marco è italiano?

Der Unterschied zwischen Frage- und Aussagesatz liegt in der Intonation: Beim Fragesatz hebt man gegen Ende des Satzes die Stimme, beim Aussagesatz fällt die Intonation.

Come	ti chiami?
Quanti	anni hai?
Di dove	sei?
Che cosa	studi?
Dove	abiti?
Chi	è il tuo professore di italiano?

Die Frage kann auch durch Fragewörter eingeleitet werden.

D Pronuncia e ortografia

1. TR 1.7 Ascoltate e scrivete le nazionalità che sentite.

1. ted	4. ______	7. ______
2. ______	5. ______	8. ______
3. ______	6. ______	9. ______

2. TR 1.8 Ascoltate e segnate i numeri.

3. Alcune parole si scrivono con la lettera MAIUSCOLA. Segnate la versione corretta.

1. a. ☐ Genova b. ☐ genova	3. a. ☐ Italia b. ☐ italia	5. a. ☐ Tiziano b. ☐ tiziano	7. a. ☐ Mela b. ☐ mela	9. a. ☐ Roma b. ☐ roma
2. a. ☐ Gatto b. ☐ gatto	4. a. ☐ Sole b. ☐ sole	6. a. ☐ Bambino b. ☐ bambino	8. a. ☐ Lucia b. ☐ lucia	10. a. ☐ Tigre b. ☐ tigre

4. Inserite i nomi dell'esercizio 3 nella colonna giusta. Volete continuare voi? Controllate in classe.

Città	Stati	Persone	Cose	Animali

2

Cosa studi?

Chiedere / dire la residenza // Chiedere / dire l'indirizzo // Invitare / accettare un invito

Conosci queste università italiane?

La Scuola Normale di Pisa

L'Università Cattolica di Milano

Il Politecnico di Torino

La Sapienza di Roma

A

1. Guardate la piantina della metropolitana di Milano. Su quale linea sono le fermate?

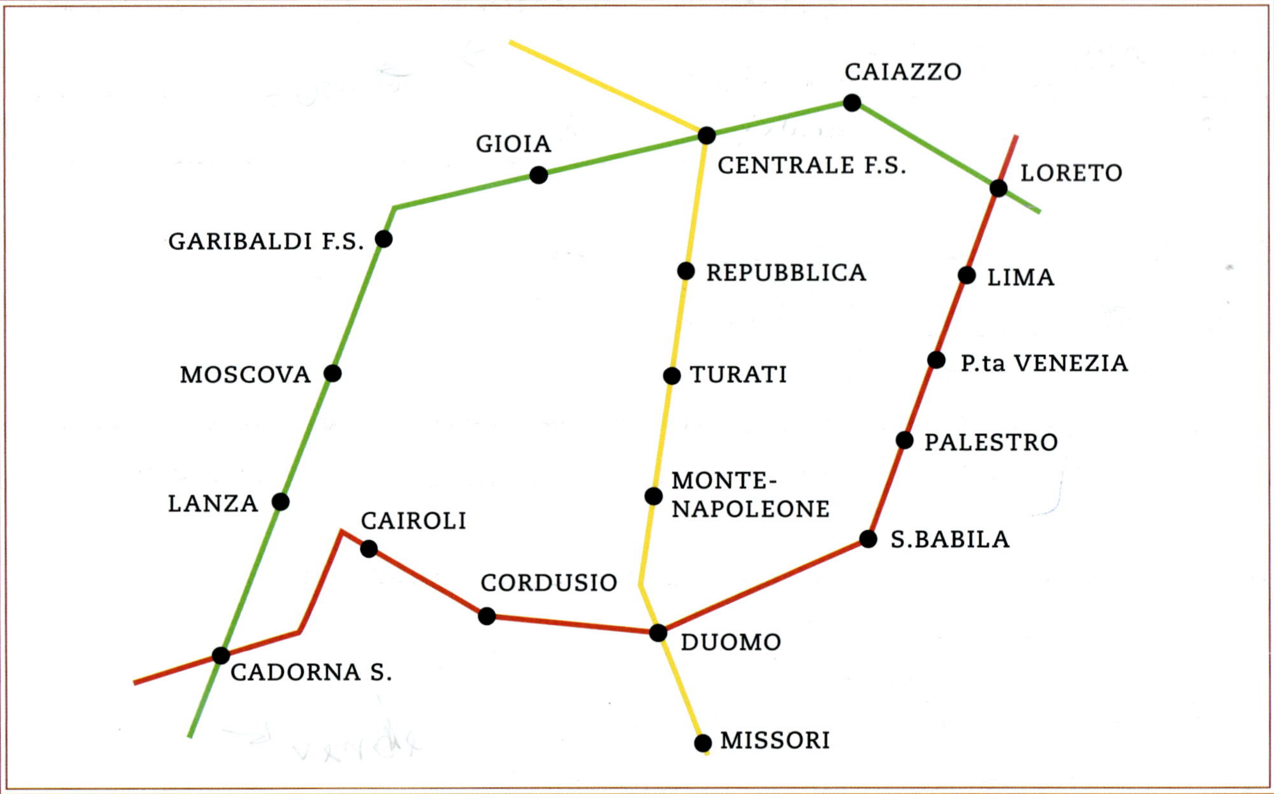

1. ☐ Repubblica
2. ☐ Lima
3. ☐ Duomo
4. ☐ Stazione Garibaldi

a. MM1 Linea Rossa
b. MM2 Linea Verde
c. MM3 Linea Gialla

esercizi 1–2

2. TR 1.9 Ascoltate il dialogo e segnate la risposta giusta.

1. Katrin e Marco sono:
   - a. ☐ a casa
   - b. ☐ in classe
   - c. ☐ per strada

2. Loro vanno:
   - a. ☐ a piedi
   - b. ☐ in metro
   - c. ☐ in autobus

3. Katrin e Marco prendono:
   - a. ☐ la linea rossa
   - b. ☐ la linea verde
   - c. ☐ la linea gialla

4. Marco abita:
   - a. ☐ in centro
   - b. ☐ fuori città
   - c. ☐ in corso Buenos Aires

5. Come arriva Marco all'università?
   - a. ☐ in bici
   - b. ☐ in treno
   - c. ☐ in auto

6. Katrin ha:
   - a. ☐ un telefono fisso
   - b. ☐ un cellulare
   - c. ☐ un'agenda

3. TR 1.9 Ascoltate ancora una volta e completate la tabella.

	Dove abita?	Cosa studia?	Quanti anni ha?	Qual è il numero di cellulare?
Katrin				
Marco				

4. Completate il dialogo e confrontate poi con l'ascolto.

MARCO: ________________ in centro?

KATRIN: Sì, volentieri! A piedi o in metro?

MARCO: In metro, a piedi è un po' lontano e io sono stanco. Prendiamo la linea gialla della metropolitana fino al Duomo… Allora, dicevi che abiti in centro, ________________ esattamente?

KATRIN: In corso Buenos Aires. E tu?

MARCO: Io abito fuori città, ma non è lontano, solo 30 minuti in treno. Ma, allora, tu ________________ studi?

KATRIN: Sociologia, e tu Psicologia, vero?

MARCO: Sì, sono all'ultimo anno.

KATRIN: Nooo, è vero? Ma ________________ hai?

MARCO: Eh! 23 anni! E tu?

KATRIN: Io ho 19 anni, ho ancora tutti gli esami da fare.

MARCO: Dai! Piano piano…

KATRIN: Eccoci! Questa è la nostra fermata. ________________ mangiare qualcosa? Ho una fame terribile!!!

MARCO: D'accordo, qui vicino c'è un'ottima pizzeria.

KATRIN: Ok!

MARCO: Senti, ma ________________ il tuo numero di telefono?

esercizi 3–4

5. A gruppi. Ricordate quali frasi usano i ragazzi? Cercate altri modi per esprimere le stesse funzioni.

1. Invitare / accettare l'invito: *Ti va di ...* ______
2. Chiedere / dire l'indirizzo: ______
3. Chiedere / dire la facoltà: ______
4. Chiedere / dire l'età: ______
5. Chiedere il numero di telefono: ______

6. Osservate le desinenze dei verbi.

- Dove abiti?
- In Corso Buenos Aires e tu?
- Io abito fuori città.

7. Conoscete altri verbi italiani? Scriveteli nella tabella.

-are	-ere	-ire
abitare,	*vivere,*	*partire,*

Qual è la desinenza delle prime tre persone singolari?

io: ______

tu: ______

lui / lei / Lei: ______

esercizi 5–7

8. Quale preposizione manca: *a* o *in*?

- Vivi ______ Italia?
- Sì, studio ______ Milano.
- E dove abiti?
- ______ centro, ______ Corso Buenos Aires, e tu?
- Io abito ______ periferia.

9. TR 1.10 Ascoltate i dialoghi e completate con i numeri.

numero di casa: 075 59 ______ ______ ______ ______ ______

cellulare: 33 ______ ______ ______ ______ ______ ______ ______ ______

numero della segreteria: 0 ______ ______ ______ ______ ______ ______ ______ ______

prefisso della Germania: ______ ______ ______ ______

esercizi 8–10

10. Cambiate più volte compagno di classe e fate dei brevi dialoghi chiedendo:

- Nome
- Indirizzo
- Facoltà
- Età
- Numero di telefono
- Invitare a fare qualcosa insieme

11. Completate l'email che Marco scrive a un amico.

Finalmente a Milano!

Da: giacomo.m@online.it

A: marco@mail.it

Oggetto: Finalmente a Milano!

Ciao Marco,

sono finalmente a Milano. Oggi ho conosciuto una ragazza molto carina, si chiama Katrin...

____

____

____

____

____

____

B

1. Guardate la pagina internet sotto e fate ipotesi.

1. Qual è il tema della pagina?
   - a. ☐ Studio
   - b. ☐ Lavoro
   - c. ☐ Tempo libero

2. A chi si rivolge?
   - a. ☐ Immigrati
   - b. ☐ Turisti
   - c. ☐ Studenti

3. Quali informazioni dà?
   - a. ☐ Date
   - b. ☐ Hotel
   - c. ☐ Treni

2. E ora leggete la pagina del sito.

http://www.portalegiovani.it

Portale Europeo
per i Giovani

italiano (it)

Programma Gioventù | Politiche Giovanili

Portale Europeo per i Giovani > Pagina iniziale

Europeo

PER STUDIO
- **scuola**
- **università**
  - iscrizioni
  - facoltà
  - sedi
  - studenti stranieri

PER LAVORO

PER VACANZE

Fare l'università in Italia e poi forse lavorare nel Bel Paese è un sogno di molti giovani stranieri. Ma dove cominciare?

La data per le iscrizioni è di solito tra la fine di settembre e l'inizio di ottobre. Le date per chi vuole iscriversi a un'università non statale o a un corso di laurea a numero chiuso invece variano, quindi è meglio informarsi subito su scadenze e modalità di iscrizione sui siti delle singole università. Uno studente straniero che vuole iscriversi a un ateneo statale può anche consultare il sito Internet del Ministero dell'Università e della Ricerca. Su questo sito ci sono informazioni su tutte le università italiane, ed è possibile fare anche una preiscrizione via Internet.

3. A coppie. Trovate il sinonimo.

1. ☐ straniero
2. ☐ ateneo
3. ☐ corso di laurea
4. ☐ scadenza
5. ☐ statale
6. ☐ consultare
7. ☐ iscriversi

a. guardare
b. università
c. consegnare il modulo
d. non del Paese
e. pubblico
f. facoltà
g. termine ultimo

4. Vero o falso?

	V	F
1. Studiare e poi lavorare in Italia è un sogno di molti studenti stranieri.	☐	☐
2. La data per le iscrizioni è di solito dopo agosto.	☐	☐
3. Le date per i corsi di laurea a numero chiuso sono diverse.	☐	☐
4. Il sito del Ministero fornisce informazioni su tutte le università statali.	☐	☐
5. Sul sito del Ministero lo studente può fare un'iscrizione all'università.	☐	☐

5. A coppie. Rileggete il testo e completate le tabelle.

l'articolo indeterminativo

(maschile)	______	sogno
	______	ateneo
	______	studente
(femminile)	______	preiscrizione
	______	università

il sostantivo singolare

(maschile)	un	cors______
(femminile)	una	dat______
(maschile/femminile)	un	Paes______
	una	preiscrizion______

esercizi 11–14

6. TR 1.11 Ascoltate e rispondete alle domande.

1. Marta è di
   a. ☐ Palermo
   b. ☐ Roma
   c. ☐ Milano

2. Lei frequenta
   a. ☐ un master
   b. ☐ una laurea triennale
   c. ☐ un erasmus

3. Il suo sogno è di diventare
   a. ☐ sociologa
   b. ☐ musicologa
   c. ☐ archeologa

4. Secondo lei, l'atmosfera dell'Università la Sapienza di Roma è:
   a. ☐ caotica
   b. ☐ difficile
   c. ☐ dinamica

7. Chiedete al compagno infomazioni seguendo il modello.

- Quale corso di studi frequenti?
- Faccio un master in…

- A quale semestre sei?
- Sono al primo / secondo semestre.

- Cosa pensi della tua università?
- Secondo me, è molto internazionale.

- Qual è il tuo sogno?
- Diventare architetto.

8. **Leggete i testi sulle seguenti università italiane e completate.**

Nel 1088 nasce
l'Università di Bologna
prima università del mondo occidentale. In questa università si laureano grandi personaggi internazionali della scienza e delle lettere come Thomas Becket, Erasmo da Rotterdam e Niccolò Copernico. È ancora oggi un punto di riferimento fondamentale per la cultura europea.

L'Università degli
Studi di Napoli "L'Orientale",
inizia ufficialmente la sua attività nel 1732. È la più antica Scuola di orientalistica del continente europeo, con una grande tradizione di studi nelle lingue, culture e società dell'Europa, dell'Asia, dell'Africa e delle Americhe. Grande attenzione è data alla ricerca sulle differenze e i punti di contatto tra le culture.

	Università di Bologna	**Università di Napoli**
Quando nasce?		
Perché è famosa?		
Quali sono le facoltà più importanti?		

9. **Scrivete a coppie un breve testo sulla vostra università.**

esercizi 15–17

C Grammatica

I verbi regolari al singolare – presente

1.–3. Person Singular der regelmäßigen Verben im Präsens

	abit**are**	viv**ere**	part**ire**
(io)	abit**o**	viv**o**	part**o**
(tu)	abit**i**	viv**i**	part**i**
(lui / lei / Lei)	abit**a**	viv**e**	part**e**

Das Subjektpronomen steht in der Regel nicht beim Verb:

Vivo in Spagna.	Ich lebe in Spanien.

Nur bei besonderer Betonung, bei Gegenüberstellungen und in Sätzen ohne Verb werden die Subjektpronomen gebraucht:

Io vivo in Russia, e la tua amica?	Ich lebe in Russland, und deine Freundin?
Lei vive in Italia.	Sie lebt in Italien.

L'articolo indeterminativo singolare

Der unbestimmte Artikel im Singular

	un **un** **uno**	sogno ateneo statale studente straniero	▸ vor Konsonanten ▸ vor Vokalen ▸ vor den Buchstabenkombinationen s + Konsonant, gn, pn, ps, x, y, z und unbetontes i + Vokal
	una **un'**	preiscrizione università	▸ vor Konsonanten ▸ vor Vokalen

Il sostantivo singolare

Das Substantiv im Singular

	un cors**o**	**-o**	maskulin
	una dat**a**	**-a**	feminin
	un Paes**e** una preiscrizion**e**	**-e**	maskulin und feminin

Le preposizioni a, in, di

Die Präpositionen *a, in* und *di*

Bei Ländern, Regionen und Straßen steht *in*, bei Städten *a*. Zur Angabe der Herkunft wird *essere + di* gebraucht.

Dove abiti? Abito…	**a**	Como
	in	Italia Lombardia centro periferia Via Mazzini Corso Garibaldi Viale Manzoni
Di dove sei? Sono…	**di**	Pisa

I numeri da 11 a 19

Die Zahlen von 11 bis 19

un**dici** do**dici** tre**dici**	quattor**dici** quin**dici** se**dici**	**dici**assette **dici**otto **dici**annove

D Pronuncia e ortografia

1. TR 1.12 **Ascoltate il dialogo. Come si chiama la donna?**

Nome:

a. ☐ Maria
b. ☐ Marta
c. ☐ Mara

Cognome:

a. ☐ Arduini
b. ☐ Ardani
c. ☐ Ardelli

2. TR 1.13 **Ascoltate i dialoghi e completate.**

1. a. Y__ __ __
   b. T__ __ __ __ __
2. a. ALEJANDRA
   b. M__ __T__ __ __ __
   c. S__A__ __Z
3. a. VLADIMIR
   b. I__ __ __ __V__ __

3. **A gruppi. Dite lettera per lettera il nome e cognome di un personaggio famoso.**

4. TR 1.14 **Ascoltate e ripetete.**

[tʃ]	cellulare • ciao
[dʒ]	genere • pagina
[k]	caffè • Marco • cubo • Michele • chitarra
[g]	pagare • archeologo • auguri • margherita • luoghi

5. **Inserite nella colonna giusta.**

aghi • ciao • Marghera • pace • pagare • paghiamo • Germania • occupato • qualcosa • cinema • genere • chiedere • Parigi • poche • cellulare • come • agenda • casa • cuore • iguana • pochi • Alghero • chiamare

[tʃ]	[dʒ]	[k]	[g]

3

A tavola!

Al ristorante // Ordinare // Attirare l'attenzione del cameriere // Dare un consiglio // Ringraziare

Dove mangiano gli italiani?

a colazione

a pranzo

a cena

al bar

a scuola

a casa

in trattoria

in mensa

in pizzeria

A

1. Inserite nel menu i piatti che mancano.

Cassata siciliana • Decaffeinato • Penne all'arrabbiata • Vitello arrosto • Pesce spada alla griglia • Affettati misti • Risotto ai carciofi • Gnocchi al pesto • Bruschette al pomodoro • Patate arrosto • Scaloppina di pollo al limone

MENU

Gli Antipasti

______
Prosciutto crudo di Parma
______
Insalata di Mare

I primi piatti

Spaghetti aglio, olio e peperoncino
______
Lasagne al Forno
Tagliatelle alla bolognese
______
Penne con la salsa di noci
______
Zuppa di pesce

I secondi piatti

Filetto al pepe verde e olive
______
______
Calamari fritti
Grigliata mista (min. 2 persone)
______

I contorni

Insalata mista
______
Carciofi al burro
Carote
Zucchine alle erbe
Asparagi al forno

I dolci

Tiramisù
______
Panna cotta
Fragole con panna

Le bevande calde

______
Caffè macchiato
Caffè ristretto
Latte macchiato
Cappuccino

Le bevande analcoliche

Coca-cola
Aranciata
Sprite
Acqua minerale

Le bevande alcoliche

Vino
Birra

2. A coppie, date un consiglio al compagno che:

è vegetariano
è allergico al lattosio
è a dieta
ha molta fame

- Cosa mi consigli di prendere? Sai sono vegetariana...
- Perché non prendi...

3. TR 1.15 **Leggete prima le domande. Ascoltate e rispondete.**

1. Dove sono Marco e Antonella?

   a. ☐ in un bar
   b. ☐ al ristorante
   c. ☐ in mensa

2. Che giorno è oggi?

   a. ☐ martedì
   b. ☐ giovedì
   c. ☐ venerdì

3. Cosa preferisce Marco?

   a. ☐ i primi
   b. ☐ i secondi a base di pesce
   c. ☐ i contorni

4. Cosa mangia più volentieri Antonella?

   a. ☐ la carne
   b. ☐ il pesce
   c. ☐ la pasta

5.

	di primo	di secondo	per contorno	per frutta
Cosa prende Antonella				
Cosa prende Marco				

6. Quanto paga Marco?

   a. ☐ 10.60 euro
   b. ☐ 10.80 euro
   c. ☐ 10.70 euro

4. TR 1.16 Ascoltate il dialogo e completate.

MARCO: Guarda, tocca a te. Cosa prendi?

ANTONELLA: (______________) gnocchi al pesto.

MARCO: E di secondo?

ANTONELLA: Dunque, c'è (______________) pesce spada alla griglia e (______________) calamari fritti. Uhm, no, non prendo nulla, e per contorno che c'è?

MARCO: Ci sono (______________) patate al forno, (______________) asparagi al burro e (______________) insalata.

ANTONELLA: Mi passi l'insalata, per favore?

MARCO: L'insalata con (______________) aceto o con (______________) limone?

ANTONELLA: Con (______________) aceto, grazie.

MARCO: Io, invece, prendo (______________) pasta al pomodoro e i calamari fritti. Antonella prendi la frutta? Come al solito ci sono (______________) arance e (______________) mele e guarda... anche le fragole!

ANTONELLA: Prendo (______________) fragole. Mi passi anche (______________) zucchero per favore?

MARCO: Ecco tieni. Quant'è?

5. Completate la tabella.

articoli determinativi singolari		articoli determinativi plurali	
______________	vino	______________	calamari
______________	aceto	______________	asparagi
______________	zucchero	______________	gnocchi
______________	pasta	______________	fragole
______________	insalata	______________	arance

6. Completate voi la regola di grammatica.

L'articolo maschile singolare è ____________, il plurale è ____________. L'articolo femminile singolare è ____________, il plurale è ____________. Se il sostantivo comincia per vocale, l'articolo maschile o femminile singolare diventa ____________, e il maschile plurale diventa ____________.

esercizi 1–2

7. Completate i dialoghi.

Scusi! • Grazie! • Ecco a Lei • Per primo vorrei… • Un momento, per favore! • Per secondo … • Arrivederci • Prego. Cosa prende? • Benissimo. E per secondo? • Da bere? • Solo acqua grazie. • Mi porta il conto, per favore? • Certamente. Arrivo subito. • Sono 25 Euro

esercizi
3–4

B

1. Leggete il messaggio di Marta a Francesca e rispondete.

> *Francesca carissima,*
>
> *per il party di questa sera abbiamo bisogno di tutto! Io non ho tempo di andare al supermercato perché questa mattina ho lezione, quando torno però cucino io, promesso! Prendi per favore due mozzarelle e i pomodori per fare una caprese, poi il prosciutto crudo, mezzo chilo di asparagi e un po' di carne. Da bere: fanta, coca o sprite a piacere e forse una bottiglia di vino rosso e assolutamente una bottiglia di spumante e il dolce. Per il resto decidi tu. A dopo*
>
> *Marta*

> *Ok! Penso a tutto io, ma i piatti li lavi tu!*
>
> *Francesca*

	V	F
1. Francesca e Marta fanno una festa	☐	☐
2. Nel frigo non c'è niente	☐	☐
3. Marta ha lezione questa sera	☐	☐
4. Marta cucina e Francesca fa la spesa	☐	☐

2. Ecco cosa trova Marta sul tavolo. A gruppi fate la lista dei prodotti.

Sul tavolo c'è ______________________________

Sul tavolo ci sono ______________________________

3. Marta e Francesca decidono il menu da fare. Fate un dialogo seguendo il modello.

esercizi 5–7

- Che ne dici di… / Prepariamo…?
- Va bene! / D'accordo / Benissimo / Ok!

4. Rispondete e poi confrontate con il vostro vicino.

Secondo voi…

1. per gli italiani il pasto principale è
   - a. ☐ la colazione
   - b. ☐ il pranzo
   - c. ☐ la cena

2. gli italiani a pranzo mangiano
   - a. ☐ a casa
   - b. ☐ al bar
   - c. ☐ con amici

3. la bevanda preferita degli italiani è
   - a. ☐ il vino
   - b. ☐ la birra
   - c. ☐ l'acqua minerale

4. in Italia cucina
   - a. ☐ la donna
   - b. ☐ l'uomo
   - c. ☐ tutti e due

5. Leggete e confrontate con le vostre ipotesi.

Gli italiani a tavola

Gli italiani consumano sempre più spuntini veloci e fuori pasto. Il pranzo con la famiglia intorno al tavolo perde sempre più terreno. Il pasto principale della giornata non è più il pranzo, ma la cena. Infatti, soprattutto nelle grandi città, raramente gli italiani tornano a casa per la pausa pranzo, ma preferiscono un breve intervallo al bar, al fast food o in mensa. Sempre più spesso anche la donna che non lavora dedica sempre meno tempo alla preparazione di pranzi e cene e preferisce acquistare piatti pronti da portare in tavola, in rosticcerie e ristoranti che offrono il take away.

LA TAVOLA IN NUMERI

C'è un profondo cambiamento nelle abitudini alimentari degli italiani.
È sempre più frequente la domanda di cibi come panini o tramezzini (31%), pizza (29%), o insalate (19%), Soprattutto le giovani generazioni amano il fast food mentre la necessità di risparmiare tempo e il desiderio di mantenere la linea spingono molti italiani a consumare cibi magri e verdure (43%). L'acqua minerale è la bevanda preferita per il pranzo (77%), anche se resistono i più tradizionali bicchieri di vino (17%) e di birra (16%). I locali dove gli italiani di solito mangiano: bar o snack-bar (38%), pizzerie (23%), mense (18%), ristoranti (21%).

6. Abbinate i sostantivi con gli aggettivi.

1. ☐ bevanda	a. magri
2. ☐ acqua	b. alimentari
3. ☐ feste	c. private
4. ☐ abitudini	d. veloci
5. ☐ generazioni	e. giovani
6. ☐ pasto	f. principale
7. ☐ cibi	g. preferita
8. ☐ spuntini	h. minerale

7. Completate la tabella.

sostantivi e aggettivi singolari		sostantivi e aggettivi plurali	
il cib___	pront___	i cib___	pront___
la fest___	privat___	le fest___	privat___
lo spumant___	frizzant___	gli spumant___	frizzant___
l'abitudin___	alimentar___	le abitudin___	alimentar___

8. Rispondete alle domande.

	M	F
1. I sostantivi e gli aggettivi che finiscono in -o sono	☐	☐
2. I sostantivi e gli aggettivi che finiscono in -a sono	☐	☐
3. I sostantivi e gli aggettivi che finiscono in -e sono	☐	☐

ATTENZIONE: I SOSTANTIVI CHE FINISCONO CON UNA CONSONANTE O VOCALE ACCENTATA SONO INVARIABILI

esercizi 8–13

9. Rileggete i testi al punto 5 e inserite i verbi nella tabella.

	are	ere	ire	
lui / lei	___ ___	___	offre	___
loro	consumano ___ ___ ___	___ ___	___	preferiscono

esercizi 14–17

10. TR 1.17 Secondo voi quali abitudini sono tipicamente italiane, quali straniere?

	Italia	Estero
1. Si fa una colazione molto leggera.	☐	☐
2. Non si beve il cappuccino dopo il pranzo o la cena.	☐	☐
3. Si fa una colazione abbondante.	☐	☐
4. Si cena tra le otto e le nove.	☐	☐
5. Al ristorante si fa un conto unico.	☐	☐
6. Si cena tra le sei e le sette.	☐	☐

11. Cosa si mangia e si beve nel mondo? Completate la tabella e parlatene con un compagno.

- Secondo me in Giappone si mangia… / si mangiano …
- Sì è vero che… / No, non è vero che…

	in Germania	in Italia	in …
a colazione			
a pranzo			
a cena			

esercizi 18–20

C Grammatica

L'articolo determinativo

Der bestimmte Artikel

	il pesce	**i** pesci	vor Konsonanten
	l'affettato	**gli** affettati	vor Vokalen
	lo spumante, yogurt	**gli** spumanti, yogurt	vor den Buchstabenkombinationen s + Konsonant, gn, pn, ps, unbetontes i + Vokal sowie x, y und z
	la patata	**le** patate	vor Konsonanten
	l'insalata	**le** insalate	vor Vokalen

Il sostantivo singolare e plurale

Das Substantiv im Singular und Plural

il cappuccino	i cappuccini	-o ▸ i
il pesce	i pesci	-e ▸ i
il bar	i bar	unveränderlich
il caffè	i caffè	unveränderlich
la zucchina	le zucchine	-a ▸ e
la noce	le noci	-e ▸ i

Maskuline Substantive auf **-o** enden im Plural meist auf **-i**, feminine Substantive auf **-a** bilden die Pluralform auf **-e**. Unabhängig vom Geschlecht enden Substantive auf **-e** im Plural auf **-i**.

Unveränderlich im Plural sind Substantive, die mit einem betonten Vokal oder mit einem Konsonanten enden.

L'aggettivo singolare e plurale

Das Adjektiv im Singular und Plural

prosciutto magro	piatti pronti	-o ▸ i
bevanda preferita	feste private	-a ▸ e
spuntino veloce	pasti principali	-e ▸ i
acqua minerale	abitudini alimentari	

C'è/ci sono

Sul tavolo	c'è ci sono	la pasta le bottiglie di vino

I verbi regolari alla terza persona

Die regelmäßigen Verben in der 3. Person Singular und Plural

	-are	-ere	-ire	
lui / lei	consum**a**	prend**e**	offr**e**	prefer**isce**
loro	consum**ano**	prend**ono**	offr**ono**	prefer**iscono**

Si

Die unpersönliche Form

In Cina In Italia	si	mangia il riso mangiano gli spaghetti

Im Italienischen wird **man** meist durch **si** wiedergegeben.
Je nach Bezugswort steht das Verb im Singular oder im Plural:

In Italia si mangiano spaghetti.	In Italien isst man Spaghetti.
In Germania si beve birra.	In Deutschland trinkt man Bier.

Numeri da 20 a 100

Die Zahlen von 20 bis 100

venti trenta quaranta	cinquanta sessanta settanta	ottanta novanta cento

Die Zahlen werden ohne „und" gebildet:
32 – trentadue • 56 – cinquantasei • 79 – settantanove

Bei 1 und 8 entfällt der Vokal:
31 – trentuno • 48 – quarantotto • 51 – cinquantuno

D Pronuncia e ortografia

1. TR 1.18 **Ascoltate e segnate quello che sentite.**

	1	2	3	4	5	6	7	8
[tʃ]								
[dʒ]								
[k]								
[g]								

2. TR 1.19 **Leggete il testo a voce alta. Confrontate poi con l'ascolto. Fate attenzione alla pronuncia di g / c.**

Gli italiani a tavola
Già da molto, gli italiani consumano spuntini veloci durante la giornata. Però il pasto principale, anche nelle grandi città, è la cena. In genere molte famiglie, anche perché la donna lavora sempre più fuori casa, dedicano meno tempo alla preparazione di pranzi e cene, preferiscono comprare piatti pronti in rosticcerie o ristoranti che offrono il take away e anche menu completi. Dopo cena escono tutti e vanno in gelateria a godersi un affogato, un semifreddo o un semplice cono a più gusti.

3. TR 1.20 **Leggete le frasi. Ascoltate e ripetete.**

- Di dove sei?
- Sono svedese, di Stoccolma. E tu?
- Io sono italiano, di Varese.
- Varese? Dov'è?
- Varese è in Lombardia, nell'Italia del Nord.
- È bella Varese?
- Ma certo! Bellissima!

4. TR 1.21 **Intonazione. Segnate quello che sentite.**

	interrogativa ?	dichiarativa .	esclamativa !
1. Questa sera vai fuori a cena	☐	☐	☐
2. Non mangiamo mai a casa	☐	☐	☐
3. Gli italiani amano la pizza e la pasta	☐	☐	☐
4. L'antipasto è veramente buono	☐	☐	☐
5. Sei riuscito a finire finalmente	☐	☐	☐

4

Vita quotidiana

Informarsi sulle abitudini giornaliere // Parlare delle stagioni // Accettare / rifiutare / esprimere dubbio // Chiedere / dare indicazioni stradali

Cosa ti piace o non ti piace fare?

studiare

cucinare

lavorare

pulire

ascoltare musica

fare la spesa

A

1. TR 1.22 **Ascoltate le interviste. Chi parla secondo voi? Mettete in ordine le foto.**

A

Francesco

B

Marco

C

Laura e Piero

D

Antonella

1. ☐ 2. ☐ 3. ☐ 4. ☐

2. **Quali informazioni sono nell'ascolto?**

1. Antonella	Sì	No
a. abita a Cremona	☐	☐
b. ama cucinare	☐	☐

2. Marco	Sì	No
a. è studente di medicina	☐	☐
b. ama invitare gli amici a cena	☐	☐

3. Laura e Piero	Sì	No
a. sono fidanzati	☐	☐
b. giocano a scacchi	☐	☐

4. Francesco	Sì	No
a. è un ingegnere	☐	☐
b. ha una figlia	☐	☐

3. TR 1.22 Ascoltate ancora una volta. Chi dice queste frasi?

	Antonella	Marco	Laura e Piero	Francesco
1. lavoro come segretaria	☐	☐	☐	☐
2. mangio sempre in mensa	☐	☐	☐	☐
3. di solito prendo il treno molto presto	☐	☐	☐	☐
4. puliamo a turno	☐	☐	☐	☐
5. leggo il giornale	☐	☐	☐	☐
6. studiamo un po' in biblioteca	☐	☐	☐	☐
7. io e mia moglie preferiamo restare a casa	☐	☐	☐	☐
8. invito spesso i miei amici	☐	☐	☐	☐
9. preferisco una cucina più leggera	☐	☐	☐	☐
10. beviamo raramente alcolici	☐	☐	☐	☐

4. Osservate! Qual è la posizione neutra degli avverbi di frequenza?

Di solito	mangio in mensa.	
Qualche volta	andiamo a teatro.	
A volte	ceno con amici.	
Mangio	**sempre**	a casa.
Ceno	**spesso**	al ristorante.
Vado	**raramente**	a teatro.

Non bevo **mai** alcolici.

5. A coppie informatevi sulla giornata del vostro compagno. Scrivete poi un breve testo sulle sue abitudini.

- Che cosa fai di solito la mattina?
- Di solito prendo il treno molto presto.

- Dove mangi di solito a mezzogiorno?
- Mangio spesso …

6. Come si forma la prima e seconda persona plurale dei verbi regolari.

esercizi 1–4

	invitare	prendere	dormire	preferire
noi	invitiamo	prendiamo	dormiamo	preferiamo
voi	invitate	prendete	dormite	preferite

7. Leggete il testo e fate le attività.

Mi chiamo Mariella Coletti e sono nata a Bari, ma da 5 anni faccio la guida turistica a Perugia. È il mio lavoro ideale perché mi dà la possibilità di stare a contatto con gente simpatica di vari Paesi. Lavoro molto con gruppi di turisti giapponesi e americani, ma anche con inglesi, cinesi o coreani: per me sono tutti interessanti.

Il periodo più pieno di visite è in primavera o in estate quando il tempo è bello. La mia giornata di guida turistica comincia la mattina presto, faccio una veloce colazione e esco di casa con tutta l'attrezzatura necessaria: microfono, cartina della città, un simpatico ombrello bianco, rosso e verde. L'appuntamento con il gruppo è nella piazza centrale della città e da lì andiamo a visitare i punti di interesse storico: il Pozzo etrusco, il Palazzo dei Priori, la Fontana dei Pisano, la Rocca Paolina. Perugia è ricca di storia, arte, tradizione. Ogni angolo è una scoperta per i miei turisti. Io racconto storie e leggende del medioevo e loro ascoltano con attenzione. Fanno molte domande e a volte è un po' difficile rispondere.

Qualche volta vengono con noi anche turisti e curiosi che non sono del gruppo, ma a me non disturbano. In media faccio tre guide al giorno e quando vado a casa sono sfinita. Qualche volta, il fine settimana, con il gruppo dei turisti usciamo di nuovo insieme per una visita notturna della città. In autunno e in inverno non c'è molto lavoro, quindi posso tranquillamente studiare il giapponese all'università.

8. Collegate le frasi.

1. ☐ Fare la guida
2. ☐ In estate di solito
3. ☐ Rispondere a tutte le domande
4. ☐ Qualche volta, il fine settimana,
5. ☐ In inverno

a. dà la possibilità di conoscere molte persone.
b. esce con i turisti per visitare la città di notte.
c. frequenta l'Università.
d. è difficile.
e. fa tre guide al giorno.

9. Quali mesi appartengono alle 4 stagioni?

Primavera	Estate	Autunno	Inverno

10. Informatevi sui gusti del vostro compagno e parlatene in classe.

- Qual è la tua stagione preferita? / Qual è il tuo mese preferito e perché?
- Preferisco l'inverno perché…

esercizio 5

11. Cercate nella lettura al punto 7 i verbi irregolari e completate poi il testo.

Mi chiamo Giovanni Faletti e ________________ l'autista dei bus a Milano. È un lavoro stressante perché comincio a lavorare molto presto, ma mi ________________ la possibilità di stare a contatto con gente di tutti i tipi. La mattina ________________ una colazione veloce e ________________ di casa già alle 5.00.

________________ al capolinea e mi metto alla guida del mio bus: il numero 154. A volte ________________ con me anche i miei due figli che vanno a scuola. Li accompagno e poi comincio il giro della città. È un lavoro interessante, conosco molta gente e vedo molte situazioni diverse.

esercizi 6–9

B

1. Maria, Lucia e Giovanna condividono un appartamento. Leggete i loro messaggi.

1.

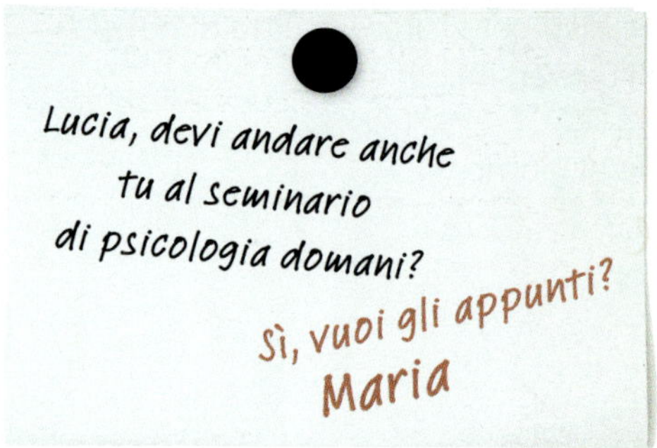

2.

3.

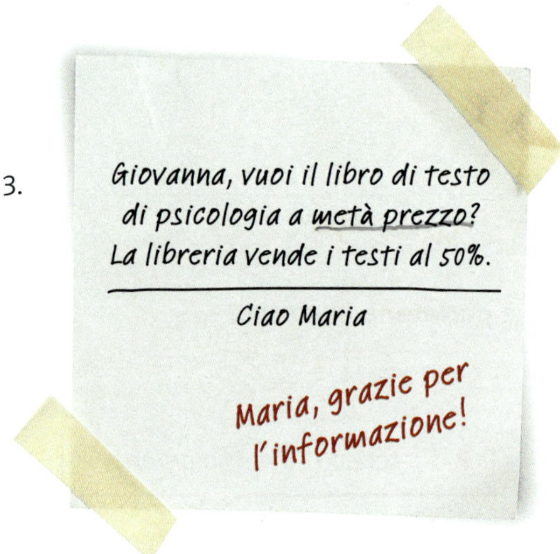

4.

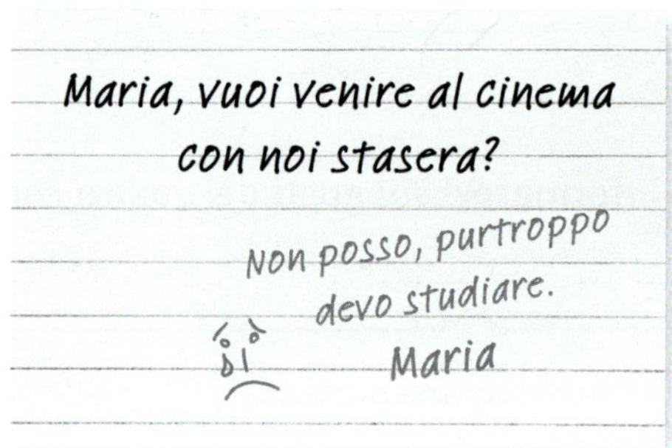

2. Segnate la risposta corretta.

1. LUCIA:
   a. ☐ frequenta il seminario di psicologia
   b. ☐ vuole gli appunti
   c. ☐ deve andare dallo psicologo

2. GIOVANNA:
   a. ☐ vuole comprare il latte e il burro
   b. ☐ non ha trovato più il latte in frigo
   c. ☐ deve comprare il pane

3. MARIA:
   a. ☐ regala un libro a Giovanna
   b. ☐ vende un libro a Giovanna
   c. ☐ dà delle informazioni a Giovanna su un libro

3. TR 1.23 **Ascoltate il dialogo e continuate la conversazione. Pensate una risposta positiva, una negativa e una incerta.**

______ ______ ______

esercizi 10–11

4. **Immaginate di condividere un appartamento. Scrivete dei messaggi ai compagni di classe e rispondete poi ai loro messaggi.**

Ragazzi la casa è un casino!
Per favore, potete pulire
prima di uscire!!!
Anna

______
______
______
______
______

5. **Collegate le frasi. Quali altri significati hanno i verbi modali?**

1. ☐ Vuoi gli appunti di psicologia? — a. obbligo
2. ☐ Puoi comprare tu il latte? — b. offrire
3. ☐ Purtroppo, devo studiare. — c. richiesta di fare qualcosa

esercizi 12–14

6. Cosa significano le seguenti espressioni? Abbinate le parole alle immagini.

girare • all'incrocio • dritto • alla fine della strada • a destra • all'angolo • a sinistra • attraversare

7. Leggete i testi e cercate le tre sedi dell'Università Cattolica di Milano.

Sede 1: Dal piazzale della stazione Cadorna continuare per via Carducci fino a incrociare corso Magenta. Poi proseguire per via Terraggio fino a piazza S. Ambrogio, prendere la seconda a sinistra, la strada che porta in largo Gemelli. Al numero 1 c'è la sede.

Sede 2: Dalla fermata S. Ambrogio, prendere via Carducci per pochi metri in direzione Cadorna, girare a sinistra in via S. Vittore. Dopo circa 5 minuti a piedi, girare alla quarta traversa a destra. La sede è a sinistra.

Sede 3: Dalla fermata Conciliazione prendere via Boccaccio e percorrere quasi tutta la strada fino a piazza Virgilio. Girare a destra in via Monti, attraversare via Carducci e proseguire dritto. Al primo incrocio girare a destra in via Sant'Agnese. Subito all'angolo c'è la sede.

8. TR 1.24 **Ascoltate il dialogo. Dove va Marco? Segnate sulla cartina il suo percorso.**

9. **Siete davanti alla stazione. Chiedete informazioni stradali con le espressioni suggerite.**

andare dritto • girare a destra / a sinistra in via... • prendere via ... • continuare per via... • proseguire per via... • percorrere tutta la strada • attraversare... • scendere alla fermata...

Scusi, sa dov'è...? / Scusa, sai dov'è...?

Dunque / Allora... deve / devi...

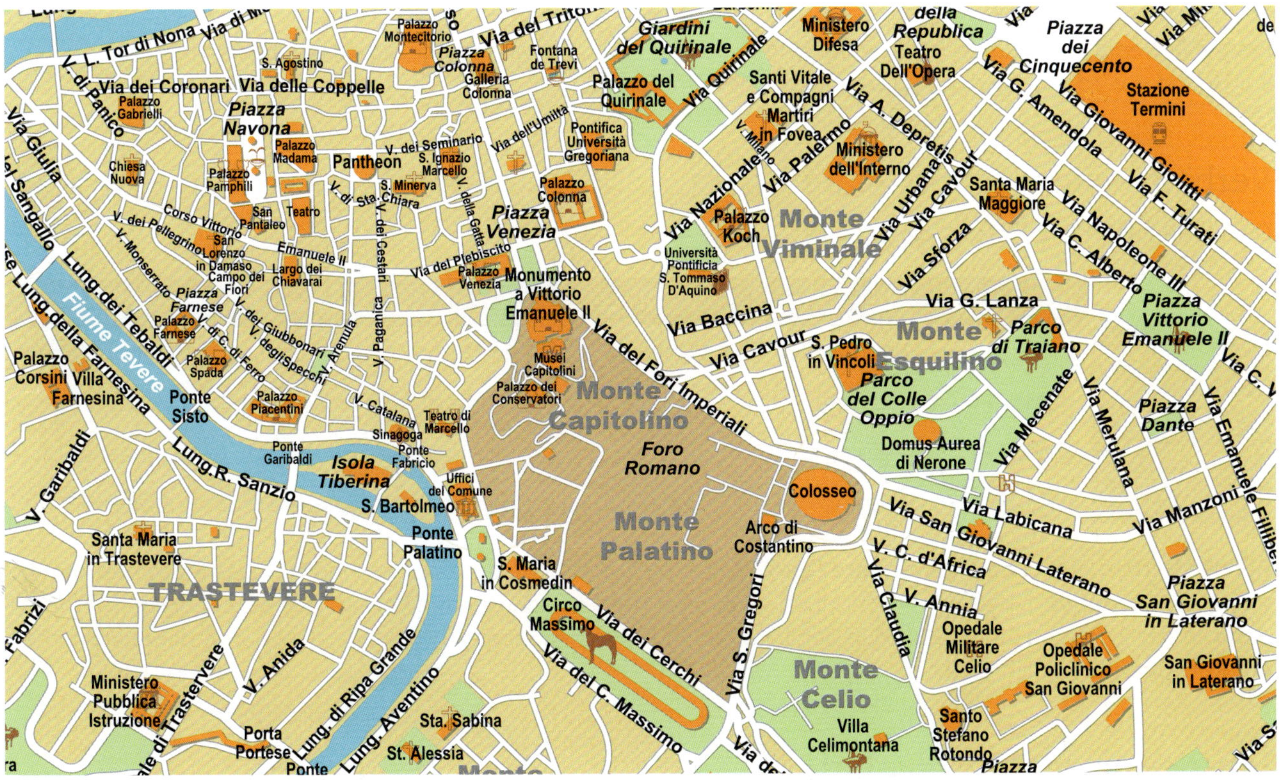

10. **Chiedere e dare informazioni: abitudini diverse nel mondo.**

- Quali differenze conosci tra le abitudini nel chiedere e dare informazioni stradali nel mondo?
- Quali sono i punti di riferimento più comuni?

esercizi 15–16

C Grammatica

Il presente indicativo dei verbi regolari

Das Präsens Indikativ der regelmäßigen Verben

	io	tu	lui / lei / Lei	noi	voi	loro
abitare	abito	abiti	abita	abitiamo	abitate	abitano
vivere	vivo	vivi	vive	viviamo	vivete	vivono
partire	parto	parti	parte	partiamo	partite	partono
preferire	preferisco	preferisci	preferisce	preferiamo	preferite	preferiscono

Einige Verben auf **-ire** fügen im Singular und in der 3. Person Plural ein **-isc-** zwischen Stamm und Endung ein. Vor **-e** und **-i** wird das **-sc** dann [ʃ] ausgesprochen, vor **-o** [sk].

Verbi in -ciare / -giare, -care / -gare

Die Verben auf -ciare / -giare, -care / -gare

	io	tu	lui / lei / Lei	noi	voi	loro
cominciare	comincio	cominci	comincia	cominciamo	cominciate	cominciano
mangiare	mangio	mangi	mangia	mangiamo	mangiate	mangiano
giocare	gioco	giochi	gioca	giochiamo	giocate	giocano
pagare	pago	paghi	paga	paghiamo	pagate	pagano

Bei den Verben auf **-ciare / -giare, -care / gare** bleibt die Aussprache des Endkonsonanten des Stammes immer gleich. Entweder [dʒ], was **-gi-** geschrieben wird, oder [tʃ], also **-ci-**. Bei den Verben mit **-c-** [k] und **-g-** [g] muss dafür in der 2. Person Singular und in der 1. Person Plural ein **-h-** eingeschoben werden, damit die Aussprache der Konsonanten gleich bleibt.

I principali verbi irregolari

Die wichtigsten unregelmäßigen Verben

fare	stare	dare	sapere	andare	uscire	venire	dire
faccio	sto	do	so	vado	esco	vengo	dico
fai	stai	dai	sai	vai	esci	vieni	dici
fa	sta	dà	sa	va	esce	viene	dice
facciamo	stiamo	diamo	sappiamo	andiamo	usciamo	veniamo	diciamo
fate	state	date	sapete	andate	uscite	venite	dite
fanno	stanno	danno	sanno	vanno	escono	vengono	dicono

I verbi modali

Die Modalverben

dovere	potere	volere
devo	posso	voglio
devi	puoi	vuoi
deve	può	vuole
dobbiamo	possiamo	vogliamo
dovete	potete	volete
devono	possono	vogliono

Potere bedeutet sowohl „können" als auch „dürfen":

Scusi, posso fare una domanda? Entschuldigung, darf ich eine Frage stellen?
Non posso venire con te. Ich kann nicht mit dir kommen.

Dovere bedeut sowohl „müssen" als auch „sollen":

Oggi devo studiare. Heute muss ich lernen.
A che ora devo venire? Wann soll ich kommen?

Gli avverbi di frequenza e locuzioni avverbiali

Die Adverbien der Häufigkeit

sempre tutti i giorni ogni giorno	spesso	di solito	ogni tanto qualche volta a volte	raramente	non…mai

la mattina, il pomeriggio, la sera = tutte le mattine, tutti i pomeriggi, tutte le sere
il lunedì, il martedì, il mercoledì… = tutti i lunedì, tutti i martedì, tutti i mercoledì…
il fine settimana = tutti i fine settimana

I numeri: cento – mille – un milione – un miliardo

Die Zahlen: hundert - tausend - eine Million - eine Milliarde

Mille hat eine Pluralform: *mila*, die ab *duemila* verwendet wird. *Milione* und *miliardo* sind Substantive und haben wie diese Artikel und Pluralform, *un milione, due milioni,* und werden nicht mit den anderen Zahlen zusammengeschrieben.

D Pronuncia e ortografia

1. TR 1.25 Ascoltate e ripetete.

[ʃ]	usciamo • esce • scena • sciare
[sk]	maschile • schema • scusa • scatola

2. TR 1.26 Ascoltate e ripetete. Indicate quale suono sentite: [ʃ] o [sk]?

1. tedeschi ______
2. scheda ______
3. sciare ______
4. scudo ______
5. uscite ______
6. pesca ______
7. studentesco ______
8. pesce ______

3. TR 1.27 Ascoltate e ripetete.

[ɛ]	pelle • esco
[e]	vediamo • potere
[ɔ]	voglio • bosco
[o]	corso • noi

4. TR 1.28 Ascoltate il dialogo e leggete a voce alta.

- Buongiorno!
- Salve!
- Scusi posso chiederle un'informazione? Devo andare in questura, sa dov'è?
- Vediamo… Dunque… È in corso Pelle… Credo.
- Ah, bene. Grazie.

5. Evidenziate l'accento nell'infinito e poi nelle forme del presente.

Esempio:

prendere:	prendo	prendi	prende	prendiamo	prendete	prendono
1. parlare:	______	______	______	______	______	______
2. leggere:	______	______	______	______	______	______
3. finire:	______	______	______	______	______	______

5

In giro per uffici

Chiedere / indicare la destinazione // Offrire aiuto in modo formale // Formulare una richiesta, desiderio // Informarsi su ora e data

Cosa fate in questi luoghi? Quali altri uffici pubblici conoscete?

in tabaccheria

alla posta

in banca

all'ufficio informazioni

A

1. TR 1.29 Ascoltate. Dove va Marco?

A

B

C

D

2. TR 1.29 Ascoltate ancora una volta e rispondete.

Marco vuole

1. a. ☐ spedire una lettera.
   b. ☒ mandare un pacco all'estero.
   c. ☐ comprare un pacco.

2. a. ☐ prelevare soldi con il bancomat.
   b. ☒ avere informazioni su un conto corrente.
   c. ☐ ritirare la carta di credito.

3. a. ☒ comprare dei francobolli.
   b. ☐ comprare un biglietto del treno.
   c. ☐ chiedere informazioni sui treni.

esercizi 1–2

3. Ricostruite i due dialoghi sulla base dell'ascolto.

MARCO
- Buongiorno.
- Sì, studio alla Bocconi.
- Vorrei aprire un conto corrente.
- Bene. Grazie. Lo leggo con calma e poi torno.
- Ha un depliant con le informazioni?

IMPIEGATO
- È studente?
- Benissimo abbiamo il conto Geniale per studenti. Nessuna spesa di apertura, bancomat gratuito.
- Buongiorno. Cosa posso fare per Lei?
- Come preferisce. Arrivederci.
- Sì, certamente! Eccolo.

MARCO
- Quant'è?
- Buongiorno. Vorrei un biglietto urbano.
- Mah! Io di solito prendo i mezzi due volte al giorno per andare e tornare dall'università.
- Sì ha ragione, allora prendo il settimanale, grazie.
- Ah! Mi scusi, ancora una domanda, che tipi di abbonamenti ci sono per la città?

IMPIEGATO
- Salve.
- C'è il carnet che vale 10 viaggi, il settimanale per chi fa solo due viaggi al giorno per sei giorni alla settimana e il serale per chi viaggia solo dopo le 20. Lei di cosa ha bisogno?
- Ecco a Lei.
- Allora è meglio il settimanale scusi, costa 10 euro mentre il carnet costa 13,80.
- 1 euro e 50.

esercizi 3–5

B

1. TR 1.30 **Ascoltate i dialoghi e completate. Che ore sono? Che giorno è oggi? Quando?**

Dialogo 1

Orario d'apertura della banca

	LUN	MAR	MER	GIO	VEN	SAB
mattina						
08.30 – 12.30						
pomeriggio						
14.00 – 17.00						

Dialogo 2

Orario di ricevimento del Professor Ballabeni

PROFESSOR BALLABENI

LUNEDÌ	MARTEDÌ	MERCOLEDÌ	GIOVEDÌ	VENERDÌ

Dialogo 3

Orario di apertura dell'ufficio postale

GIORNO	APERTURA	CHIUSURA
Lunedì		
Martedì		
Mercoledì		
Giovedì		
Venerdì		
Sabato		

2. Abbinate alle immagini.

Che ore sono? / Che ora è?

È l'una • Sono le due • Sono le tre e un quarto • È mezzogiorno • Sono le sette e mezza • Sono le otto meno dieci

1. 2. 3. 4. 5. 6.

1. ______________________ 3. ______________________ 5. ______________________
2. ______________________ 4. ______________________ 6. ______________________

3. A coppie, scrivete un dialogo per ogni immagine.

A che ora…? Alle…

Quando…? Dalle… alle..

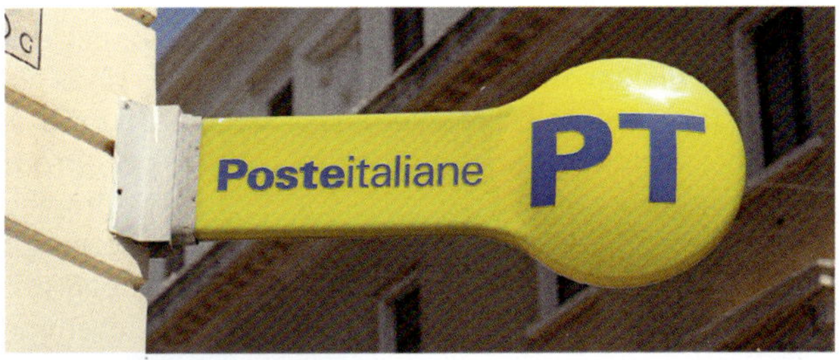

1. ● A che ora apre il supermercato vicino a casa tua?
   ● ______________________
2. ● A che ora ______________________?
   ● ______________________
3. ● A che ora ______________________?
   ● ______________________

4. ● Quando è aperto l'ufficio postale in centro?
   ● ______________________
5. ● Quando ______________________?
   ● ______________________
6. ● Quando ______________________?
   ● ______________________

esercizi 14–16

4. Leggete il testo e rispondete alle domande.

GLI ITALIANI IN UFFICIO

CHIACCHIERE E NAVIGAZIONE SU INTERNET DISTRAGGONO GLI ITALIANI SUL LUOGO DI LAVORO È UFFICIALE: LAVORARE A CASA PROPRIA È UNA SCELTA SEMPRE PIÙ DIFFUSA TRA GLI ITALIANI.

Il sondaggio, condotto su un campione di 500 dipendenti italiani che lavorano in ufficio, dimostra come, sempre più spesso, si preferisce lavorare a casa per evitare le distrazioni fornite dall'ambiente di lavoro. Secondo la ricerca, circa il 13% della giornata lavorativa si perde in attività diverse. Colpevoli delle pause sono soprattutto le chiacchiere con i colleghi (57%), la navigazione su Internet (53%), le pause caffè (29%), le email ad amici (24%) e la pausa sigaretta (20%). Una giornata lavorativa media dura 8 ore. Di conseguenza più di un'ora, oltre alla pausa pranzo, è impiegata in attività che non sono produttive per l'ufficio. Il 24% degli italiani che lavorano in ufficio ammette di essere più produttivo a casa propria piuttosto che in azienda, soprattutto chi lavora nel settore delle telecomunicazioni. Più della metà degli europei (57%) e quasi la metà degli italiani (48%) pensa che nell'arco dei prossimi dieci anni la maggior parte dei lavoratori potrà decidere di lavorare direttamente da casa. L'altra parte degli intervistati, però, è di opinione contraria: preferisce concentrare le ore di lavoro in ufficio e lasciare il tempo libero per la vita privata. Secondo questa parte di intervistati, lavorare a casa significa non staccare mai, con il rischio di passare più di 12 ore davanti a un computer.

1. Che cosa distrae di più gli italiani sul luogo di lavoro?
   - a. ☐ telefonare a casa
   - b. ☐ mandare email
   - c. ☐ parlare privatamente con i colleghi

2. Che cosa pensa il 24 % degli intervistati?
   - a. ☐ di lavorare meglio da casa
   - b. ☐ di essere più rilassato a casa
   - c. ☐ di essere più creativo da casa

3. Che cosa pensa l'altra parte degli italiani intervistati?
   - a. ☐ di perdere la libertà
   - b. ☐ di lavorare di più
   - c. ☐ di guadagnare di meno

5. **Il signor Franchini è uno dei 500 dipendenti che hanno partecipato al sondaggio. Completate l'intervista.**

GIORNALISTA: Buongiorno Signor Franchini. Oggi parliamo di lavoro e telelavoro.
____?

SIGNOR FRANCHINI: In media 8 ore al giorno ma pause comprese.

GIORNALISTA: ____

SIGNOR FRANCHINI: Mah! Durante le pause, facciamo spesso due chiacchiere con i colleghi e
____

GIORNALISTA: Che cosa La distrae di più personalmente, durante il lavoro?

SIGNOR FRANCHINI: ____

GIORNALISTA: Quale può essere, secondo Lei, la soluzione?

SIGNOR FRANCHINI: ____

GIORNALISTA: Quali sono i vantaggi e svantaggi del telelavoro?

SIGNOR FRANCHINI: ____

6. **Osservate le parole in grassetto e rispondete alla domanda.**

Il 24% degli italiani **che** lavorano in ufficio ammette di essere più produttivo a casa, soprattutto **chi** lavora nel settore delle telecomunicazioni.

Qual è la differenza fra i pronomi relativi: **che / chi**?

esercizi 17–18

7. **Gli uffici pubblici nel tuo Paese. Discutiamone in classe.**

- Quali sono gli orari e i giorni di apertura e chiusura?
- In media, quanto bisogna aspettare in fila?
- Offrono un servizio in internet?
- Che differenze trovi tra l'Italia e il tuo Paese?

C Grammatica

Le preposizioni di luogo con i verbi *andare* e *essere*

Die Ortspräpositionen mit den Verben *andare* und *essere*

Vado Sono	in	tabaccheria, segreteria, pizzeria, trattoria, farmacia, ufficio biblioteca, enoteca, discoteca, videoteca, mensa, banca
	a	casa, scuola, lezione
	alla	stazione, posta
	al	ristorante, parco, bar
	all'	università, ufficio postale
	allo	stadio, zoo
	da	Francesca
	dal	professore
	dalla	parrucchiera
	dai	Rossi

Le preposizioni con o senza articolo

Die Präpositionen mit oder ohne Artikel

	il	lo	la	l'	i	gli	le
a	al	allo	alla	all'	ai	agli	alle
da	dal	dallo	dalla	dall'	dai	dagli	dalle
di	del	dello	della	dell'	dei	degli	delle
in	nel	nello	nella	nell'	nei	negli	nelle
su	sul	sullo	sulla	sull'	sui	sugli	sulle
con	con il	con lo	con la	con l'	con i	con gli	con le
per	per il	per lo	per la	per l'	per i	per gli	per le
tra / fra	tra il	tra lo	tra la	tra l'	tra i	tra gli	tra le

L'articolo partitivo

Der Partitivartikel

di + bestimmter Artikel gibt eine unbestimmte Menge an wie:

Vorrei del prosciutto.	Ich hätte gerne Schinken.
Vorrei dei francobolli.	Ich hätte gerne Briefmarken.

I pronomi diretti *lo – la / li – le*

Die direkten Objekpronomen *lo – la / li – le*

Il libro,	**lo**	leggo con calma a casa.
La scatola,	**la**	può acquistare allo sportello 5.
I libri,	**li**	leggo con calma a casa.
Le scatole,	**le**	può acquistare allo sportello 5.

Die Objektpronomen *lo, la, li, le* stehen vor dem konjugierten Verb.

In Verbindung mit dem Verb *avere* lautet die Form:

Ce l'ho. Ich habe es.
Ce li ho.
Ce le ho.

An *ecco* werden die Pronomen direkt angeschlossen:

Certo, eccolo. Da ist es.
Certo, eccola.
Certo, eccoli.
Certo, eccole.

Il pronome partitivo *ne*

Quanti francobolli vuole?	Ne voglio cinque.
Quante scatole prende?	Ne prendo due.

Das Pronomen *ne* bezieht sich auf eine unbestimmte Menge.

Il pronomi relativi *chi / che*

Die Relativpronomen *chi / che*

Gli italiani che lavorano in ufficio fanno molte pause.
Chi lavora in ufficio perde più tempo.
A chi lavora in ufficio resta più tempo libero.

Das Relativpronomen *che* steht für Personen oder Sachen (Singular und Plural). Es hat die Funktion eines Subjekts oder eines direkten Objekts.

Chi hingegen hat nie ein Bezugswort im Hauptsatz und steht nur für Personen im Allgemeinen.

D Pronuncia e ortografia

1. TR 1.31 Leggete le parole e inseritele nella tabella. Poi ascoltate e confrontate.

vero • spedire • vorrei • chiedere • prego

[ɛ]	[e]
perdere	

condizione • costo • mondo • foto • conto • eccoli

[ɔ]	[o]

2. TR 1.32 Ascoltate e ripetete.

[kw] quello • quale • quando • qui

3. TR 1.33 A coppie. Ascoltate il dialogo e ripetete a voce alta.

- Buongiorno!
- Buongiorno!
- Scusi, devo spedire un pacco, ma non ho la scatola. Quanto costa?
- Dunque… dipende dalla scatola. Quale vuole?
- Quella piccola.
- Bene. Questa costa un euro e cinquanta.
- E scusi ancora una domanda: quanto tempo impiega un pacco fino a Sydney?
- Circa una settimana, per posta aerea.

4. TR 1.34 Ascoltate il dialogo. Qual è il nome delle persone?

1. Signor ____________________
2. Direttor ____________________
3. Professor ____________________
4. Ragionier ____________________

6

La mia casa

Incoraggiare qualcuno // Informarsi / esprimere gusti // Descrivere la propria casa

Dove volete abitare?

in un appartamento in città

in una villa al mare

in un casale in campagna

in un monolocale

A

1. **Valerio sta cercando casa e compila una lista con le sue priorità. Quale appartamento va bene per lui?**

MOSTRA APPARTAMENTO

1 Centro storico, bilocale, quarto piano. Soggiorno con angolo cottura, camera da letto, bagno € 600 al mese compreso riscaldamento.

2 Zona università, monolocale piano terra, angolo cottura arredato, bagno e piccolo ripostiglio, € 400 mensili.

3 Centrale, camera libera in trilocale primo piano. Doppi servizi, balcone, € 200 più spese riscaldamento.

4 Periferia, panoramico quadrilocale, quinto piano. Cucina abitabile, ampia veranda coperta, balcone, riscaldamento autonomo, ascensore, € 750.

Cerco appartamento:
affitto massimo 450 euro
due stanze
tranquillo
balcone
vicino all'università
deve essere ben collegato (bus, tram) !!

2. **Completate la scheda con i dati dei 4 annunci.**

	zona	piano	numero stanze	prezzo	caratteristiche
appartamento 1	centro storico				
appartamento 2					
appartamento 3					
appartamento 4					

esercizi 1–3

3. TR 1.35 Ascoltate e rispondete.

1. In quale città sono i ragazzi?

____

2. Che tipo di appartamento preferisce Valerio?

____

3. Quanto può spendere Valerio?

____

4. Quale consiglio dà Marta a Valerio?

____

5. Perché Valerio è sicuro di non prendere il monolocale?

____

4. Cercate un appartamento. Segnate nella tabella le vostre priorità. A coppie chiedete le priorità del vostro compagno e dategli dei consigli.

zona	piano	numero stanze	prezzo	caratteristiche

- Cerco casa… ormai sono disperato! È così difficile!

- Ma dai, ti aiuto io! Allora… che cosa cerchi di preciso? In che zona?

esercizio 4

5. Leggi una parte del dialogo tra Marta e Valerio. Cosa indicano le parole in neretto?

MARTA: Un mio amico sta cercando qualcuno per il suo appartamento. So che non costa tanto e che è vicinissimo all'università. Se **ti** interessa, **gli** telefono subito.

VALERIO: Facciamo così: io domani ho appuntamento con la proprietaria di un monolocale, ma so già che è molto lontano dall'università e in una zona con pochi collegamenti, quindi scrivo una mail alla proprietaria e **le** dico che non lo prendo. Tu senti il tuo amico e stasera **mi** dai una risposta.

esercizi 5–8

6. Qual è la casa ideale per Giovanni e quale per Marella? Leggete e abbinate.

A

È un attico in città, al quarto piano di una bella casa ristrutturata da poco. Il pavimento è di legno mentre in cucina e in bagno è di marmo. La cucina è piccola ma moderna, il bagno invece è enorme con una vasca a idromassaggio e delle piante. In sala ci sono due finestre con tende di seta colorata. In camera da letto c'è un letto in stile giapponese e un armadio nello stesso stile. L'appartamento non dista molto dal centro, vicino c'è uno spazio verde con alberi e piante e la zona pedonale inizia praticamente dietro casa.

B

È una casa piccola e carina vicino alla spiaggia, con vista sul mare e con tanto spazio verde attorno. Ha un giardino con parecchi alberi da frutto e fiori di ogni genere. In un angolo del giardino c'è una panca e un tavolo di legno per passare ore e ore in tranquillità. La casa ha un'enorme cucina con un bel camino e una sala con un comodo divano e con una libreria moderna di vetro e acciaio e tanti bei tappeti colorati per terra. La camera da letto è piccola e molto semplice, però dà sul giardino.

GIOVANNI
Sono un tipo tranquillo con l'hobby delle piante, vorrei un giardino tutto per me. Mi piace molto invitare gli amici a casa mia e cucinare con loro. Leggo molto e mi piace il jazz e la musica classica. Ho un cane bianco. Passeggio con lui tutti i giorni in riva al mare.

MARELLA
Sono molto attiva e faccio sport. Mi piace la gente: per me non c'è niente di più bello che passare una serata con gli amici. Preferisco andare a teatro o al cinema invece che stare da sola a casa. Mi piacciono i materiali pregiati. Adoro avere oggetti lussuosi intorno a me e fare lunghi bagni profumati.

7. Rileggete i testi e completate la tabella.

	stanze	arredamento	materiali
Giovanni			vetro
Marella	cucina	letto	

esercizi 9–10

8. A gruppi di tre. Com'è la vostra casa ideale? Segnate i gusti dei compagni e riferite poi alla classe.

	luogo	stanze	stile	colori	materiali
Studente 1 ______________					
Studente 2 ______________					
Studente 3 ______________					

- Che tipo di casa ti piace?
- Mi piacciono le case antiche.
- A me invece piacciono le case moderne.

esercizi 11–12

9. Completate con: mi piace / mi piacciono – a me piace / a me piacciono.

- ______________ il colore rosso.
- ______________, invece, il colore blu.
- ______________ i materiali pregiati.
- ______________, invece, i materiali poveri.

esercizi 13–14

B

1. **Leggete l'annuncio. Chi offre l'appartamento? Dove si trova?**

Siamo giovani e dinamici – siamo i cinque – no ora i quattro – moschettieri – uno non c'è più.

Chi vuole riempire il vuoto?

Stiamo cercando studente o studentessa dai 20 ai 28 anni. Offriamo una meravigliosa, piccola stanza con balcone a sud, ca. 15mq, vicinanze Università. Abbiamo una grande cucina in comune, un bagno spazioso (e pulito!). Nel corridoio c'è un armadio, ci sta davvero di tutto!

Ci telefoni? Ci scrivi una email?

Tel. 34532123
email: moschettieri@tin.it

2. **Jennifer è interessata e scrive un'email. Secondo voi quali informazioni mancano?**

stanza libera

Da: jenlop@online.it
A: moschettieri@tin.it
Oggetto: stanza libera

Ciao a tutti!

Mi chiamo Jennifer e sto finendo la facoltà di Architettura. Sto facendo una ricerca all'università perché sto scrivendo la tesi. Siccome ora vivo in periferia, sto cercando una stanza in centro, più vicina all'università. Su di me... sono single e mi piacciono Tiziano Ferro e Gianna Nannini, sono vegetariana e amo gli animali. Scegliete voi una data per l'incontro?

Aspetto una risposta. Grazie! Ciao.

Jennifer

3. A gruppi. Scrivete la risposta dei quattro moschettieri. Leggete ad alta voce e scegliete la email più originale e simpatica.

R: stanza libera

Da: moschettieri@tin.it

A: jenlop@online.it

Oggetto: R: stanza libera

Cara Jenny,

____

____

____

____

____

____

____

4. Rileggete la email di Jennifer e completate le frasi. Quando si usa questa forma?

sto

1. cerc_______ (cercare) una stanza	3. fin_______ (finire) la facoltà
2. scriv_______ (scrivere) la tesi	4. fac_______ (fare) una ricerca

5. Cosa stanno facendo le persone nella foto?

1. ____

2. ____

3. ____

esercizi 15–16

6. TR 1.36 Ascoltate il dialogo. A chi appartengono le stanze?

☐ Jennifer ☐ Matteo ☐ Eleonora ☐ Roberta ☐ Emanuele

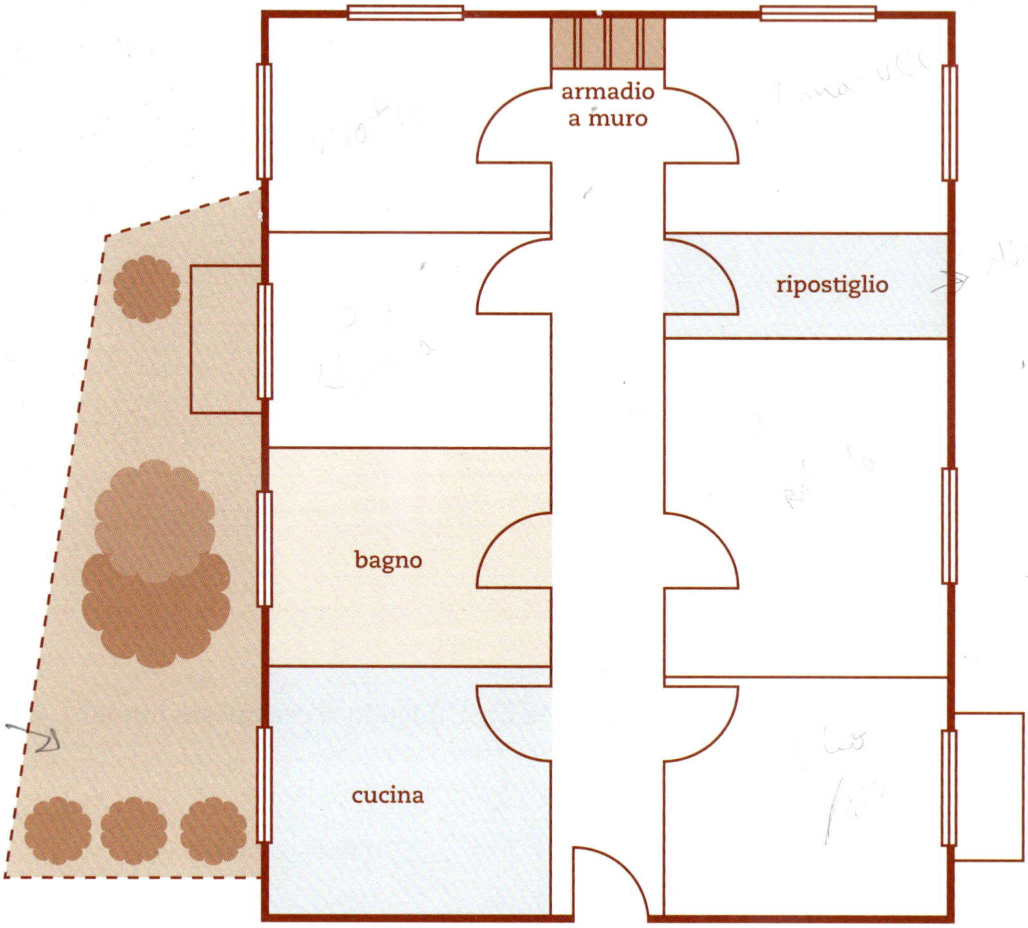

7. TR 1.36 Riascoltate il dialogo e rispondete.

1. L'armadio in fondo al corridoio è
   a. ☐ di Matteo
   b. ☐ di Jennifer
   c. ☒ di uso comune

2. L'appartamento ha
   a. ☒ una lavatrice
   b. ☐ una lavastoviglie
   c. ☐ un frigorifero

3. I ragazzi puliscono a turno
   a. ☒ una volta alla settimana
   b. ☐ due volte alla settimana
   c. ☐ una volta al mese

4. Le stanze dell'appartamento sono
   a. ☒ piccole ma belle
   b. ☐ grandi ma luminose
   c. ☐ grandi e silenziose

8. **Cosa significano le seguenti espressioni? Abbinate alle illustrazioni.**

1. di fronte a • 2. in fondo a • 3. sotto • 4. sopra • 5. in mezzo a • 6. davanti a • 7. dietro • 8. accanto a

A

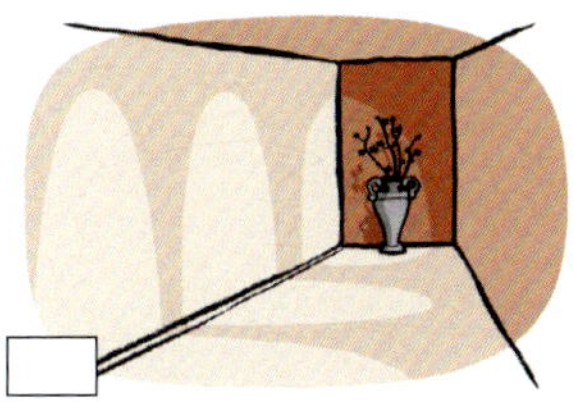

B

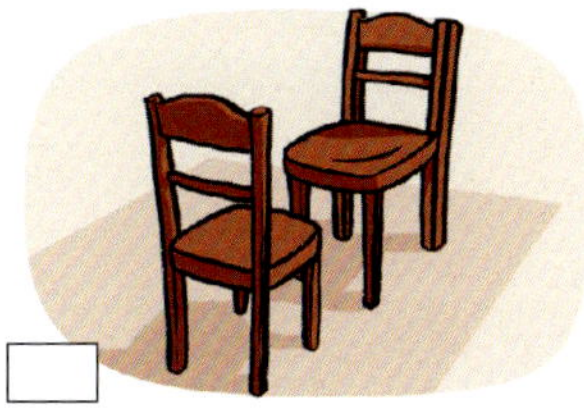

C

D

E

F

G

H

9. **A coppie. Descrivete il vostro appartamento e disegnate la piantina dell'appartamento del vostro compagno.**

Appena entri nel mio appartamento a sinistra c'è la cucina. Accanto alla cucina c'è…

Nel mio invece c'è un ingresso, poi a destra…

10. **Osservate le frasi. Cosa indicano le parole in grassetto?**

Nel **mio** appartamento a sinistra c'e la cucina. E nel **tuo**?

esercizi 17–21

C Grammatica

I pronomi indiretti: forma atona e tonica

Die indirekten Objektpronomen: unbetonte und betonte Form

Marco	mi	regala un libro.
	ti	
	gli / le / Le	
	ci	
	vi	
	gli	

E a	me	cosa regalano?
	te	
	lui / lei / Lei	
	noi	
	voi	
	loro	

Die direkten oder indirekten betonten Pronomen werden verwendet:
- nach Präpositionen: *Vieni con me?*
- in Gegenüberstellungen: *Accompagna te e non me!*

Il verbo piacere

Das Verb *piacere*

mi ti gli / le / Le ci vi gli	piace	il colore rosso. molto invitare gli amici.
	piacciono	i materiali pregiati.

Das Verb *piacere* wird nur in der 3. Person Singular und Plural (je nach Subjekt) und mit dem passenden indirekten Objekt verwendet.

Posizione dei pronomi

Die Stellung der Objektpronomen

Gli scrivo un messaggio.	*Devo scrivergli oggi.* *Gli devo scrivere oggi.*

Bei einer Modalverb-Infinitiv-Konstruktion können die Pronomen vor dem Modalverb stehen oder hinter dem Infinitiv, wobei sie mit diesem verschmelzen.

Stare + gerundio

Stare + Gerundium

sto stai sta stiamo state stanno	cercando scrivendo finendo	are ▸ ando ere ▸ endo ire ▸ endo

sto stai sta stiamo state stanno	facendo bevendo dicendo traducendo proponendo	fare bere dire tradurre proporre

stare + Gerundium drückt aus, dass etwas gerade in diesem Moment passiert oder getan wird.

Aggettivi e pronomi possessivi

Die Possessivadjektive und -pronomen

È il	mio	tuo	suo	nostro	vostro	loro	libro
È la	mia	tua	sua	nostra	vostra	loro	stanza

Sono i	miei	tuoi	suoi	nostri	vostri	loro	libri
Sono le	mie	tue	sue	nostre	vostre	loro	stanze

Vor dem Possessivadjektiv steht der bestimmte Artikel und es passt sich in Zahl und Geschlecht dem Bezugswort an: *il mio libro e la mia borsa.*

Il suo libro kann sowohl ihr Buch als auch sein Buch bedeuten.
Die Possessivpronomen können mit oder ohne Artikel stehen: *Di chi sono questi CD? Sono (i) nostri.*

D Pronuncia e ortografia

1. TR 1.37 **Ascoltate e ripetete.**

accento acuto: [é] perché, ventitré
accento grave: [è] caffè, cioè

2. TR 1.38 **Le altre vocali possono avere solo l'accento grave. Ascoltate e ripetete.**

è • caffè • perché • lunedì • papà • verità • può • però • libertà • più

3. TR 1.39 **Ascoltate e mettete l'accento dove necessario. Confrontate in classe.**

Oggi e lunedi e devo fare molte cose. Prima di tutto devo andare in banca a prelevare dei soldi, perche non ho piu niente, poi devo andare in segreteria a pagare la tassa d'iscrizione. Venerdi scade il termine per l'iscrizione al corso di psicologia, devo andare assolutamente. Piu tardi vado in citta a vedere un nuovo appartamento da prendere in affitto con altri studenti.

4. TR 1.40 **Ascoltate e ripetete.**

[ɲ]	Bolo**gn**a • ba**gn**o • **gn**occhi	[ʎ]	**gli** • bi**gli**etto • sve**gli**a

5. TR 1.41 **Leggete il testo. Confrontate con l'ascolto.**

Il signor Bellerio vive a Bologna e ama gli gnocchi. È un vecchio compagno di classe della signora Brogli e di mia madre. Si incontrano ogni tanto di sera per cucinare insieme. Amano tutti e tre la buona cucina. Il piatto preferito della signora Brogli sono le lasagne al forno, mia madre invece adora il castagnaccio, una torta di castagne.

6. **Formate il presente dei verbi. Sottolineate l'accento come nell'esempio.**

Esempio:

spẹgnere	spẹngo	spẹgni	spẹgne	spegnịamo	spegnẹte	spẹngono
1. dire	______	______	______	______	______	______
2. dare	______	______	______	______	______	______
3. fare	______	______	______	______	______	______
4. stare	______	______	______	______	______	______

7

Che fai di bello?

Fare paragoni // Parlare del carattere // Chiedere e raccontare fatti al passato // Esprimere un'opinione

Che fai di solito nel tempo libero?

ascoltare musica

fare shopping

nuotare

sciare

A

1. Leggete la pagina del portale. Fate ipotesi sul contenuto delle rubriche.

www.ufficio-tempo-libero.it

LES
UFFICIO TEMPO LIBERO

HOME PAGE | SEDE DEI CORSI | CONDIZIONI DI ISCRIZIONE | NOSTRI DOCENTI | CONTATTACI

- VIAGGI
- ARTE
- BENESSERE
- HOBBY
- LETTURE
- DANZA
- INCONTRI
- MUSICA
- TEATRO

Tempo Libero...
per noi stessi, stare con amici simpatici, aperti, allegri che hanno voglia di fare qualcosa insieme a te nel tempo libero. Il modo giusto per uscire dalla solita routine e per divertirsi il più possibile! Per sapere quali sono le discoteche e i bar più frequentati, i luoghi di tendenza. Dai un'occhiata alle nostre proposte, le nostre iniziative. I nostri corsi offrono moltissime possibilità: musica, danza, sport, giochi di società, pittura, lingue straniere, fai da te e molto di più... entra anche tu nel nostro spazio e impara a divertirti con noi!

2. Osservate il plurale delle seguenti parole.

gio**co**	gio**chi**	simpati**co**	simpati**ci**	discote**ca**	discote**che**

3. TR 2.1 Ascoltate il dialogo e rispondete alle domande.

1. Quali idee vengono a Michele e cosa replica Luisa?
   a. Fare un corso di tango argentino. Per Luisa, il tango è ______________________
   b. ______________________
   c. ______________________
   d. ______________________

2. Quale corso sta facendo Luisa e cosa ne pensa Michele?
   ____

esercizi 1–2

4. A gruppi. Guardate le foto e trovate un aggettivo positivo e uno negativo per ogni sport.

1. ______________________

2. ______________________

3. ______________________

4. ______________________

5. ______________________

6. ______________________

5. A coppie. Fate paragoni.

● Preferisco il tennis. È più dinamico del tai chi.

● Io invece preferisco giocare …

6. Osservate! Quando si usa *di* e quando *che*.

Il tai chi è più/meno rilassante del tennis.
Giocare a calcio è più/meno divertente che giocare a scacchi.

esercizi 3–4

7. Leggete la lettera di una lettrice alla rivista Donna Oggi.

DONNA**OGGI** 52

ALESSIA RISPONDE

Cara Adele,

ti scrivo per un consiglio.
Ho conosciuto il mio attuale ragazzo un anno fa. È stato amore a prima vista: perfetta intesa fisica e psicologica. Stessa facoltà, stessi interessi, stessi amici, stesso ritmo di vita. Siamo andati a vivere insieme e ora da alcuni mesi non lo riconosco più. Io mi alzo sempre presto la mattina e comincio la giornata pensando al giorno che devo affrontare in modo positivo, adoro andare all'università. Non mi stresso quasi mai se c'è traffico per la strada, anzi mi diverto ad osservare la gente. Mi piace uscire la sera e andare a teatro o al cinema, lui invece ci viene solo se costretto. Se non c'è nulla da fare, invito amici a cena o vado in palestra o in piscina. Mi piace viaggiare e visitare musei e città nuove. L'unica cosa che mi stressa sono le gite nella natura perché c'è sempre qualcosa che non funziona, o è troppo freddo o è troppo caldo. Lui invece odia le città, adora le lunghe camminate in montagna, ama stare in silenzio. Ha litigato con molti dei nostri amici perché li trova rumorosi e caotici. La sera non vuole uscire mai e preferisce restare a casa a leggere un libro di poesie o a guardare i soliti programmi in TV. Si addormenta spesso sul divano e la mattina quando si sveglia è di malumore. Si veste lamentandosi di quanto è difficile cominciare la giornata. Dice che io non so trovare il tempo per pensare e che ho tanti amici, ma in fondo non conosco nessuno. Secondo lui credo di fare tante cose diverse e interessanti, ma alla fine non concludo nulla. Mi accusa di ascoltare musica di pessima qualità, mentre la vera arte è nella musica classica, ma io non capisco niente di musica classica e mi annoio ad ascoltare tutto il giorno Chopin. Non so proprio cosa fare. Non ci riconosciamo più… eppure solo qualche mese fa sembrava tutto perfetto!!!

Alessia

8. Cosa piace o non piace a lei, cosa piace o non piace a lui?

A lei...	A lui...
piace	piace
non piace	non piace

9. Abbinate gli aggettivi al loro contrario. A coppie cercate quali descrivono meglio il carattere di lei e quali di lui. Motivate le vostre scelte.

1. ☐ egoista	a. allegro
2. ☐ pessimista	b. altruista
3. ☐ insicuro	c. tranquillo
4. ☐ triste	d. divertente
5. ☐ antipatico	e. sicuro
6. ☐ nervoso	f. estroverso
7. ☐ introverso	g. simpatico
8. ☐ noioso	h. ottimista
9. ☐ pigro	i. dinamico

Lui è un tipo insicuro perché …

Secondo me, invece, lui è …

10. E voi che tipo siete? A coppie dite se siete più simili a lei o più simili a lui e perché.

Anch'io, come Alessia, sono una persona dinamica. Mi piace …

Io invece…

esercizi 5–7

11. Scrivete la risposta di Adele ad Alessia.

DONNA\\OGGI

Cara Alessia,

____

____

______________________________ …

12. Rileggete il testo. Quali pronomi trovate?

pronomi riflessivi	diretti	indiretti
mi alzo	non lo riconosco più	ti scrivo

B

1. A coppie o piccoli gruppi rispondete alle domande.

1. Vi piace andare a teatro?
2. Quale genere preferite? Commedie, drammi, tragedie, balletto, opera…
3. Conoscete qualche teatro italiano?
4. Cercate cosa c'è in programma questa settimana nei teatri di Milano.

2. TR 2.2 Cosa c'è in programma a teatro? Abbinate il titolo al teatro.

1. ☐ Teatro Manzoni
2. ☐ Teatro Nazionale
3. ☐ Piccolo teatro
4. ☐ Filodrammatici
5. ☐ Teatro Arsenale

a. Il Ventaglio
b. Il bar sotto il mare
c. Bello di papà
d. Sei personaggi in cerca d'autore
e. Otto donne e un mistero

3. TR 2.2 Luciano e Valeria descrivono alcuni spettacoli. Che cosa dicono? Ascoltate ancora una volta e completate le descrizioni.

titolo	genere	personaggi	ambientazione
Il Ventaglio:	una commedia		
Bello di papà:			
Otto donne e un mistero:			

4. Leggete i commenti di Valeria alle recensioni lette da Luciano. Sottolineate i verbi al passato.

Mah… ci sono andati due miei amici la settimana scorsa e mi hanno detto che non è così interessante!

Il bar sotto il mare!? Ho letto il libro l'anno scorso.

Boh, a me il libro non è piaciuto molto, forse meglio qualcos'altro.

No, aspetta. Guarda qui. Al Filodrammatici c'è il dramma *Sei personaggi in cerca d'autore*; ho saputo da Claudia che la nuova messa in scena è eccezionale … e poi ho appena finito di leggere il libro.

Ah sì! Interessante! Ne hanno parlato molto, tutte le critiche sono state positive. Ci sono andate anche Lia e Francesca due settimane fa.

5. Trascrivete nelle tabelle i verbi che formano il passato con *avere* o con *essere*.

avere	essere

6. E tu cosa hai fatto? In piccoli gruppi fate le domande e riferite poi alla classe.

Quando sei stato l'ultima volta a teatro?

Cosa hai visto?

Ti è piaciuto / non ti è piaciuto, perché?

esercizi 12–16

7. **Leggete le seguenti critiche. A quali opere si riferiscono?**

A

Messa in scena priva di fantasia e scontata. Gli attori non sono riusciti a portare sulla scena l'atmosfera di queste storie improbabili e assurde. Il regista non ha saputo ricreare il mistero di quei luoghi irraggiungibili e strani così perfettamente descritti nel libro dello scrittore bolognese.

B

Dialoghi bellissimi, ottima interpretazione da parte dei sei attori protagonisti, messa in scena indimenticabile per il dramma forse più interessante del drammaturgo, scrittore e poeta siciliano. Un classico che continua ad appassionare gli spettatori, un regista geniale e anticonformista, un cocktail di sicuro successo.

1

IL TEATRO FILODRAMMATICI

Sei Personaggi in cerca d'autore

Autore: Luigi Pirandello

Mentre una compagnia drammatica prova "Il gioco delle parti" di Pirandello, entrano in scena sei personaggi: Il Padre, la Madre, la Figliastra, il Figlio, due bambini. Sono nati dalla fantasia di un autore che però non ha saputo o voluto farli vivere in un'opera d'arte. Cominciano allora a raccontare il loro dramma di personaggi senza un'opera e senza un autore che racconti la loro storia.

2

Arsenale TEATRO

Il bar sotto il mare

Autore: Stefano Benni

Una raccolta di storie assurde, comiche e improbabili. I personaggi di questo luogo strano e irraggiungibile cantano, raccontano, giocano con le loro avventure. Sono arrivati lì incantati da una bellissima sirena che li tiene prigionieri sul fondo del mare. Un bar in cui tutti vorremmo capitare, una notte, per ascoltare i racconti del barista, dell'uomo col cappello, dell'uomo con la gardenia, della sirena, del marinaio, dell'uomo invisibile, della vamp e degli altri misteriosi clienti.

8. **Rileggete le critiche e scrivete le espressioni usate per esprimere pareri positivi o negativi. Trovatene altre.**

Dialoghi bellissimi

____

____

Messa in scena priva di fantasia

____

____

9. **Completate con i prefissi *im-*, *ir-*, *in-*, *il-*.**

1. Una messa in scena _______ dimenticabile.
2. Storie assurde e _______ probabili.
3. Luoghi _______raggiungibili e strani.
4. Storie _______leggibili.

esercizi 17–18

10. **A coppie scrivete una critica positiva o negativa su uno spettacolo di teatro, cabaret o varietà che avete visto ultimamente. Analizzate i seguenti punti.**

La messa in scena • I dialoghi • La recitazione • Gli attori

____

____

____

____

____

____

____

11. **Osservate la frase. In piccoli gruppi create un quiz a tre domande da sottoporre ai compagni.**

È l'opera più interessante del drammaturgo siciliano

Qual è il libro più famoso di...?

Qual è l'opera meno conosciuta di...?

Qual è il film più bello di...?

esercizi 19–20

C Grammatica

I sostantivi maschili in -co, -go

Die maskulinen Substantive auf *-co, -go*

gioco	giochi	medico	medici
albergo	alberghi	asparago	asparagi

Die meisten der maskulinen Substantive auf **-co** und **-go**, die auf der vorletzten Silbe betont werden, bilden den Plural auf **-chi** und **-ghi**. Die anderen bilden den Plural auf **-ci** und **-gi**.

Ausnahmen dieser Regel sind z. B. *amìco* ▸ *amìci* und *grèco* ▸ *grèci.*

Gli aggettivi maschili in -co, -go

Die Adjektive auf *-co, -go* mit männlichem Bezugswort

tedesco	tedeschi
simpatico	simpatici

Bei den Adjektiven auf **-co** mit männlichem Bezugswort gelten die gleichen Regeln wie bei den Substantiven. Adjektive auf **-go** bilden den Plural immer auf **-ghi**.

Für die Adjektive mit femininem Bezugswort gilt immer: **ca** ▸ **che / ga** ▸ **ghe**.

I pronomi diretti

Die direkten Objektpronomen

Marco	mi	chiama tutti i giorni	Die unbetonten direkten Objektpronomen ersetzen ein direktes Objekt. Sie treten immer in Verbindung mit einem Verb auf. Wenn das Verb konjugiert ist, gehen sie dem Verb voraus: *Li faccio più tardi.* An Infinitive werden sie angehängt: *Devi chiamarlo.*
	ti		
	lo		
	la / La		
	ci		
	vi		
	li / le		

Il presente indicativo dei verbi riflessivi

Das Präsens Indikativ der reflexiven Verben

mi	alzo	metto	vesto
ti	alzi	metti	vesti
si	alza	mette	veste
ci	alziamo	mettiamo	vestiamo
vi	alzate	mettete	vestite
si	alzano	mettono	vestono

Meist sind italienische reflexive Verben auch im Deutschen reflexiv, es gibt jedoch Ausnahmen, z. B. *alzarsi* – aufstehen, *chiamarsi* – heißen, *sposarsi* – heiraten.

Il comparativo di maggioranza – minoranza – uguaglianza

Komparativ und Superlativ

Luigi è Il calcio è	più / meno	sportivo interessante	**di** me, **di** Matteo. **del** tennis.
Il teatro è interessante	quanto / come	il cinema	

Giocare a calcio è	più / meno	interessante	**che** giocare a tennis.

di wird vor Nomen und Pronomen, in allen anderen Fällen wird *che* verwendet.

Il superlativo relativo

Relativer Superlativ

È l'opera È la commedia	più / meno	interessante affascinante	di Goldoni.

Il superlativo assoluto

Absoluter Superlativ

La sala è pieni**ssima** / **molto** piena

Il passato prossimo

Perfekt

avere + participio passato

ho	studiato (-are) venduto (-ere) finito (-ire)
hai	
ha	
abbiamo	
avete	
hanno	

essere + participio passato

sono	andato / -a
sei	
è	
siamo	andati / -e
siete	
sono	

Il participio passato dei verbi irregolari più comuni

Das Partizip Perfekt unregelmäßiger Verben

essere ▸ stato
rimanere ▸ rimasto
vedere ▸ visto
chiedere ▸ chiesto
fare ▸ fatto
scrivere ▸ scritto
leggere ▸ letto
dire ▸ detto

D Pronuncia e ortografia

1. TR 2.3 Ascoltate e ripetete.

[r]	andare • mare • fare • lavoro

[rr]	corro • trarre • sbarra • verrai

2. TR 2.4 Ascoltate e segnate la parola che sentite.

1. a. ☐ sera
   b. ☐ serra
2. a. ☐ faro
   b. ☐ farro
3. a. ☐ coro
   b. ☐ corro
4. a. ☐ pori
   b. ☐ porri
5. a. ☐ mira
   b. ☐ mirra
6. a. ☐ caro
   b. ☐ carro

3. TR 2.5 Formate parole secondo il modello. Ascoltate e ripetete.

in - toccabile • im - possibile • il - leggibile • ir - rispettoso

1. sicuro ____________________
2. lecito ____________________
3. mortale ____________________
4. dimenticabile ____________________
5. probabile ____________________
6. raggiungibile ____________________

4. Formate il superlativo degli aggettivi come nell'esempio.

Esempio:
grave ▸ gravissimo
interessante ▸ interessantissimo

1. bello ▸ ____________________
2. brutto ▸ ____________________
3. grande ▸ ____________________
4. forte ▸ ____________________
5. sicuro ▸ ____________________
6. veloce ▸ ____________________

5. TR 2.6 Ascoltate i dialoghi e ripetete.

- Ho deciso: faccio un corso di paracadutismo.
- Ma va là!
- E ci viene anche Sofia.
- Ma davvero?!

- Paolo si è già sposato.
- Si è sposato?!
- Sì, con Martina.
- Cosaaa?!

8

Cos'è successo?

Raccontare una notizia giornalistica // Raccontare esperienze personali al passato // Esprimere stupore

Ti è mai successo di...

vincere un viaggio?

incontrare una persona famosa?

mandare un messaggio alla persona sbagliata?

perdere il portafogli?

A

1. Fatti di cronaca. Leggete i titoli di cronaca. Quale vi sembra la notizia più curiosa? Fate ipotesi sul contenuto.

2. TR 2.7 Ascoltate più volte le notizie del radio giornale e completate.

	prima notizia	seconda notizia
Dove:		
Chi:		
Quando:		
Cosa:		

esercizio 1

3. Leggete ora le notizie.

Roma

In auto sulle scale di Trinità dei Monti

Ha deciso di "sfilare" sulla scalinata più famosa del mondo. Ma non proprio come le modelle di "Donna sotto le stelle". Infatti è sceso da Trinità dei Monti a Piazza di Spagna con l'auto. Sì, proprio così. La singolare sfilata è avvenuta all'alba di stamattina. Un ragazzo di 24 anni ha imboccato a velocità sostenuta i gradini che portano in Piazza di Spagna alla guida di una Toyota Celica. Ha percorso, tranquillamente, come una qualsiasi strada di Roma, circa metà della scalinata. Una volta fermato dalla Polizia si è stupito di esser stato denunciato. Immediati gli interventi da parte delle forze dell'ordine e dei vigili urbani, che hanno bloccato il ragazzo. La Polizia municipale ha denunciato il giovane per danneggiamento di monumenti artistici.

NAPOLI

ANZIANA TROVA UNA BOMBA TRA LE PATATE

Un'anziana donna di S. Giorgio a Cremano in provincia di Napoli nella serata di lunedì ha fatto una incredibile scoperta: tra le patate acquistate al mercato c'era una bomba a mano. Le patate, secondo la prima ricostruzione dei Carabinieri sono arrivate sul mercato napoletano dalla Francia; la signora Mauriello ha comprato le patate e quando ha cominciato a lavarle si è accorta di avere in mano un pezzo di metallo pesante che poi si è rivelato una bomba a mano "ananas" di quelle in dotazione ai soldati americani durante la seconda guerra mondiale. – Così sporche di terra è facile non accorgersi di nulla – ha dichiarato. Una storia che ha dell'incredibile, ma che fortunatamente è finita nel migliore dei modi; la signora non ha cucinato quello che poteva diventare un "piatto esplosivo".

4. Quali informazioni sono presenti nei testi che avete letto?

1. L'automobilista ha girato per errore a sinistra ed è finito sulle scale.
2. Il ragazzo ha avuto spesso problemi con la polizia.
3. Il giovane ha guidato per circa metà della scalinata.
4. La polizia è intervenuta subito.
5. La signora Mauriello ha più di settanta anni.
6. L'anziana signora ha comprato le patate in un mercato napoletano.
7. Si è accorta della bomba non appena è tornata a casa.
8. La bomba è arrivata dall'America.

esercizi 2–3

5. A coppie, chiudete il libro e raccontate a turno una delle due storie. Provate a ricordare più dettagli possibili.

Dunque… il fatto è successo a…

Quindi… / Allora… / E dopo…

Alla fine… / E così… / Per finire…

Il protagonista /la protagonista della storia …

6. Leggete ancora una volta i testi e trovate i participi irregolari.

infinito	participi irregolari
decidere	deciso

esercizi 4–9

7. Leggete i titoli di cronaca. A gruppi aggiungete, per ogni titolo, altre informazioni come nell'esempio.

PRIGIONIERI DEL SUPERMERCATO

Dove:	Roma
Chi:	i clienti di un supermercato
Quando:	ieri in tarda mattinana
Cosa:	la corrente è andata via - porte bloccate - spesa gratis

1 **Professore lancia dalla finestra il cellulare di uno studente e colpisce il preside**

2 **Fila di un chilometro DAVANTI A BOUTIQUE DI PRADA**

	prima notizia	seconda notizia
Dove:		
Chi:		
Quando:		
Cosa:		

8. Scrivete ora un breve trafiletto di giornale come nell'esempio.

PRIGIONIERI DEL SUPERMERCATO

Il fatto è successo in un grande supermercato della capitale, ieri in tarda mattinata. Improvvisamente è mancata la corrente per un'ora; le porte automatiche si sono bloccate. I clienti sono rimasti chiusi all'interno. Sicuramente per evitare crisi isteriche, i titolari hanno regalato la spesa a tutti i clienti.

esercizi 10-12

B

1. TR 2.8 **Ascoltate e rispondete. Vero o falso?**

	V	F
1. Ieri Alfredo è andato ad una festa e si è divertito.	☐	☐
2. Ieri i due amici sono andati ad una festa insieme.	☐	☐
3. Alfredo si è fermato davanti alla vetrina di un fioraio.	☐	☐
4. Alfredo è entrato in una libreria.	☐	☐
5. Ha incontrato una ragazza spagnola che ha conosciuto in Messico.	☐	☐
6. Ha incontrato una ragazza francese che ha frequentato con lui un corso di spagnolo.	☐	☐
7. Alfredo e la ragazza frequentano la stessa facoltà.	☐	☐
8. La ragazza ha lasciato il suo indirizzo email alla padrona di casa.	☐	☐

2. g+ **Riascoltate il dialogo e fate attenzione all'uso dei verbi riflessivi. Rispondete poi alla domanda.**

Con i verbi riflessivi al passato si usa *essere* o *avere*? ____________________

3. **E a te è mai capitato di... Raccontate al compagno una storia e usate le espressioni di meraviglia che seguono.**

Noooo! Oh, no! / Davvero!?

Ma pensa! / Ma guarda! / Ma come!

Accidenti! / Incredibile!

esercizi 13–15

4. **A coppie. Leggete i seguenti messaggi e immaginate la situazione. Chi scrive a chi? Che cosa è successo prima del messaggio?**

Ehi Alice! Sono Alfredo, quello della libreria ;-) Sei dovuta andare via di corsa ieri! Mi hai detto che adori la cucina romana! Io conosco un posto carino... Hai tempo una di queste sere? Alfredo

14:16 || ✓

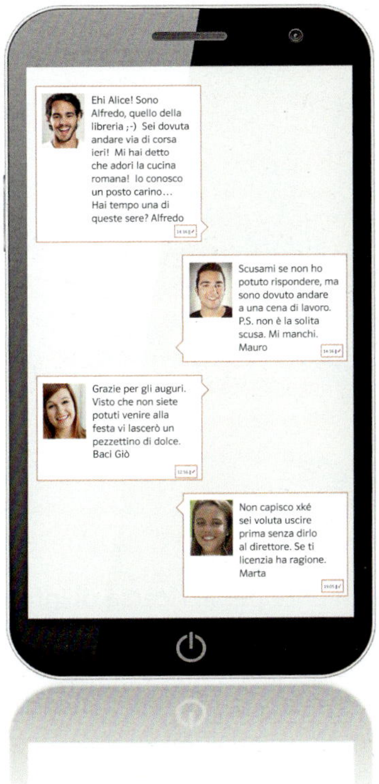

Scusami se non ho potuto rispondere, ma sono dovuto andare a una cena di lavoro. P.S. non è la solita scusa. Mi manchi. Mauro

14:16 || ✓

Grazie per gli auguri. Visto che non siete potuti venire alla festa vi lascerò un pezzettino di dolce. Baci Giò

12:56 || ✓

Non capisco xké sei voluta uscire prima senza dirlo al direttore. Se ti licenzia ha ragione. Marta

19:05 || ✓

5. **Rileggete gli sms e scrivete nella tabella i verbi modali al passato con l'infinito che segue.**

	volere	dovere	potere
con avere			
con essere			

esercizi 16–18

6. Leggete e discutetene in classe.

COSA FAREMMO SENZA RETE?

venerdì alle 18.19 ·

Gli italiani utilizzano la rete prevalentemente per la ricerca di informazioni, ma non solo: anche l'acquisto e la vendita di prodotti e l'uso dei social network sono in crescita. Le principali differenze d'uso dipendono, però, dall'età degli utenti. Mentre gli over 60 cercano soprattutto informazioni giornalistiche attraverso i principali portali dei quotidiani italiani, i più giovani (15–35) ne utilizzano le funzioni più complesse, come per esempio acquisti e vendita di prodotti. La fascia intermedia, invece, ha scoperto la rete per rispolverare vecchi contatti o crearne nuovi. Sfruttano i social network più tradizionali, molto più degli over 60, ma in modo diverso dalla fascia più giovane che è sempre super aggiornata sulle ultimissime novità in campo mediatico. Un'ulteriore differenza tra i più e i meno giovani è l'importanza data alla privacy. I più attenti a questo aspetto sono gli utenti al di sopra dei 40 anni, mentre i giovanissimi hanno un atteggiamento spesso naïf e non esitano a mettere in rete anche le informazioni più personali.

Ma quanto e per che cosa ci mancherebbe il web se saltasse la linea per tre giorni?

Il 24 % sente immediatamente la mancanza delle email, solamente il 12 % sente nostalgia delle notizie quotidiane. Stupisce molto sapere che WhatsApp, Skype, Facebook non sono in testa alla classifica. Al primo posto troviamo la ricerca di informazioni indipendentemente dalla fascia d'età.

132 · Commenta · Mi piace · Condividi

7. Rispondete alle domande.

1. Per cosa gli italiani utilizzano il web?

2. Come la fascia d'età influenza l'uso del web?

3. Chi teme di più per la propria privacy?

4. Quale dato sorprende particolarmente?

8. Sms, facebook, twitter, skype...? E se non sono raggiungibile? Parlatene in classe.

- Usi i social network?
- Quale preferisci e perché?
- Quante volte al giorno scrivi?
- Se hai dimenticato a casa il tuo smartphone cosa fai?
- Puoi immaginare la tua vita senza?

9. Scrivete a coppie una lista di pro e contro dei social network. Elaborate poi un testo argomentando con i punti segnati.

Pro	Contro

C Grammatica

Il passato prossimo dei verbi riflessivi

Das *passato prossimo* der reflexiven Verben

mi	**sono**	specializzato / -a laureato / -a preparato / -a
ti	**sei**	
si	**è**	
ci	**siamo**	specializzati / -e laureati / -e preparati / -e
vi	**siete**	
si	**sono**	

Das *passato prossimo* der reflexiven Verben wird immer mit dem Hilfsverb *essere* gebildet.

Il participio passato dei verbi irregolari più frequenti

Partizip Perfekt der häufigsten unregelmäßigen Verben

accendere	acceso
aprire	aperto
bere	bevuto
chiedere	chiesto
chiudere	chiuso
correggere	corretto
decidere	deciso
dipingere	dipinto
dire	detto
dividere	diviso
fare	fatto

leggere	letto
mettere	messo
morire	morto
nascere	nato
nascondere	nascosto
perdere	perso
piangere	pianto
prendere	preso
produrre	prodotto
ridere	riso
rispondere	risposto

rompere	rotto
scegliere	scelto
scendere	sceso
sciogliere	sciolto
scrivere	scritto
succedere	successo
togliere	tolto
tradurre	tradotto
vedere	visto
vincere	vinto
vivere	vissuto

Il passato prossimo con i verbi modali

Das *passato prossimo* bei Modalverben

Marta **ha** potuto **finire** il lavoro. Marta **è** potuta **partire**.
Franco **ha** dovuto **lavorare**. Franco **è** dovuto **uscire** prima.
Hanno voluto **prendere** il treno. **Sono** voluti **partire** stamattina all'alba.

Das Hilfsverb der Modalverben im *passato prossimo* richtet sich nach dem Hilfsverb des Infinitivs, der auf die Modalverben folgt. *Prendere: ho preso – ho dovuto prendere; sono andato – sono dovuto/-a andare.*

Gli avverbi e locuzioni di tempo

Adverbien und präpositionale Zeitangaben

Ieri ho lavorato molto.
Prima ho studiato e **poi** sono uscito.
E dopo cosa hai fatto?
Alla fine sono tornato a casa.

Ci siamo conosciuti un anno **fa.**

Die Präposition *fa* steht jedoch immer hinter der Zeitangabe.

Gli avverbi di modo

Adverbien der Art und Weise

tranquillo	▸	tranquillamente
veloce	▸	velocemente
probabile	▸	probabilmente

Die Adverbien der Art und Weise werden mit der Endung *-mente* gebildet.

Bei Adjektiven auf **-o / -a** kommt die weibliche Endung zwischen Stamm und Adverbendung: **-amente**.
Bei Adjektiven auf **-e** lautet die Endung: **-emente**.
Bei Adjektiven auf **-le / -re** entfällt der Vokal zwischen Stamm und Endung: **-mente**.

D Pronuncia e ortografia

1. **A coppie. Ordinate le parole secondo il modello. Leggete le parole a voce alta e continuate voi.**

modello • parola • povertà • medico • secondo • negozi • albero • amica • libertà

isola	parenti	novità

2. TR 2.9 **Ascoltate le parole dell'esercizio precedente e confrontate con la vostra tabella.**

3. TR 2.10 **Ascoltate e ripetete.**

[s] sole • sale • sasso • sera • sugo

[z] rosa • peso • scuse • cosa • chiesa

4. TR 2.11 **Ascoltate e sottolineate i suoni come in sole [s], cerchiate i suoni come in rosa [z].**

Oggi ho letto sul giornale una cosa veramente strana. Una signora di quasi settant'anni ha comprato al supermercato una cassa di bottiglie d'acqua. Quando è tornata a casa ha visto, tra le bottiglie, qualcosa muoversi. Si è avvicinata alla cassa e un piccolo serpente è uscito e si è nascosto sotto il suo letto. La signora ha chiesto aiuto e quando hanno preso il serpente, hanno scoperto che si trattava di una rarissima specie che vive solo in Africa. Chissà come è arrivato in Italia?

9

Momenti indimenticabili

Descrivere persone / situazioni / luoghi / abitudini al passato // Parlare di ricordi passati // Parlare della propria famiglia

Cosa ricordi della tua infanzia / adolescenza?

la prima bicicletta

il primo giorno di scuola

il primo viaggio

il primo amico del cuore

A

1. TR 2.12 **Leggete il testo. Ascoltate poi il dialogo e trovate le 8 differenze con l'ascolto.**

RICORDI DI SCUOLA

Ho frequentato per 5 anni il Liceo Linguistico di Mantova. Una scuola fantastica che ricordo con grande nostalgia. La mia prof. preferita era quella di storia, la professoressa Carlucci. Come insegnante non era un granché, invece che di storia, ci parlava sempre di geografia, ma era una donna simpatica e prendeva sempre le nostre difese se avevamo problemi con altri studenti. La ricordo come una bella donna, non molto alta, magra, sportiva. Noi ragazze della quinta B la invidiavamo tutte per i suoi capelli biondissimi. Portava sempre un cappello verde, sembrava un'attrice. Di lei era innamorato anche il professor Cavaliere, prof. di chimica, il terrore della scuola. Lo chiamavamo: "la iena". Era severissimo e mi ricordo che tutte le volte che doveva interrogare c'erano epidemie di massa e se non facevi i compiti poi… erano guai. Con la Carlucci però era timido. Una volta abbiamo scritto un bigliettino d'amore alla Carlucci e lo abbiamo firmato con il nome del professore, ma siamo state scoperte e ci hanno sospese per due giorni.

Il Liceo era un edificio bellissimo. Era un vecchio palazzo del centro storico, con finestre piccole, ma aveva una grande scalinata principesca che portava al piano di sopra dove c'erano le aule. Quando entravo in quell'edificio mi sentivo piccola piccola. Sono tanti anni che non ritorno. Chissà com'è diventato ora.

2. Ritornate al testo. Sottolineate i verbi all'imperfetto. Quali frasi indicano:

Descrizione	di persone:	
	di luoghi:	
	di situazioni:	
Azioni abituali:		

3. Cosa ricordate della scuola? Parlatene in piccoli gruppi e poi riferite alla classe.

Il mio insegnante era alto / aveva i capelli neri.

La mia scuola era molto moderna.

Il mio compagno di banco sorrideva sempre.

Andavo a scuola sempre molto volentieri.

esercizi 1–6

4. Come ricordano la scuola e gli esami i ragazzi?

A

MARCO

Ricordo che quando ho dato l'esame di maturità non mi sentivo pronto, mi sembrava di non ricordare più nulla. Per i primi cinque minuti ho guardato il foglio bianco e non riuscivo a capire neanche cosa mi chiedevano. Lo sogno ancora, un incubo! Per me è stata un'esperienza veramente terribile. Dopo l'esame non ho più preso in mano un libro per un bel po'! Mi sono preso un anno libero e non ho ancora deciso cosa studiare.

B

GIULIA

Ho frequentato il Liceo Virgilio di Mantova dal 2009 al 2014. A scuola non ho mai avuto problemi, andavo bene, anche se non ero la classica secchiona. Andavo d'accordo con tutti e mi piaceva studiare. Il problema per me erano le interrogazioni. Ricordo che prima di ogni esame ero talmente agitata che mia madre mi faceva bere litri di camomilla. L'esame di maturità poi è stato uno stress terribile, ma anche pieno di soddisfazioni. Ho imparato molto da quella esperienza. Al momento frequento l'università. Studio matematica e ho già dato alcuni esami.

C

FRANCESCO

Ho fatto l'esame di maturità un anno fa per far contenti i miei genitori, ma io lavoravo già da due anni in un hotel. Volevo solo togliermi il pensiero, per me non era importante il risultato. Ho però un bel ricordo dell'esame. L'interrogazione non è stata nozionistica come pensavo e la mia esperienza di lavoro mi ha aiutato moltissimo. Da ragazzo invece la scuola non mi piaceva. La trovavo noiosa da morire e odiavo i miei insegnanti.

5. A chi si riferiscono queste frasi?

1. ☐ Ha un buon ricordo dell'esame di maturità.
2. ☐ Si è iscritto / -a subito all'università.
3. ☐ Durante l'esame ha avuto bisogno di un po' di tempo prima di capire le domande.
4. ☐ Il suo lavoro è stato importante anche per lo studio.
5. ☐ Ha deciso di fare una pausa prima di decidere cosa studiare.
6. ☐ Ha continuato a studiare per accontentare i genitori.

6. Cercate nei testi un esempio per ogni punto della tabella e confrontate in classe.

Passato prossimo	**Imperfetto**
Azioni concluse	Azioni ripetute
Con la preposizione per + tempo	Descrizioni
Con le preposizioni da… a…	Con la preposizione da + tempo

7. E voi come ricordate l'esame di maturità?

- Quando hai fatto la maturità?
- Nel 2012. È stato terribile. Dopo per un po' non ho più toccato un libro.

esercizi 7–9

8. Cercate notizie sul sistema scolastico italiano. Scrivete un breve testo confrontandolo con il sistema del vostro Paese.

- Scuola primaria
- Scuola secondaria di primo grado
- Scuola secondaria di secondo grado
- Esame di maturità

B

1. Leggete le quattro storie e scegliete il titolo adatto.

1. CI CONOSCIAMO DA UNA VITA
2. Bollicine di champagne
3. *L'invitato in ritardo*
4. **UNO SCONTRO FATALE**

A ☐

Ho conosciuto la mia ragazza a Tokio due anni fa, in vacanza. Un giorno mentre facevo una passeggiata per le vie del centro, sono andato letteralmente a sbattere contro una ragazza. Ho visto due occhi meravigliosi e tanti pacchi per terra. È stato amore a prima vista.

Mauro

B ☐

Ero a Roma per lavoro. Dovevo restarci un mese. La sera di solito andavo a cena con i colleghi. Ci davamo appuntamento davanti a un bar e poi decidevamo in quale ristorante andare. Quella sera sono arrivato con un ritardo spaventoso. Un'amica di un collega mi ha detto: "Ma sa che Lei è un bel maleducato!" Mentre cercavo di scusarmi, lei si è voltata e poi mi ha ignorato per tutta la serata. Ci siamo rivisti alcuni mesi dopo a un congresso.

Silvio

C ☐

Mio marito ed io ci conoscevamo già da bambini. Abbiamo fatto le elementari insieme. Poi ci siamo persi di vista. Dieci anni dopo sono tornata in paese per un matrimonio. Mentre parlavo con gli sposi, sentivo due occhi che mi fissavano. Poi lui si è avvicinato e mi ha detto: "Non ci posso credere! Sei tu la bambina bionda della prima fila?"

Sara

D ☐

Ho conosciuto Alessandro 3 anni fa, a una festa a casa di mio fratello. Sono entrata e ho visto un tipo che beveva champagne. Mentre mi toglievo il cappotto, lui mi guardava con occhi sorridenti. Mi ha colpito la sua allegria e la sua spensieratezza.

Rina

2. Completate con le informazioni.

chi	quando	dove	come
Rina			

3. E voi come e quando avete conosciuto ...

- il partner
- il migliore amico
- il compagno di studio

4. Come si sono conosciute queste persone? Immaginate una storia.

A

B

- Dove e quando si sono conosciuti?
- Come si sono conosciuti?
- Cos'è successo?

5. Osservate le due frasi. Quali differenze notate?

Mentre **facevo** una passeggiata, **sono andato** a sbattere contro una ragazza.

Mentre **parlavo, sentivo** due occhi che mi fissavano.

esercizi 10–12

6. **Descrivete in piccoli gruppi le foto. Abbinate le didascalie e fate ipotesi su chi possono essere le persone.**

A

B

C

D

1. ☐ SIAMO GRANDI! VITTORIA IN SEMIFINALE MILANO – 2010

2. ☐ Quando la bicicletta era ancora un fuoristrada Milano – 1964

3. ☐ Partita storica con la nonna presa di schiena Ravenna – 1949

4. ☐ QUANDO IL MONDO SEMBRAVA COSÌ GRANDE MILANO – 1992

7. TR 2.13 Ascoltate il dialogo. Quali informazioni sono presenti?

1. È una foto dei suoi genitori da giovani.
2. È una foto di sua madre da bambina con i suoi zii.
3. Sua madre aveva tre fratelli.
4. Renata è la sua sorella minore.
5. Si sono trasferiti a Milano perchè suo nonno si è ammalato.
6. Alle superiori sua nonna giocava a pallavolo.

8. Intervistate due dei vostri compagni sulla loro famiglia e riportate alla classe.

Domande	Risposte 1	Risposte 2
Da quante persone è composta la tua famiglia?		
Come si chiamano i tuoi genitori?		
Dove si sono conosciuti?		
Hai fratelli o sorelle?		
Cosa fanno?		
Quanti cugini o cugine hai?		
Cosa sai dei tuoi nonni?		
Altro...		

9. Osservate l'uso dei possessivi con sostantivi di parentela e rispondete alle domande.

È una foto con **mia** madre. È una foto con **mio** fratello.	Quando si usa il possessivo senza l'articolo?
È una foto con **i miei** nonni. È una foto con **i miei** genitori.	Quando si usa il possessivo con l'articolo?

esercizi 13–16

C Grammatica

Indicativo imperfetto

Imperfekt Indikativ

Verbi regolari

abitare	abita-	vo
		vi
vivere	vive-	va
		vamo
partire	parti-	vate
		vano

Essere

ero
eri
era
eravamo
eravate
erano

Verbi irregolari

fare	face-	vo
dire	dice-	vi
bere	beve-	va
tradurre	traduce-	vamo
proporre	propone-	vate
comporre	compone-	vano

Bitte beachten Sie, dass bei der 3. Person Plural des Imperfekts die drittletzte Silbe betont wird.

Uso di imperfetto e passato prossimo

Gebrauch des Imperfekt Indikativ und des *passato prossimo*

Beschreibung:	Il mio insegnante era alto. Il posto era stupendo. Faceva caldo.
Gewohnheiten:	Andavamo tutte le estati al mare. A scuola sorrideva sempre.
Fortlaufende Handlungen:	Stavo leggendo quando ho sentito un rumore. Leggevo da due ore quando sei arrivato.
Mit *mentre*:	Mentre parlavo lei mi guardava. Mentre parlavo è uscita.

Auf *mentre* folgt immer das Imperfekt. Im Hauptsatz steht das Imperfekt bei Gleichzeitigkeit oder das *passato prossimo*, wenn die Handlung unterbrochen wird.

Ereignisse eines bestimmten Zeitpunkts:	Ho visto Paolo due giorni fa. Ho letto dalle due alle cinque. Ho letto per due ore.
Einmalige Ereignisse:	Sono entrata e ho visto un tipo strano. Nel 2010 sono andata in Grecia.

Il possessivo con i termini di parentela

Das Possessivadjektiv bei Verwandtschaftsbezeichnungen

mio	marito fratello zio cugino nonno nipote	**mia**	madre sorella zia cugina nonna nipote
tuo		**tua**	
suo		**sua**	
nostro		**nostra**	
vostro		**vostra**	
il loro		**la loro**	

Bei Verwandtschaftsbezeichnungen im Singular entfällt der Artikel. Im Plural und bei *loro* steht er jedoch immer.

i	**miei**	fratelli zii cugini nonni nipoti	**le**	**mie**	sorelle zie cugine nonne nipoti
	tuoi			**tue**	
	suoi			**sue**	
	nostri			**nostre**	
	vostri			**vostre**	
	loro			**loro**	

Bei Kosenamen wird der Artikel verwendet: *la mia sorellina, il mio papà.* Die Verwandtschaftsbezeichungen werden mit Artikel gebraucht, auch wenn sie von Adjektiven begleitet werden: *il mio fratello maggiore.*

D Pronuncia e ortografia

1. TR 2.14 **Ascoltate e ripetete.**

[ʎ]	figlio • moglie • famiglia • scegli

[l]	volto • male • molto • scelgo

2. TR 2.15 **Leggete il dialogo a voce alta. Ascoltate e confrontate.**

- Chi sono queste due donne sulla foto?
- Sono mia moglie e Giulia.
- Giulia è la tua figlia minore, vero?
- Sì, invece Gigliola è la più grande.
- E su questa foto?
- Ah, questa è la famiglia di mio cugino con i suoi figli.

3. TR 2.16 **Ascoltate e ripetete.**

[j]	fiore • piede • viaggio • fiume

[w]	vuoto • cuore • uomo

io	millennio	uo	cuore
ia	vittoria	ua	guardare
ie	pieno	ue	quello
iu	piuma	ui	guida

4. TR 2.17 **Ascoltate il dialogo, sottolineate i suoni che avete sentito nell'esercizio precedente. Ripetete a voce alta.**

- Ieri durante la lezione di italiano, abbiamo raccontato un episodio importante della nostra vita.
- E tu, cos'hai raccontato?
- Ho parlato del viaggio che ho fatto in Calabria quest'estate. Per me è stata un'esperienza completamente nuova ed emozionante. Come sai sono di origine italiana, ma sono moltissimi anni che non torno nel villaggio dei miei nonni. Dopo quasi 20 anni ho rivisto i miei amici d'infanzia. È stato davvero bellissimo, abbiamo fatto una festa in spiaggia e abbiamo suonato e ballato fino a tardi.

5. **Formate l'imperfetto dei verbi. Sottolineate l'accento nell'infinito e poi nell'imperfetto. Leggete ad alta voce.**

1. provare ____ ____ ____ ____ ____ ____
2. vedere ____ ____ ____ ____ ____ ____
3. finire ____ ____ ____ ____ ____ ____

10

In giro per negozi

Esprimere desideri // Chiedere in modo gentile // Esprimere dubbi // Dare un consiglio

Quali sono le tue abitudini quando fai shopping?

Cosa ti piace comprare?

Dove preferisci fare acquisti?

Ti piace fare acquisti in internet?

Preferisci fare shopping da solo o in compagnia?

A

1. TR 2.18 **Ascoltate il dialogo più volte e rispondete alle domande.**

1. Francesco vuole prendere un regalo per
   a. ☐ sua sorella
   b. ☐ sua madre e sua sorella
   c. ☐ i suoi genitori

2. La settimana prossima è il compleanno di
   a. ☐ sua madre
   b. ☐ sua sorella
   c. ☐ un'amica

3. Marcella consiglia di prendere
   a. ☐ i pantaloncini in vetrina
   b. ☐ i pantaloni blu
   c. ☐ i pantaloncini di jeans

4. Francesco prende per sua sorella
   a. ☐ una borsa verde a fiori
   b. ☐ una borsetta grigia a righe
   c. ☐ una borsetta grigia con le perline

5. Marcella suggerisce di prendere per sua madre
   a. ☐ una camicetta per la primavera
   b. ☐ una maglietta di seta
   c. ☐ una camicetta per l'estate

6. Francesco chiede all'amica
   a. ☐ di pagare
   b. ☐ di offrirgli un gelato
   c. ☐ di provare la camicetta

esercizi 1–2

2. TR 2.18 **Rimettete in ordine il dialogo e confrontate poi con l'ascolto.**

☐	MARCELLA:	Potresti prenderle questi pantaloncini di jeans, guarda sono anche firmati!
☐	FRANCESCO:	Sì, è una buona idea. Vediamo per mia madre.
☐	MARCELLA:	No, quella andrebbe bene per mia nonna, forse.
☐	FRANCESCO:	Sinceramente, non mi piace molto. Non sarebbe meglio qualcosa di più informale che so, tipo questa maglietta nera a righe?
☐	MARCELLA:	Ma, forse per tua madre potresti prendere una camicetta per l'estate, che taglia porta?
☐	FRANCESCO:	Mah, non so! Qualcosa di personale.
☐	MARCELLA:	Sarebbe meglio quella borsetta grigia in vetrina con le perline.
☐	FRANCESCO:	La 42, credo, ma non sono sicuro.
☐	MARCELLA:	Che ne dici di questa di seta blu sul manichino, potrebbe andare bene? È vivace e leggera.
☐	FRANCESCO:	Allora cosa suggerisci?
☐	MARCELLA:	Allora al posto tuo le prenderei una borsetta o una cintura che vanno sempre bene e si possono usare in tante occasioni.
☐	FRANCESCO:	Che ne dici di quella borsa da spiaggia verde a fiori?
☐	MARCELLA:	Sì, forse hai ragione, è più carina.
1	FRANCESCO:	Pensiamo prima a mia sorella che è più difficile.
☐	MARCELLA:	Cosa vorresti prendere?
☐	FRANCESCO:	Sì, sono carini, ma non so che taglia porta mia sorella.

3. **Quali espressioni, usate nell'ascolto, indicano:**

desiderio	richiesta gentile	dubbio	consiglio

4. A coppie. Immaginate un dialogo seguendo le indicazioni.

In un negozio di abbigliamento

Commessa	Cliente
Salutare in modo formale	Salutare. Esprimere un desiderio
Chiedere il colore	Dare le informazioni
Proporre delle alternative	Scegliere l'alternativa migliore
Chiedere la taglia o il numero di scarpe	Rispondere e chiedere di provare
Indicare il camerino e chiedere come va	Dare una risposta positiva o negativa
Reagire alla risposta	Prendere una decisione
Ringraziare e salutare	Rispondere al saluto

esercizi 3–4

5. **A gruppi di tre, fate domande ai vostri compagni e date un vostro consiglio. Cosa ti metteresti per...**

- una serata romantica
- un colloquio di lavoro
- un esame importante
- una cena con i genitori del compagno

Io al posto tuo, mi metterei...

Potresti metterti...

Secondo me, dovresti metterti...

esercizi 5–13

6. Cosa vuol dire il proverbio "L'abito non fa il monaco"? Fate ipotesi e poi leggete il testo.

È vero che l'abito non fa il monaco nel senso che non basta l'abbigliamento a creare un'identità. Tuttavia è vero che: 1) tendiamo a farci un'opinione delle nuove persone che incontriamo in un tempo brevissimo; quindi la prima opinione che ci facciamo raramente è data da elementi oggettivi quanto, piuttosto, da aspetti emozionali: ci facciamo un'idea "a pelle" su quello che vediamo o sentiamo nei primi 4 o 5 secondi. In questo caso anche l'abbigliamento gioca un ruolo fondamentale. 2) gli abiti svolgono spesso la funzione di ancore; molti venditori sanno, ad esempio, che quando sono vestiti in un certo modo si sentono più sicuri e professionali e questa sensazione li rende effettivamente più efficaci. Facciamo un esempio, immagina di dover uscire con un / a ragazzo / a, è il vostro primo appuntamento e desideri fortemente che sia il primo di una lunga serie. Immagina di essere in pigiama, con le occhiaie, i capelli in disordine e con delle ciabatte e ti guardi allo specchio: guarda la tua immagine riflessa e valuta quanto ti senti certo, presentandoti in quelle condizioni, di raggiungere il tuo obiettivo quella sera. Ora ripeti l'esercizio dopo esserti vestito / a e sistemato / a al meglio delle tue possibilità. Cambiano le sensazioni?

7. Siete d'accordo con il testo che avete letto? Scegliete alcuni tra i punti suggeriti e discutetene in classe.

- Al giorno d'oggi l'abito è importante.
- Meglio un abbigliamento sempre elegante.
- Compro solo vestiti alla moda.
- Adoro gli abiti firmati.
- La composizione non mi interessa, mi interessa lo stile.
- Non sempre l'abito è importante.
- Preferisco un abbigliamento comodo.
- Mi piacciono vestiti alternativi.
- Guardo sempre la composizione di un capo.
- Non guardo mai la firma, guardo il prezzo e la qualità.

B

1. TR 2.19 **Ascoltate l'intervista. Quali frasi sono nel brano?**

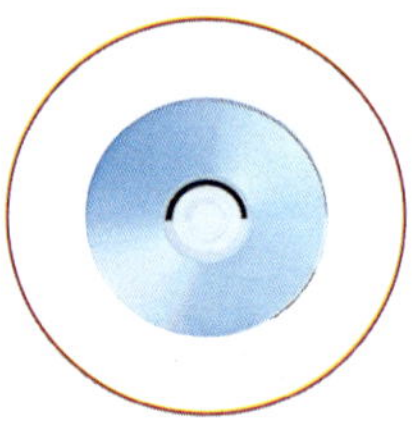

1. L'italiano medio che acquista online ha un reddito alto. ☐
2. Questa figura è nuova nel nostro Paese. ☐
3. Si compra regolarmente da smartphone e computer. ☐
4. Gli italiani cercano soprattutto prodotti firmati e alla moda. ☐
5. Secondo la prima intervistata, comprare online è più comodo ed economico. ☐
6. Per lei la qualità dei prodotti acquistati online è migliore. ☐
7. Il secondo intervistato preferisce vedere e confrontare direttamente i prodotti. ☐
8. Secondo lui l'acquisto online causa pigrizia e mancanza di movimento. ☐

2. **Completate le due interviste. Verificate poi con l'ascolto.**

Mah, essendo pigra, trovo facile ____________________ su internet. Compro di tutto: dai cosmetici alle scarpe, dai libri al cibo per il mio gatto Max. Sono ____________________ direi, per vari fattori: prima di tutto è comodo. ____________________ che interessano a me, si trovano spesso in centro e io abito ____________________ e quindi risparmio sul carburante e sullo stress: è terribile stare in coda in mezzo ad auto e smog. Poi ho trovato ____________________ più convenienti, specie in campo cosmetico. Addirittura l'altro giorno ho visto che, acquistando un ____________________ online, ho risparmiato il 50% e quindi per principio in negozio non acquisterò mai più nulla. E poi alcuni ____________________ particolari ormai si trovano solo su internet.

Io sono molto tradizionalista, non mi piace ____________________ su internet. Vivo a Milano e ho il vantaggio di trovare quasi tutto a portata di mano. Non c'è bisogno nemmeno di spostare la macchina, amo ____________________, la gente, i piccoli negozi con un rapporto ancora umano, dove si può provare, confrontare e vedere i prodotti. In internet trovi tutto, è vero, e magari i prodotti sono meno ____________________, ma se poi devi pagare 12 euro di ____________________, vado al ____________________ e poi si diventa pigri proprio perché non si esce più di casa… io l'ho fatto solo per cose che veramente non trovavo da nessuna parte e non potevo andare a ____________________ di persona. A me l'idea del ____________________ che vende un po' di tutto piace ancora.

3. **A gruppi di tre, fate una lista dei prodotti che comprereste o non comprereste online.**

👌	✌
libri	*scarpe*

4. **Discutete poi in classe sui pro e contro dell'acquisto on line e fate una statistica di classe.**

5. **A gruppi di tre, leggete i paragrafi A, B e C del testo. Date un titolo ad ogni paragrafo.**

La sindrome da Shopping

Colpisce più donne che **uomini**, più adulti che adolescenti. C'è chi non riesce a farne a meno, chi viene assalito dai sensi di colpa, chi vorrebbe farlo, ma non può. Gioie e dolori della "piacevole sindrome" che sta contagiando anche il Bel Paese. Shopping mania: alzi la mano chi, almeno una volta nella vita, non se ne sia lasciato prendere: da solo, in compagnia, per festeggiare un esame, un compleanno o semplicemente per la voglia di comprare qualcosa, utile o superflua che sia. Non è poi così difficile che la carta di credito scivoli magicamente dal portafogli per finire dritta dritta nelle **mani** della cassiera: et voilà, il gioco è fatto! E poco importa se si tratta di capi griffati o di cose da pochi euro comprate in una bancarella. Certo, se l'oggetto che ha il duro compito di gratificarci è un abito di Dolce & Gabbana, l'ultimo cellulare in commercio o una borsa di Gucci, le cose cambiano.

A ______________________________

È il cosiddetto "shopping compulsivo", o "mania di comprare: il piacere dell'acquisto si trasforma in un vero e proprio stato di dipendenza che procura sensi di colpa, vergogna, stress, **problemi** nei rapporti sociali e sul lavoro, disagi familiari, o gravi problemi economici. Tale fenomeno interessa anche l'Italia, in cui «sarebbe malata di shopping frenetico una quota compresa tra l'1 e l'8 % della popolazione adulta, e si tratta soprattutto di «donne, di età compresa tra i trentacinque e i quarantacinque anni».

B ______________________________

Gli esperti del settore fanno diverse **diagnosi** per questa patologia: si fa shopping per necessità ("compro perché mi serve"), per puro edonismo ("compro perché mi piace"), per seguire la moda ("compro per essere cool") o per rispondere a una delle tante chiavi di lettura psicoanalitiche ("compro per sopperire a qualche mio bisogno o mancanza", "compro per tirarmi su", etc.). Queste ultime interpretano in vari modi l'acquisto non controllato di beni per lo più superflui: da «strategia messa in atto per alleviare uno stato depressivo», per combattere «tristezza, solitudine, frustrazione o rabbia» in cambio di «felicità, senso di potere e competenza» a strumento per «proteggersi da una determinata paura. Ad esempio dietro la mania, quasi sempre femminile, di comprare vestiti ci potrebbe essere il timore di apparire poco desiderabili ».

C ______________________________

Ma lo shopping irrefrenabile e insensato non è solo "roba da donna". Uno dei temi di cui si parla di più, è la caduta di un mito: anche gli uomini hanno imparato ad usare e a sperperare il denaro in cose molto spesso inutili e costose, proprio come il gentil sesso. Una ricerca, dimostra che «al primo posto tra gli oggetti della "febbre da acquisto", per quanto riguarda le donne, ci sono i capi d'abbigliamento, seguiti da cosmetici, scarpe e gioielli: tutti elementi riconducibili all'immagine. L'uomo, invece, predilige simboli di potere e prestigio come telefonini, computer portatili e attrezzi sportivi». *[Grazia Nigro]*

34 ***Moda e altro 9/14***

6. Rispondete alle domande.

1. Che cos'è la sindrome da shopping?

____

____

2. Chi colpisce?

____

____

3. Quali sono le principali cause?

____

____

4. Quali sono i prodotti tipici acquistati da uomini e da donne?

____

____

7. Osservate le seguenti frasi tratte dal testo e con la classe rispondete alla domanda.

C'è **chi** non riesce a farne a meno, **chi** viene assalito dai sensi di colpa, **chi** vorrebbe farlo, ma non può... Gioie e dolori della "piacevole sindrome" che sta contagiando anche il Bel Paese.

Se l'oggetto **che** ha il duro compito di gratificarci è un abito di Dolce & Gabbana le cose cambiano.

Uno dei temi **di cui** si parla di più è la caduta di un mito.

Quando si usa:

Chi: ______________________________

Che: ______________________________

Cui: ______________________________

8. Tornate alla lettura della pagina precedente e cercate il plurale delle seguenti parole.

1. l'uomo ▸ ______________
2. la mano ▸ ______________
3. il problema ▸ ______________
4. la diagnosi ▸ ______________

esercizi 14-16

C Grammatica

Il condizionale

Das Konditional

Verbi regolari

comprare	compre-	rei resti
scrivere	scrive-	rebbe remmo
partire	parti-	reste rebbero

Verbi in -care / -gare; -ciare / -giare

cercare pagare	cerche- paghe-	rei resti rebbe remmo reste rebbero
cominciare mangiare	comince- mange-	

Verbi irregolari

essere	sa-	rei resti rebbe remmo reste rebbero
fare	fa-	
dare	da-	
stare	sta-	
dire	di-	
avere	av-	
dovere	dov-	
potere	pot-	
sapere	sap-	
andare	and-	
vedere	ved-	
vivere	viv-	
venire	ver-	
bere	ber-	
rimanere	rimar-	
tenere	ter-	
volere	vor-	
tradurre	tradur-	

Il condizionale semplice – funzioni

Der Gebrauch des Konditional

Wünsche höflich äußern:	Vorrei tanto rivedere Fabio.
Bitten höflich äußern:	Potrebbe aiutarmi?
Vorsichtige Ratschläge:	Al posto tuo prenderei quello.
Zweifel äußern:	Questa taglia dovrebbe andare bene.

I pronomi relativi chi, che, cui

Die Relativpronomen *chi, che* und *cui*

Neben den bereits in Lektion 5 eingeführten Relativpronomen *che* und *chi* gibt es auch *cui*, das immer mit Präposition verwendet wird und für Personen und Sachen stehen kann.

Chi non vuole partecipare può uscire. Con **chi** vuoi uscire stasera?	mit oder ohne Präposition ▸ chi
È una cosa **che** mangio volentieri. È una persona **che** incontro volentieri.	ohne Präposition ▸ che
È una cosa con **cui** scrivo. È una persona con **cui** esco volentieri.	mit Präposition ▸ cui

Il plurale dei sostantivi irregolari

Unregelmäßige Pluralbildung

Singular	**Plural**
l'uomo	gli uomini
Singular ▸ -à / -ù / -ì / -è / -é / -ò	**Plural ▸ unveränderlich**
l'età, la virtù, il caffè, il comò,	le età, le virtù, i caffè, i comò
Maskulinum Singular ▸ -ma	**Maskulinum Plural ▸ -mi**
il problema, il tema, il sistema, il teorema, il programma	i problemi, i temi, i sistemi, i teoremi, i programmi
Femininum Singular ▸ -si	**Femininum Plural ▸ unveränderlich**
la diagnosi, la tesi, la sintesi	le diagnosi, le tesi, le sintesi
Femininum Singular ▸ -o	**Femininum Plural ▸ -i**
la mano	le mani
Maskulinum Singular ▸ -o	**Maskulinum Plural ▸ -a**
il braccio, il dito, il ginocchio, il ciglio, l'uovo	le braccia, le dita, le ginocchia, le ciglia, le uova

Einige dieser Substantive haben einen zweiten regelmäßigen Plural mit anderer Bedeutung, z. B.: *le ciglia* ▸ die Augenbrauen und *i cigli* ▸ die Ränder.

D Pronuncia e ortografia

1. TR 2.20 **Leggete il testo e fate attenzione alle parti evidenziate. Ascoltate e confrontate.**

Io vo**rr**ei proprio fare un via**gg**io quest'a**nn**o per rila**ss**armi. Mi piacere**bb**e vedere l'Africa, andare a vedere le antilopi che co**rr**ono, poi a**mm**irare la savana e dormire so**tt**o il cielo ste**ll**ato del Kenia. Poi sare**bb**e be**ll**o andare in Cina a vedere la Grande Muraglia e tante altre cose. In Gia**pp**one mi piacere**bb**e salire sul Fujiama e poi pa**ss**are una serata a Tokio. E poi... beh... forse un altro a**nn**o...

2. TR 2.21 **Ascoltate le parole e segnate la parola che sentite.**

1. a. ☐ pala
   b. ☐ palla
2. a. ☐ molo
   b. ☐ mollo
3. a. ☐ casa
   b. ☐ cassa
4. a. ☐ copia
   b. ☐ coppia
5. a. ☐ capello
   b. ☐ cappello
6. a. ☐ nono
   b. ☐ nonno

3. TR 2.22 **Dare un consiglio [C] o esprimere un dubbio [D]. Ascoltate le frasi e decidete cosa esprimono.**

1. Mah! Potrebbe andare bene anche di questo colore. ☐
2. Al posto tuo prenderei una taglia più stretta. ☐
3. Dovresti portarle qualcosa, non so, un pensierino. ☐
4. Sarebbe meglio questo modello, che ne dici? ☐
5. Potrei chiamarla stasera. ☐
6. Dovresti chiamarla stasera. ☐

4. **Formate il condizionale. Sottolineate l'accento e leggete poi ad alta voce.**

1. preparare ______ ______ ______ ______ ______ ______
2. prendere ______ ______ ______ ______ ______ ______
3. finire ______ ______ ______ ______ ______ ______
4. dire ______ ______ ______ ______ ______ ______
5. volere ______ ______ ______ ______ ______ ______
6. potere ______ ______ ______ ______ ______ ______
7. dovere ______ ______ ______ ______ ______ ______

11

Fare uno stage

Dare un permesso / ordine / consiglio // Scrivere il curriculum // Fare un colloquio di lavoro // Parlare al telefono

Sei già pronto per il mondo del lavoro?

Che esperienze di lavoro hai?

Che corsi di specializzazione hai fatto?

Vorresti lavorare nel tuo paese o all'estero?

A

1. Francesco vuole fare uno stage. Leggete l'annuncio che ha trovato su internet e completate la tabella.

LAVORICREATIVI.COM

STAGE	DATA	ANNUNCIO
AGENZIA: **Contatto** SETTORE: **Design di gioiello e accessori**	PROVINCIA: **Milano** PERSONA DI RIFERIMENTO: **Dott. Riccardo Bosisio** Telefono: 02 45 69 75 Email: info@contatto.com Sito: http://www.contatto.com	Si ricercano designer neolaureati creativi ed entusiasti (età MAX 26 anni) per stage di 6 mesi come affiancamento alla produzione presso la nostra sede di New York. Obiettivo della formazione: grafico nel settore del design di accessori. Astenersi candidati di età superiore o con formazione di studio diversa da quella ricercata. Inviare CV a info@contatto.com

Età richiesta	Formazione necessaria	Sede dello stage	Durata dello stage

2. Leggete la lettera che invia Francesco e rispondete alla domanda.

FRANCESCO BERZUINI
VIA ROMA, 88
20100 – MILANO
TEL. 02/567890

Milano, 5 novembre 2008

Gentile Dott. Berzuini,

in riferimento all'annuncio pubblicato sul sito www.lavoricreativi.com sottopongo alla Vostra attenzione il mio curriculum vitae, augurandomi che possa essere di Vostro interesse. Sono un neolaureato in Design del gioiello. Penso di avere una personalità dinamica, creativa e socievole. Sono sicuro di riuscire a sviluppare, in breve tempo, le competenze specifiche che sono richieste nell'inserzione. Sarei lieto di poter avere un colloquio per mostrare il mio interesse e entusiasmo.
In attesa di un Vostro cortese cenno di riscontro, porgo cordiali saluti.

Francesco Berzuini

Dalla lettera di presentazione che idea vi siete fatti di Francesco?

____

3. TR 2.23 **Ascoltate e completate il Curriculum di Francesco.**

Curriculum Vitae

Informazioni personali

Cognome/Nome	Berzuini Francesco
Indirizzo	Corso Buenos Aires, 48 20100 Milano (ITALIA)
Telefono	0039 02 585037
Cellulare	0039 0347 1436824
Email	bfrancesco@libero.it
Cittadinanza	italiana
Luogo e data di nascita	Milano, 28/02/1982

Esperienza professionale

Durata ____________________

Posizione ricoperta ____________________

Datore di lavoro ____________________
via Alessi, 11 – 20135 Vicenza

Istruzione e formazione

20____ Laurea in ____________________

2007 Master in ____________________

Madrelingua

____

Altre lingue:

	Ascolto	Lettura	Parlato	Scrittura
________				
________				
________				

Competenze personali

____

esercizi 1–4

4. Inserite le frasi dell'ascolto nella colonna giusta.

1. Entri pure!

2. Mi faccia vedere il suo portfolio.

6. Vada dalla Signora Franchini.

5. Stia tranquillo, Le troveremo un'ottima sistemazione.

4. Prego, si accomodi!

3. Non si preoccupi! Parta senza pensieri, Le daremo tutte le informazioni che Le servono.

dare un ordine	dare un consiglio	dare un permesso

5. A coppie. Osservate le forme dell'imperativo formale e rispondete alle domande.

1. Qual è la forma dell'imperativo formale dei verbi in:
   - -are ▸ ______________;
   - -ere ▸ ______________;
   - -ire ▸ ______________;
2. Qual è la posizione del pronome?
   - ☐ prima del verbo
   - ☐ dopo il verbo
3. Quali sono le forme irregolari?
   ____
4. Qual è la forma negativa?
   ____

esercizi 5–6

6. Leggete i seguenti annunci e immaginate un colloquio di lavoro.

Dividere la classe in due gruppi: Il gruppo A deve preparare delle domande da porre al candidato secondo il modello. Ogni studente del gruppo B deve preparare il proprio curriculum vitae immaginario.
Inscenare un colloquio di lavoro tra uno studente del gruppo A e uno del gruppo B

ANNUNCIO 1

Importante Casa Editrice Professionale ricerca Editor.
La persona inserita si occuperà dell'editing dei contenuti, la gestione degli autori e degli interlocutori del settore. Il candidato ideale è in possesso dei seguenti requisiti: – Laurea in Giurisprudenza. – Età compresa tra i 26 e i 32 anni – Esperienza minima di un anno – Conoscenza dei principali programmi di scrittura e grafica – Ottime capacità relazionali ed organizzative – Flessibilità e motivazione – Il livello retributivo sarà correlato al curriculum proposto.
I candidati, possono inviare via email un curriculum all'indirizzo selezione@giuffre.it

ANNUNCIO 2

Offerta per: BIBLIOTECARIO – Pisa
Descrizione Offerta: Cerchiamo bibliotecario con esperienza nell'archiviazione di volumi antichi. È richiesto Diploma o Laurea. Esperienza minima: tra 1 e 2 anni. Capacità organizzative, precisione e pazienza. Orario di lavoro part-time. Per ulteriori informazioni si prega di contattare direttamente la biblioteca e inviare per posta Curriculum vitae entro il 05 giugno.

Quali programmi sa usare?

Cosa si aspetta da questo lavoro?

Quali lingue conosce?

Quali esperienze ha fatto?

Dunque... Mi dica quali... / Mi parli un po' di...

B

1. Leggete i seguenti consigli per affrontare un colloquio.

LA "PRIMA IMPRESSIONE".
La prima impressione che create nel vostro interlocutore vi resterà sempre attaccata addosso: che si tratti di vostra moglie o marito o del vostro capo, sicuramente chi vi sta vicino ricorderà le sensazioni provate nei primissimi momenti della vostra conoscenza. Vi sono alcuni accorgimenti ovvi, ma importanti: non arrivate in ritardo e non presentate ansimanti una mano sudaticcia. Fatevi vedere da subito tranquilli, curiosi e affidabili, ma dobbiamo anche cercare di stabilire una buona intesa personale con il selezionatore.

I VOSTRI PUNTI DEBOLI.
Poiché nessuno di noi è perfetto, qualcosa di spiacevole affiorerà, non mentite, ma usate qualche frase per trarvi d'impaccio: "Sì, il voto di laurea non è granché. Non cerco scuse: non ho né lavorato per mantenermi agli studi, né ho fatto nulla di memorabile nel frattempo. C'è chi matura prima, e chi dopo, e io appartengo a questa seconda categoria. Timido? Io, timido? Beh, di natura, è vero, sono un po' timido. Da piccolo lo ero parecchio, ma poi sono dovuto cambiare".

INFORMAZIONI SULL'AZIENDA.
Informatevi prima bene sull'azienda, sui suoi punti di forza e debolezza. Quanto più disinformati sarete sull'azienda e sul business, tanto più anonima e scipita sarà la discussione e sarete costretti ad assumere la veste passiva dell'ascoltatore.

LA COMUNICAZIONE NON VERBALE.
In un colloquio, non sono solo le parole che contano: tutto il nostro corpo comunica. Il nostro interlocutore ci ascolta anche con la vista e con il tatto. I nostri gesti, i nostri sguardi, il tono della nostra voce confermano, integrano o smentiscono le nostre affermazioni. Il modo in cui siamo vestiti, in cui salutiamo, in cui stiamo seduti può contribuire in maniera determinante a formare il giudizio su di noi. Oltre a ciò che indossate, badate a come lo indossate: non mettetevi vestiti troppo larghi e cascanti, niente colletti di cravatta allentati, niente forfora sul bavero, niente lenti degli occhiali sporche: è un appuntamento importante, chi ci arriva trasandato sarà giudicato superficiale, disordinato, poco furbo.

2. **Trascrivete nella tabella i consigli presenti nel testo e aggiungetene voi degli altri.**

cosa fare	cosa non fare
Fatevi vedere tranquilli	Non arrivate in ritardo

3. **Osservate i verbi nella tabella. Rispondete alle domande:**

1. Qual è la forma dell'imperativo plurale dei verbi in:
   -are ▸ ____________; -ere ▸ ____________; -ire ▸ ____________;
2. Qual è la posizione del pronome? ☐ prima del verbo ☐ dopo il verbo
3. Qual è la forma negativa? ________________

esercizio 7

4. **Scrivete a scelta il decalogo del...**

A

B

A – PERFETTO STUDENTE

1. Mostratevi interessati
2. ____________
3. ____________
4. ____________
5. ____________
6. ____________
7. ____________
8. ____________
9. ____________
10. ____________

B – PERFETTO COINQUILINO

1. Pulite il bagno
2. ____________
3. ____________
4. ____________
5. ____________
6. ____________
7. ____________
8. ____________
9. ____________
10. ____________

5. TR 2.24 Scegliete la parola che vi sembra più adatta e confrontate poi con l'ascolto.

FRANCESCO: Pronto?

SANDRA: Ciao, Francesco! Sono Sandra. Allora com'è andato ☐ **il colloquio** ☐ **l'appuntamento** ☐ **l'incontro**?

FRANCESCO: Benissimo. Mi ☐ **hanno preso** ☐ **hanno convinto** ☐ **hanno licenziato**. Sono così contento! E a te? Com'è andata? Anche tu avevi un colloquio per ☐ **un viaggio** ☐ **un esame** ☐ **uno stage**, se non sbaglio.

SANDRA: No, no, è la settimana prossima ... sono nervosissima ... sai, è la prima volta e non vorrei fare ☐ **bella figura** ☐ **sbagli** ☐ **storie**!

FRANCESCO: Dai, non preoccuparti! Andrà bene, vedrai.

SANDRA: Hai qualche ☐ **idea** ☐ **messaggio** ☐ **consiglio** da darmi?

FRANCESCO: Beh, per prima cosa informati bene sulla ditta, sulle caratteristiche dell'azienda, sul business. Secondo me è la cosa più importante. Poi, durante l'intervista, cerca di avere un atteggiamento ☐ **sicuro** ☐ **stabile** ☐ **incerto**, da persona preparata e che sa il fatto suo, e rispondi in maniera ☐ **chiara** ☐ **superficiale** ☐ **confusa**, senza dilungarti troppo. Fai anche un po' attenzione all'abbigliamento: vestiti in modo elegante, ma non troppo ☐ **ricco** ☐ **moderno** ☐ **vistoso**.

SANDRA: Oddio, mi sento così insicura!

FRANCESCO: Stai ☐ **sicura** ☐ **ferma** ☐ **tranquilla**, andrà tutto bene. Poi fammi sapere com'è andata, eh!

SANDRA: Sì, certo. Grazie, ciao!

FRANCESCO: Ciao, e in bocca al lupo!

SANDRA: Crepi! A presto!

FRANCESCO: Sì, a presto, ciao!

6. Tornate al dialogo tra Sandra e Francesco e rispondete alle domande.

1. Qual è la forma dell'imperativo informale dei verbi in:
   -are ▸ ______________; -ere ▸ ______________; -ire ▸ ______________;
2. Qual è la posizione del pronome? ☐ prima del verbo ☐ dopo il verbo
3. Quali sono le forme irregolari? ____________________________
4. Qual è la forma negativa? ____________________________

esercizi 8–11

7. TR 2.25 Ascoltate il dialogo.

1. Quale frase usa il centralinista per:
   - chiedere a Ricucci di aspettare ▸ ______________________

2. Quali frasi usa il Signor Ricucci per:
   - presentarsi ▸ ______________________
   - chiedere del Dottor Crociani ▸ ______________________
   - chiedere di fargli avere un messaggio ▸ ______________________

3. Quali frasi usa la segretaria per:
   - chiedere se Ricucci vuole lasciare un messaggio ▸ ______________________
   - chiedere il numero di telefono di Ricucci ▸ ______________________

8. A coppie. Fate una telefonata scegliendo fra le seguenti situazioni.

A

Siete in partenza e pregate un amico di occuparsi del vostro appartamento. Chiedetegli di aprire ogni tanto le finestre, annaffiare i fiori, vuotare la cassetta delle lettere.

B

Telefonate alla segretaria del Prof. Adulenti e chiedete di parlargli. Il Professore non c'è e pregate la segretaria di fissarvi un appuntamento. Chiedete informazioni sull'orario di ricevimento.

9. TR 2.26 Ascoltate le registrazioni telefoniche e segnate le affermazioni corrette.

	V	F
1. Nella casa abitano tre studenti.	☐	☐
2. Gli uffici sono aperti dal lunedì al sabato.	☐	☐
3. Il numero di telefono di Stefano Ronchi è 232348.	☐	☐
4. Nella casa abita una sola persona.	☐	☐
5. Chi vuole lasciare un messaggio deve parlare dopo il ruggito del leone.	☐	☐
6. Per parlare con l'operatore, si deve digitare il due.	☐	☐

esercizi 12–13

C Grammatica

Imperativo

Verbi regolari
Regelmäßige Verben

	(tu)	(Lei)	(noi)	(voi)	(Loro)*
entrare	entra	entri	entriamo	entrate	entrino
ripetere	ripeti	ripeta	ripetiamo	ripetete	ripetano
partire	parti	parta	partiamo	partite	partano
finire	finisci	finisca	finiamo	finite	finiscano

* Die höfliche Pluralform (*Loro*) wird selten benutzt, diese Form wird heutzutage durch die „*voi*"-Form ersetzt.

Verbi irregolari
Unregelmäßige Verben

	(tu)	(Lei)	(noi)	(voi)	Loro
essere	sii	sia	Wie im Präsens Indikativ	siate	siano
avere	abbi	abbia		abbiate	abbiano
fare	fa' -fai	faccia		Die restlichen Formen sind wie im Präsens Indikativ.	facciano
dire	di'	dica			dicano
dare	da' - dai	dia			diano
stare	sta' - stai	stia			stiano
andare	va' - vai	vada			vadano
venire	vieni	venga			vengano
bere	bevi	beva			bevano
tradurre	traduci	traduca			traducano
proporre	proponi	proponga			propongano
togliere	togli	tolga			tolgano
spegnere	spegni	spenga			spengano

L'imperativo negativo
Der verneinte Imperativ

Der verneinte Imperativ in der Du-Form wird mit dem Infinitiv gebildet: *non parlare troppo!*

L'imperativo e i pronomi
Der Imperativ und die Objektpronomen

Die Pronomen werden direkt an das Verb angeschlossen. Bei der 3. Person Singular werden sie vorangestellt.

Scrivimi!	Schreib mir!
Lo prenda!	Nehmen Sie ihn!
Telefonateci!	Ruft uns an!
Invitiamoli!	Laden wir sie ein!

Forme particolari
Besondere Formen

Mit der monosyllabischen Du-Form des Imperativs der Verben *dire, dare, fare, stare, andare* und den Pronomen *mi, ti, lo, la, li, le, ci, ne* werden die Konsonanten verdoppelt.

di-	-m-	mi
da-	-t-	ti
fa-	-l-	lo / la / li / le
sta-	-c-	ci
va-	-n-	ne

L'imperativo funzioni

Der Gebrauch des Imperativs

Einen Befehl erteilen:	Spedisca queste lettere, per favore.
Einen Rat geben:	Vestiti in modo elegante per il colloquio.
Etwas erlauben:	Prego, entri pure!

D Pronuncia e ortografia

1. TR 2.27 Ascoltate i dialoghi. Qual è formale, quale informale?

A

B

☐ Formale
☐ Informale

2. TR 2.27 Ascoltate ancora una volta e ripetete.

1.
- Ciao! Entra, entra pure!
- Grazie. C'è Francesco?
- No, mi dispiace. Posso dirgli qualcosa?
- Sì, grazie. Digli che sono passata e… hai una penna e un foglio? Gli scrivo un biglietto.
- Ecco, tieni.
- Grazie… ecco, prendi. Glielo dai quando torna?
- Ma certo! Ciao.

2.
- Buongiorno! Prego, entri!
- Grazie. Volevo solo darLe questa lettera.
- Ah, grazie. La metta lì sul tavolo, per favore.
- Ecco. Ah, telefona Lei al Signor Biasi?
- Oh! Mi sono completamente dimenticato di lui!
- Lo faccio subito, grazie.
- Prego, non c'è di che.

3. TR 2.28 Dove sentite un ordine o consiglio '!' e dove una domanda '?'?

Segnate con una crocetta.

	1.	2.	3.	4.	5.	6.	7.	8.
!								
?								

4. TR 2.29 Leggete a voce alta e fate attenzione all'accento delle parole evidenziate. Confrontate poi con l'ascolto.

*Francesco **fammi** un grande favore! Sono partito per il fine settimana, ma ho dimenticato di dare gli appunti di storia a Marta. Entra nella mia camera e **prendili**, sono sulla mia scrivania. **Dille** che mi dispiace, ma per la fretta non ho fatto in tempo a chiamarla. **Dalle** anche il libro di storia che è sulla sedia vicino al letto. Ho comprato due biglietti per il concerto di Zucchero ma non ho tempo, **vacci** tu con chi vuoi. **Stammi** bene e ci vediamo la settimana prossima.*

12

Non solo vacanze

Parlare di piani futuri // Chiedere e dare suggerimenti // Parlare del tempo atmosferico

Cosa farai...

in futuro

alla fine degli studi

fra qualche anno

in estate

A

1. Osservate le fotografie e fate delle ipotesi sulle persone.

1. Che età hanno? ______________________
2. Quali sono i loro hobby? ______________________
3. Lavorano o studiano? ______________________
4. Che progetti hanno? ______________________
5. Secondo voi, che tipi sono? ______________________

2. TR 2.30 Ascoltate e prendete nota.

	Francesca	Piero
Dove abita:		
Dove vuole andare:		
Perché:		
Che studi ha fatto:		
Quali progetti futuri ha:		
Qual è il suo hobby:		
Qual è il suo sogno:		

esercizio 1

3. Le vostre ipotesi corrispondono alla realtà?

4. Sottolineate le forme verbali al futuro.

E poi, quando tornerai, che progetti hai?

Dipende un po'…, andrò a Milano per un paio di mesi e poi mi piacerebbe lavorare per una ditta o realizzare il mio sogno di aprire un negozio tutto mio… vedremo, ci penserò quando torno. Ci saranno un sacco di difficoltà da superare, ma ce la metterò tutta!

5. Quali progetti / sogni hanno le persone delle foto? Scegliete una fotografia e a coppie scrivete una ministoria.

Quando saremo grandi… / Il prossimo anno… / Quando avrò più soldi…

____

____

____

____

____

6. E tu che progetti hai?

- Che progetti hai? Che cosa pensi di fare?
- Fra un mese andrò… / Dopo gli studi farò…

esercizi 2–5

7. **Cercate una piantina di Firenze. Leggete le proposte di viaggio e individuate sulla piantina gli itinerari.**

Visitare una città d'arte significa prepararsi a utilizzare nel modo migliore possibile il tempo a disposizione e non cadere nella tentazione di voler vedere tutto a tutti i costi. La soluzione migliore è di informarsi in precedenza su tutto ciò che Firenze può offrire e fare una scelta oculata. A Firenze i possibili itinerari sono veramente numerosi.

UN GIORNO – Se la vostra breve visita a Firenze è di una sola giornata, dovrete necessariamente limitare la vostra scelta a solo alcune attrattive. Potreste ammirare l'esterno del Duomo tralasciandone la visita dell'interno. Tuttavia, visitate il Battistero e salite in cima alla cupola o al Campanile del Duomo. Successivamente, fate una passeggiata attraverso la città vecchia fino a Piazza della Signoria ed il Ponte Vecchio che potrete attraversare per pranzare nella zona caratteristica dell'Oltrarno. Prima potreste visitare un museo di medie dimensioni: la Galleria dell'Accademia o il Museo del Bargello o il Museo Opera del Duomo. I turisti infaticabili, a questo punto, attraverseranno nuovamente il ponte nel pomeriggio per visitare gli Uffizi. Al termine della giornata potreste passeggiare in Piazza di Santa Croce, quando gli ultimi raggi di sole illuminano la Basilica di Santa Croce e mangiare in uno dei tanti ristorantini della zona.

TRE GIORNI – Un soggiorno di tre giorni a Firenze consente di farsi perlomeno un'idea approssimativa della città. Se siete appassionati di arte e architettura, dovreste includere nel vostro itinerario i monumenti menzionati prima e molti altri ancora: ad esempio potreste visitare Palazzo Pitti, la Basilica di Santa Maria Novella, la Basilica di San Lorenzo e la Basilica di Santa Croce. La Cappella Brancacci nella Basilica di Santa Maria del Carmine e gli affreschi di Benozzo Gozzoli nel Palazzo Medici Riccardi sono capolavori che non possono mancare nel vostro itinerario, mentre il Palazzo Vecchio è una tappa irrinunciabile per chi vuole conoscere la storia della città di Firenze. Firenze vi può offrire anche occasioni di puro relax come una delle piscine comunali dove vi potrete rinfrescare in estate o fare shopping nella famosa Via de' Tornabuoni. Potrete anche passeggiare piacevolmente per i mercatini di cianfrusaglie e articoli in pelle, come il Mercato Nuovo e le bancarelle intorno a San Lorenzo.

UNA SETTIMANA – Una settimana permette di visitare tutte le più importanti attrattive di Firenze. L'itinerario di una settimana può includere infatti tutti i monumenti citati in precedenza e consente anche di compiere un paio di escursioni fuori città. In modo particolare potreste dedicare 2 giorni alla visita di Siena e Pisa. Tornati a Firenze potreste indirizzarvi verso alcuni punti di interesse meno conosciuti: ad esempio il Museo Archeologico racchiude un'ampia collezione di reperti antichi e il Museo di Storia della Scienza offre un'esposizione quanto mai eterogenea di oggetti. Infine dovreste dedicare anche un po' di tempo ai caffè di Piazza della Repubblica o ai bar della zona di Piazza Santo Spirito.

8. Completate la tabella con le informazioni del testo.

Quali monumenti vedere	
Quali musei visitare	
In quali piazze andare	
Dove mangiare	
Dove fare shopping	
Come rilassarsi	
Dove andare fuori città	

9. Osservate i verbi in neretto. Quale funzione esprimono?

Se la vostra breve visita a Firenze è di una sola giornata, **dovrete** necessariamente limitare la vostra scelta a solo alcune attrattive. **Potreste** ammirare l'esterno del Duomo tralasciandone la visita dell'interno. Tuttavia, **visitate** il Battistero e **salite** in cima alla cupola o al Campanile del Duomo.

suggerire un possibile progetto	proporre delle alternative	consigliare con decisione

10. A coppie. Preparate una pagina simile per la vostra città.

Itinerari:

UN GIORNO

TRE GIORNI

UNA SETTIMANA

esercizi 6–7

B

1. TR 2.31 **Ascoltate le previsioni del tempo e decidete a quale immagine abbinarle.**

A ☐

B ☐

C ☐

2. TR 2.31 **Ascoltate ancora una volta e rispondete.**

Previsione 1

1. Sulla Toscana domani il cielo sarà

a. ☐ molto nuvoloso
b. ☒ leggermente nuvoloso
c. ☐ sereno

Previsione 2

2. Al Sud le temperature saranno

a. ☐ in aumento
b. ☐ in calo
c. ☒ stazionarie

Previsione 3

3. Al mattino ci saranno

a. ☐ forti piogge ovunque
b. ☐ deboli piogge
c. ☒ piogge sparse

3. **Descrivete che tempo fa nelle foto. Di cosa avete bisogno per affrontare queste condizioni atmosferiche?**

1. ______

2. ______

3. ______

4. é nuvoloso

5. c'é il sole

6. ______

1. *mi serve un cappellino da sole / mi servono gli occhiali da sole*
2. mi serve un ombrello
3. ______
4. una giacca
5. ______
6. ______

4. **Disegnate sulla cartina il tempo per domani usando i simboli a lato. Scambiatevi poi i disegni con i compagni e descrivete il disegno che avete ricevuto.**

esercizi 8–12

5. Il diario di viaggio di Piero. Seguite sulla cartina il suo itinerario.

21 maggio / Palermo Sono arrivato a Palermo ieri sera. Sto per iniziare finalmente la mia vacanza ideale. Tra qualche ora parto per Scopello dove incontrerò gli altri partecipanti al tour e gli organizzatori. Sono davvero impaziente!

22 maggio / Scopello Ho già conosciuto gli altri, mi sembra un bel gruppo. Nel pomeriggio siamo andati a visitare il Parco dello Zingaro, un tratto di costa senza strade. Una meraviglia!

23 maggio / da Scopello a Erice – 64 km Durante la giornata abbiamo visitato Segesta che è uno dei più importanti siti archeologici in Sicilia. L'ho girata in lungo e in largo ed è veramente bella. Dopo abbiamo pedalato fino ad Erice, una città con una certa atmosfera medievale, molto carina. Per strada ho perso la borsa con la roba di ricambio! Accidenti, mi tocca ricomprarmi tutto! E pensare che l'ho appena comprata 'sta borsa!

24 maggio / da Erice a Marsala – 57 km Abbiamo pedalato per ore in totale relax su una strada panoramica (in discesa!) in aperta campagna. Quando siamo arrivati al mare è stato uno spettacolo stupendo! Si vedevano le saline e dei mulini a vento. Siamo arrivati a Marsala verso l'una, stanchi ma felici! Sembra un miracolo: dei turisti spagnoli, anche loro in giro in bici, mi hanno riportato la borsa. L'hanno trovata in un fosso e dentro c'era il mio numero di cellulare! Che fortuna!

25 maggio / da Marsala a Selinunte – 70 km Oggi ho avuto il mio giorno di crisi, che stanchezza! Anche gli altri l'hanno sentita, c'era un caldo! Dopo la visita alla città di Marsala siamo entrati all'interno verso una serie di colline e poi giù verso il mare passando vicino al sito archeologico delle Cave di Cusa. Il parco archeologico di Selinunte è lungo più di un chilometro! La sera mi sono rifatto con una cena deliziosa e buon vino locale!

26 maggio / da Selinunte a Contessa Entellina – 64 km A parte gli ultimi chilometri, non li ho contati... per non scoraggiarmi, è stata una giornata davvero piacevole. Ho scoperto un'altra Sicilia. Il paesaggio era collinare. Siamo arrivati a Poggioreale, dove abbiamo pranzato divinamente! Poi abbiamo pedalato fino a sera. Durante il giorno ho fatto amicizia con Guido e Paola, una coppia di Mantova. Conoscono bene il giro, l'hanno già fatto con un'altra organizzazione e dicono che questa è migliore.

27 maggio / da Contessa Entellina a Piana degli Albanesi – 63 km Siamo passati vicino a Corleone e poi, faticando non poco!!! Abbiamo raggiunto una confortevole masseria vicino a Piana degli Albanesi, dove siamo rimasti per la sera. Ho comprato delle cartoline e le ho mandate agli amici, altrimenti non mi credono quando gli racconto del tour!

28 maggio / da Piana degli Albanesi a Monreale – 34 km ritorno a Palermo Peccato! È finito il giro... è stato bello. Lo rifarò senz'altro un giorno. Tra l'altro si conoscono le persone in modo diverso e anche i paesaggi e le città che ho visto mi sono sembrate più... non so... forse interessanti o le ho gustate di più con la fatica. Chissà. È comunque un'esperienza da ripetere.

6. Rileggete il testo e completate la tabella.

esperienze personali	informazioni turistiche

7. **Immaginate un dialogo in cui Piero racconta del suo viaggio. Preparate prima domande e risposte.**

Studente A: domande

1. Punto di partenza: ____________________
2. Con chi: ____________________
3. Numero delle tappe: ____________________
4. Luoghi più belli: ____________________
5. Esperienze particolari: ____________________

Studente B: risposte

1. Raccontate della partenza: ____________________
2. Parlate del gruppo: ____________________
3. Enumerate le tappe: ____________________
4. Quali erano i vostri luoghi preferiti e perché: ____________________
5. Avete perso la borsa: ____________________

8. **Osservate le seguenti frasi tratte dal testo. Perché il participio passato cambia?**

(Segesta) **l'**ho girat**a** in lungo e in largo.
(I chilometri) … non **li** ho contat**i**.
Conoscono bene il giro; **l'**hanno già fatt**o**
(Le cartoline) … **le** ho mandat**e** agli amici.

9. **A coppie cercate nel testo le espressioni di tempo che esprimono:**

momento preciso	**durata**

10. **Quali posti interessanti conoscete in Italia? Parlatene in piccoli gruppi.**

- Hai già visto la chiesa di San Cataldo a Palermo?
- No, non l'ho ancora vista, forse ci vado l'estate prossima.

esercizi 13–18

C Grammatica

Il futuro

Das Futur

Verbi regolari

comprare	compre-	**rò**
		rai
scrivere	scrive-	**rà**
		remo
partire	parti-	**rete**
		ranno

Verbi in -care / -gare; -ciare / -giare

cercare pagare	cerche- paghe-	**rò** **rai** **rà** **remo** **rete** **ranno**
cominciare mangiare	comince- mange-	

Verbi irregolari

essere	**sa-**	rò rai rà remo rete ranno
fare	**fa-**	
dare	**da-**	
stare	**sta-**	
dire	**di-**	
avere	**av-**	
dovere	**dov-**	
potere	**pot-**	
sapere	**sap-**	
andare	**and-**	
vedere	**ved-**	
vivere	**viv-**	
venire	**ver-**	
bere	**ber-**	
rimanere	**rimar-**	
tenere	**ter-**	
volere	**vor-**	
tradurre	**tradur-**	

Il futuro – funzioni

Der Gebrauch des Futurs

Zukunftspläne:	Mi specializzerò in pediatria.
Vorhersagen:	Domani le temperature saranno in aumento.
Sicher eintretende zukünftige Ereignisse:	Sicuramente dovrete limitare la vostra scelta ad alcuni luoghi più importanti.

Wie im Deutschen wird bei Ereignissen in der nahen Zukunft auch das Präsens verwendet, vor allem wenn die Zukünftigkeit bereits durch entsprechende Zeitadverbien angezeigt wird:

Domani faccio la spesa. Morgen gehe ich einkaufen.

Il passato prossimo con i pronomi diretti

Das *passato prossimo* mit den Objektpronomen

Hai visto **il Vesuvio**? Hai visitato **Segesta**?	Si **l'**ho vist**o**. Non non **l'**ho ancora visitat**a**.
Hai comprato **i biglietti**? Hai mandato **le fotografie**?	Certamente, **li** ho comprat**i** ieri. Accidenti! Non **le** ho ancora mandat**e**!

Falls die direkten Objektpronomen dem *passato prossimo* vorangestellt werden, gleicht sich das Partizip Perfekt an. Das gilt auch für das Partitivpronomen *ne:*

Ha preso della frutta? Sì, ne ho presa un po'.

I verbi servire – mancare – occorrere

Die Verben *servire – mancare – occorrere*

mi **ti** **gli / le / Le**	serve manca occorre	una valigia nuova. una giacca a vento.
ci **vi** **gli**	servono mancano occorrono	dei calzini. delle camicie.

Stare per + infinito

Stare per + Infinitiv

sto stai sta stiamo state stanno	per	uscire

Die Konstruktion *stare per* + Infinitiv drückt aus, dass die Handlung des Infinitivs unmittelbar bevorsteht:

Sto per uscire. Ich bin im Begriff auszugehen.

Esercizi

Übungen // Tests // Glossare

1

Come ti chiami?

1. Ergänzen Sie den Dialog mit den angegebenen Wörtern.

svizzero • di Roma • piacere • chiami • come

- Ciao!
- Ciao. ______________ ti ______________?
- Rosa e tu?
- Klaus, ______________!
- Sei tedesco?
- No. Sono ______________, e tu sei italiana?
- Sì, sono ______________.

2. Verbinden Sie die Satzteile aus den 4 Blöcken und bilden Sie 6 Sätze.

Non	dove	sei	?
Sono	è	italiana,	di Madrid.
Di	sei	sei	Boston.
Diego	tu	sono	vero?
Anche	dove	spagnolo,	Paul e David?
Di	americano	di	tedesco?

1. ______________
2. ______________
3. ______________
4. ______________
5. ______________
6. ______________

3. Ordnen Sie die Verbformen von *essere* den richtigen Pronomen zu.

1. io ________
2. tu ________
3. lui / lei / Lei ________
4. noi ________
5. voi ________
6. loro ________

sono – è – sei – sono – siamo – siete

4. Ergänzen Sie die Sätze mit der jeweils passenden Form von *essere*.

1. Firenze ________________ una bellissima città.
2. Mi chiamo Marco e ________________ studente di psicologia.
3. E voi ragazzi, di dove ________________ ?
4. I professori di questa scuola ________________ simpatici.
5. Francesca, ________________ italiana?
6. Marco e Katrin ________________ in classe.
7. Io e la mia ragazza ________________ della stessa città.

5. Vervollständigen Sie die Minidialoge.

1. ● Salve, mi chiamo Renzo.
   ________________ di Genova e tu?
   ● ________________ di Milano.

2. ● E voi, di dove ________________ ?
   ● ________________ di Livorno. E Lei?
   ● Io ________________ americana, di Boston.

3. ● (tu) ________________ italiano?
   ● Sì, ________________ di Lecce.

4. ● Di dove ________________ Klaus e Birgit?
   ● Di Berlino.

5. ● E Paulette di dov' ________________ ?
   ● ________________ francese, di Lione.

6. **Ordnen Sie die Adjektive den Ländern zu.**

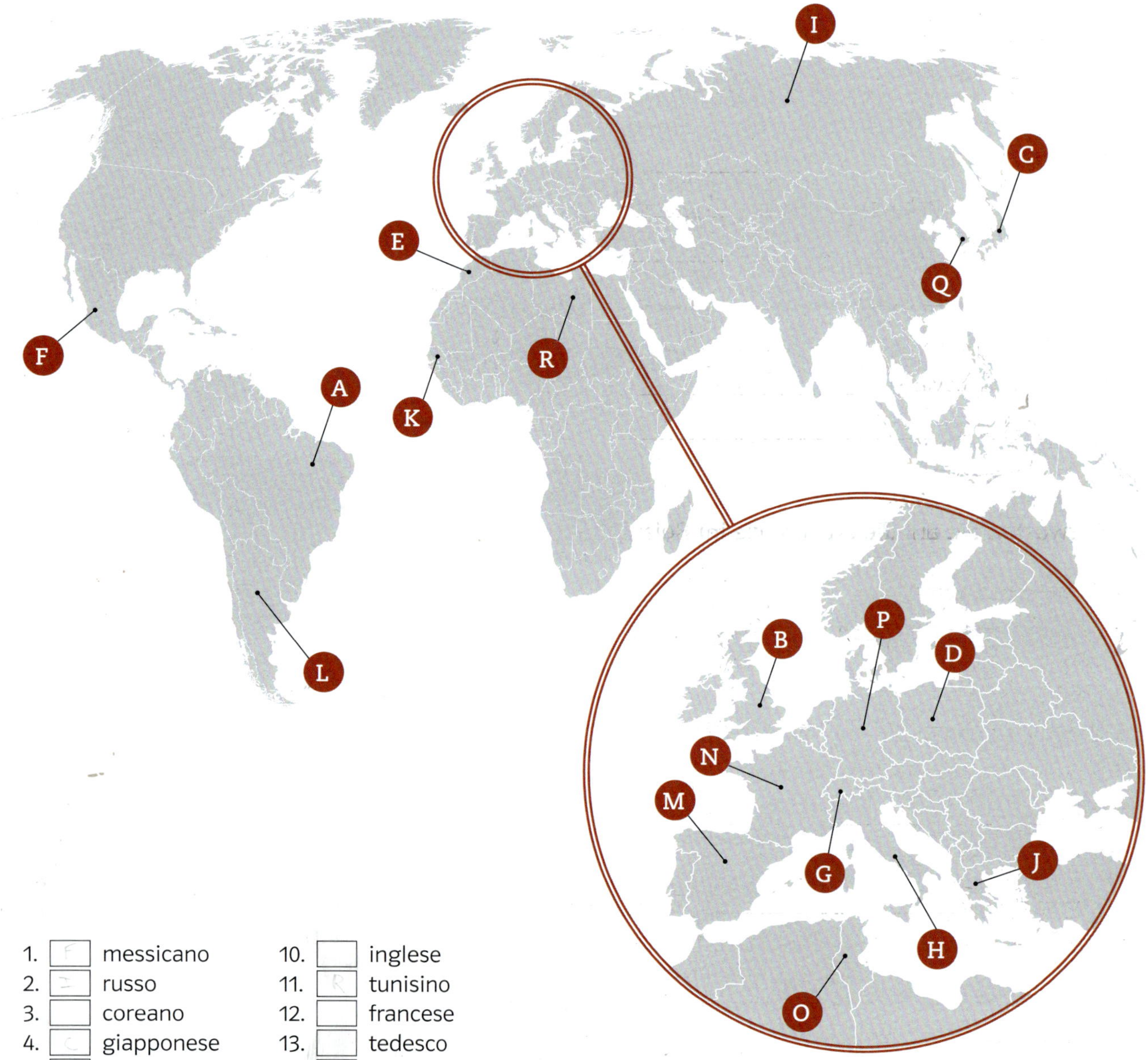

1. messicano
2. russo
3. coreano
4. giapponese
5. libico
6. polacco
7. greco
8. svizzero
9. spagnolo
10. inglese
11. tunisino
12. francese
13. tedesco
14. italiano
15. brasiliano
16. argentino
17. senegalese
18. marocchino

7. Vervollständigen Sie die Sätze nach dem Muster des Beispielsatzes.

1. Marco è di Venezia, è *italiano*.
2. Elena è di Rio de Janeiro, è ________________.
3. Claude è di Marsiglia, è ________________.
4. Mary è di Cambridge, è ________________.
5. Yuki è di Tokio, è ________________.
6. Igor è di San Pietroburgo, è ________________.
7. Gabriela è di Buenos Aires, è ________________.
8. Kim è di Seul, è ________________.
9. Franz è di Zurigo, è ________________.
10. Pawel è di Cracovia, è ________________.
11. Filia è di Atene, è ________________.

8. Antworten Sie auf die Fragen wie im Beispiel.

1. Tu sei russo, vero?
   No, *non sono russo*, sono polacco.
2. Dolores è spagnola, vero?
   No, ________________, è messicana.
3. Paul è francese, vero?
   No, ________________, è inglese.
4. Taka è coreano, vero?
   No, ________________, è giapponese.
5. Olga è ceca, vero?
   No, ________________, è russa.
6. Diego è argentino, vero?
   No, ________________, è brasiliano.
7. Françoise è svizzera, vero?
   No, ________________, è francese.
8. Denise è svedese, vero?
   No, ________________, è svizzera.
9. Cristina è russa, vero?
   No, ________________, è polacca.

9. Tragen Sie die Namen der Fakultäten in die passende Tabellenspalte ein.

Architettura • Beni Culturali • Agraria • Chimica • Filosofia • Giurisprudenza • Economia e Commercio • Farmacia • Lingue e Letterature Straniere • Ingegneria • Psicologia • Medicina e Chirurgia • Scienze della Comunicazione • Scienze Politiche • Medicina Veterinaria • Sociologia • Scienze Biotecnologiche • Matematica – Fisica – Scienze Naturali

FACOLTÀ UMANISTICHE	FACOLTÀ SCIENTIFICHE

10. Was studieren sie? Suchen Sie die richtige Fakultät.

1. Marta studia ___ g ___ a ___ ___ ___.
2. Eva frequenta la facoltà di ___ ___ ci ___ l ___ ___ ia.
3. Elena è al primo anno di ___ e ___ i ___ i ___ a.
4. Doris è al dipartimento di S ___ ___ en ___ ___ P ___ ___ i ___ ___ c ___ ___.
5. Peter inizia la facoltà di ___ c ___ ___ ___ m ___ ___.
6. Michael si laurea in ___ i ___ o ___ ___ f ___ ___.

11. Ordnen Sie die Verbformen von *avere* den richtigen Pronomen zu.

1. io ___________
2. tu ___________
3. lui / lei / Lei ___________
4. noi ___________
5. voi ___________
6. loro ___________

hai • abbiamo • hanno • avete • ho • ha

12. Ergänzen Sie die Dialoge mit der jeweils passenden Form von *essere* oder *avere*.

1. Di dove ________________?
   Di San Pietroburgo.
2. Quanti anni ________________?
   ________________ 23 anni.
3. Marcus ________________ tedesco?
   No, ________________ austriaco.
4. Dove ________________ Francesco e Michele?
   ________________ in biblioteca.
5. Noi ________________ fame e voi?
   Sì, anche noi. Prendiamo qualcosa al bar?
6. (tu) ________________ lezione oggi pomeriggio?
   No, ________________ lezione solo la mattina.
7. Di dove (voi) ________________?
   (noi) ________________ di Monaco.
8. (Lei) ________________ il passaporto?
   Sì, prego. Eccolo

13. Ergänzen Sie die Dialoge mit den aufgelisteten Fragewörtern.

quanti • chi • dove • di dove • come • che cosa

1. ________________ ti chiami?
   Mi chiamo Marco.
2. ________________ sei?
   Di Milano.
3. ________________ vivi?
   Vivo a Vigevano.
4. ________________ è il nuovo professore di Psicologia?
   Giorgio Tuscano.
5. ________________ anni hai?
   Ho 23 anni.
6. ________________ studi?
   Studio Economia e commercio.

14. **Schreiben Sie die Dialoge zwischen den Personen weiter und benutzen Sie alle angegebenen Informationen.**

MARTA

1
italiana
Milano
Lingue moderne
19 anni

SANG-MIN

2
coreano
Seul
Design
28 anni

MICHAEL

3
tedesco
Monaco
Psicologia
23 anni

OLGA

4
russa
Mosca
Filosofia
22 anni

15. Ergänzen Sie die Dialoge.

1. ● Buongiorno, __________________ Giovagnoli.
   ● Buongiorno. __________________?
   ● Non c'è male, grazie, e __________________?
   ● Bene, __________________.

2. ● Ehi, Francesco!
   ● __________________ Giulia, __________________?
   ● Bene, grazie. E __________________ come __________________?
   ● Benissimo!

16. Antworten Sie auf die Karte.

Cara Marcella,
sono in vacanza finalmente!
Sono a Roma, la città eterna!!!
È fantastico!!! Il tempo è bellissimo e
la gente è molto simpatica e gentile.
Mangio gelati tutti i giorni sulle
meravigliose scale di Piazza
di Spagna!

Un bacio e a presto,
Katrin.

Test

1. **Come ti chiami? – __________ Gigliola.**
   a. ☐ Si chiama
   b. ☐ Ti chiami
   c. ☐ Mi chiamo

2. **Come si __________, Signora?**
   a. ☐ chiamo
   b. ☐ chiama
   c. ☐ chiami

3. **__________ sei? – Sono australiano.**
   a. ☐ Di dove
   b. ☐ Dove
   c. ☐ Da dove

4. **Sono italiano, __________ Pisa.**
   a. ☐ da
   b. ☐ di
   c. ☐ a

5. **__________ studia Kate? Fisica.**
   a. ☐ Come
   b. ☐ Cosa
   c. ☐ Dove

6. **__________ abiti?**
   a. ☐ Quanto
   b. ☐ Come
   c. ☐ Dove

7. **__________ anni hai?**
   a. ☐ Quanta
   b. ☐ Quanti
   c. ☐ Quanto

8. **Carlo __________ venticinque anni.**
   a. ☐ è
   b. ☐ ho
   c. ☐ ha

9. **John è __________.**
   a. ☐ americana
   b. ☐ americano
   c. ☐ americane

10. **Paulette è di Parigi, è __________.**
    a. ☐ francese
    b. ☐ francesi
    c. ☐ spagnola

11. **Yoko è __________**
    a. ☐ di Giappone
    b. ☐ giapponese
    c. ☐ giapponesa

12. **Buongiorno Signora, come __________**
    a. ☐ stai
    b. ☐ state
    c. ☐ sta

13. **Salve Francesco! __________**
    a. ☐ Come va?
    b. ☐ Come sta?
    c. ☐ Come è?

14. **Taras __________ russo, è polacco.**
    a. ☐ no è
    b. ☐ è non
    c. ☐ non è

15. **Trasformate in domanda la frase: *Marco è italiano.***
    a. ☐ È Marco italiano?
    b. ☐ Marco è italiano?
    c. ☐ Marco è italiano, no?

16. **Scusi posso fare una domanda?**
    a. ☐ Certamente!
    b. ☐ Veloce!
    c. ☐ Cosa?

VALUTAZIONE

100 % – 80 %	**70 % – 50 %**	**40 % – 0 %**
Bravissimo / a!	Ripeti le parti nelle quali sei meno ferrato	Ripassa bene la lezione: grammatica, lessico e fraseologia

Glossario

PERSÖNLICHE DATEN

cognome (m)	Nachname
età	Alter
giovane	jung
mi chiamo	ich heiße
nazionalità	Staatsangehörigkeit
nome (m)	Vorname
piacere	Angenehm!
ragazza / o	Mädchen / Junge
straniero	Ausländer

ORTE

aula	Raum
cinema (m)	Kino
città	Stadt
classe (f)	Klassenzimmer
corso	Hauptstraße
lezione (f)	Unterricht
paese (m)	Land
teatro	Theater

TÄTIGKEITEN

abitare	wohnen
ascoltare	hören
andare	gehen
avere	haben
essere	sein
frequentare	besuchen
giocare	spielen
prendere	nehmen
studiare	studieren / lernen
vivere	leben

STAATSANGEHÖRIGKEIT

argentino	Argentinier
brasiliano	Brasilianer
coreano	Koreaner
francese	Franzose
giapponese	Japaner
greco	Grieche
inglese	Engländer
italiano	Italiener
libanese	Libanese
marocchino	Marokkaner
messicano	Mexikaner
polacco	Pole
russo	Russe
spagnolo	Spanier
svizzero	Schweizer
tedesco	Deutscher

STUDIUM

facoltà	Fakultät
professore (m)	Professor
studente (m)	Student
studio	Studium
università	Universität

STUDIENGÄNGE

Agraria	Agrarwissenschaft
Architettura	Architektur
Chimica	Chemie
Economia e Commercio	BWL
Farmacia	Pharmazie
Filosofia	Philosophie
Fisica	Physik
Giurisprudenza	Rechtswissenschaft
Ingegneria	Ingenieurswissenschaften
Lingue e letterature straniere	Neuphilologie
Matematica	Mathematik
Medicina	Medizin
Psicologia	Psychologie
Scienze della comunicazione	Kommunikationswissenschaften
Scienze naturali	Naturwissenschaften
Scienze politiche	Politikwissenschaften
Sociologia	Soziologie

2

Cosa studi?

1. Ordnen Sie die Farben den Wörtern zu.

1. ☐ grigio
2. ☐ verde
3. ☐ giallo
4. ☐ marrone
5. ☐ nero
6. ☐ arancio
7. ☐ rosso
8. ☐ bianco
9. ☐ blu

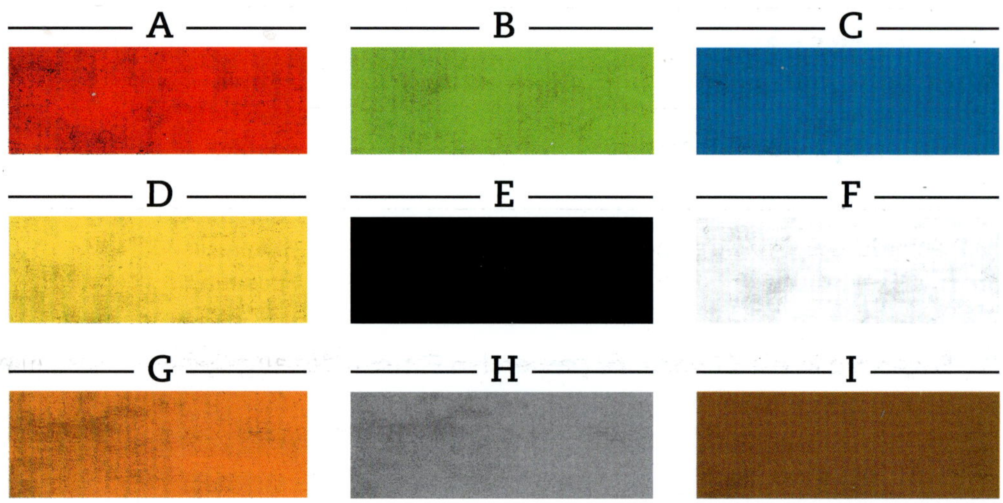

2. Vervollständigen Sie die Sätze mit den angegebenen Farbadjektiven.

blu • giallo • bianco • nero • verde • rosso

1. ____________ come un limone.
2. ____________ come il fuoco.
3. ____________ come il mare.
4. ____________ come un'insalata.
5. ____________ come la notte.
6. ____________ come il latte.

3. Vervollständigen Sie den Dialog mit den angegebenen Ausdrücken.

volentieri • perché no • ti va • Ok, va bene

- ____________ di andare in centro?
- ____________! In bus o in bici?
- In bici. Non è lontano, sai.
- ____________, ma piano, eh!
- Che dici poi di prendere un gelato al bar Verdi?
- Sì, benissimo, ____________!

4. Stellen Sie die Fragen.

1. ____?

Sì, volentieri! A piedi o in metro?

2. ____?

In corso Buenos Aires.

3. ____?

Sociologia, e tu Psicologia, vero?

4. ____?

Eh! 23 anni! E tu?

5. ____?

A casa non abbiamo un telefono fisso, ma ho il cellulare.

6. ____?

D'accordo, qui vicino c'è un'ottima pizzeria.

5. Fügen Sie in die Dialoge die passenden Formen der angegebenen Verben ein.

1. abitare
   - Dove ______________?
   - (io) ______________ in centro e tu?
   - Fuori città.
   - E dove ______________ Taka?
   - Non lo so.

2. scendere
   - Dove ______________?
   - A Porta Venezia, e tu?
   - Io ______________ a Piazza Repubblica.

3. vivere
   - Dove ______________?
   - Io ______________ a Pavia, e tu?
   - A Treviso.
   - E Carla dove ______________?
   - A Genova.

4. partire
   - Quando ______________?
   - Io oggi, ma Francesco ______________ domani perché ha un esame.

6. Vervollständigen Sie die Sätze mit den angegebenen Verben.

1. Marta ________________ (abitare) in corso Vannucci a Perugia.
2. Luca ________________ (studiare) filosofia alla Normale di Pisa.
3. Domani (io) ________________ (partire) per la Francia.
4. Cosa (tu) ________________ (mangiare) di solito per colazione?
5. (Io) ________________ (leggere) questa pagina e arrivo.
6. Verena ________________ (frequentare) un corso di musica.
7. Il nuovo professore ________________ (spiegare) molto bene!
8. Dove (tu) ________________ (vivere), in Italia o in Germania?

7. Vervollständigen Sie den Text mit den untenstehenden Verben.

si chiama • trovo • sono • prendo • vivo • frequento • ha • è • sono • abito • mi chiamo • è • studia

(1) ________________ Franz e (2) ________________ tedesco. (3) ________________ in Italia da un anno perchè (4) ________________ il Politecnico di Milano. Vivere a Milano mi piace molto, perchè (5) ________________ una città molto dinamica. La sera per esempio (6) ________________ spesso un aperitivo con i miei amici italiani. Questa (7) ________________ un'abitudine tipica di questa regione. Gli aperitivi (8) ________________ ottimi e l'atmosfera in alcuni bar è allegra e rilassante. (9) ________________ con una ragazza italiana che (10) ________________ Marta. Lei (11) ________________ medicina, (12) ________________ 26 anni ed è già all'ultimo anno. Beata lei!!! Mi (13) ________________ molto bene qui, anche se, a volte, mi manca la mia famiglia e la mia città: Amburgo.

8. Ergänzen Sie die Dialoge mit den Präpositionen.

1. Abiti ______ centro o ______ periferia?
   ______ periferia e tu?
   ______ centro, ______ via Dante.

2. E tu dove vivi?
   ______ Perugia.
   Dove esattamente?
   ______ Corso Garibaldi.

3. Vive ancora ______ Italia, Michael?
   No, ora vive ______ Germania.
   Ah, ______ Germania! E dove?
   ______ Bonn.

4. Ti va di andare ______ centro?
   Dov'è la fermata dell'autobus o della metro?
   ______ viale Mazzini o ______ Piazzale Loreto.

5. ______ dove sei?
   Sono ______ Berna, ma la mia famiglia è di origine italiana. E tu?
   Io sono ______ Catania.

9. Wer hat diese Telefonnummer?

1. sette cinque nove quattro otto cinque:
   ____
2. otto uno cinque otto sei sei:
   ____
3. nove quattro cinque otto sei nove:
   ____
4. nove otto quattro nove cinque nove:
   ____

Marco Dinelli 759485
Vito Errico 984958
Marta Coletti **948569**
ANTONELLA BERZUINI 815867
Stefania Ligi **945869**
Claudia Bonacci ***758485***
LUCA FAGIOLINI **815866**
Giovanni Santini 984959

10. Schreiben Sie die Rechenbeispiele aus und benutzen Sie die angegebenen arithmetischen Begriffe.

\+ più — - meno — : diviso — · per

1. 7 + 9 = ______________________
2. 20 - 3 = ______________________
3. 5 · 3 = ______________________
4. 3 + 13 = ______________________
5. 25 : 5 = ______________________
6. 9 · 2 = ______________________
7. 3 · 3 = ______________________
8. 9 + 6 = ______________________

11. Vervollständigen Sie den Text mit den untenstehenden Wörtern.

preiscrizione • data • sito • statali • iscrizioni • numero chiuso • iscriversi

Studiare in Italia

In Italia la ______________ per le ______________ alle università statali è fissata tra la fine di settembre e l'inizio di ottobre. Chi invece vuole ______________ a corsi di laurea a ______________ oppure a università non ______________ deve informarsi sul sito dell'università scelta. Gli studenti interessati possono inoltre consultare il ______________ del ministero dell'Università e della ricerca. Qui possono trovare informazioni su tutte le università italiane e anche fare una ______________ via internet.

12. Fügen Sie die Substantive mit unbestimmtem Artikel in die jeweils richtige Spalte ein.

università • ateneo • preiscrizione • lezione • posto • città • facoltà • sito • studente • paese • data • corso • laurea • aula • iscrizione • sogno • numero • scadenza • professore • zaino • istituto • psicologo • studentessa • informazione

sostantivi maschili	sostantivi femminili

13. Vervollständigen Sie den Text mit dem jeweils passenden unbestimmten Artikel.

Pedro è ________ studente spagnolo che vuole studiare presso ________ università italiana. Vuole frequentare ________ corso di laurea di tipo umanistico. Prima di iscriversi consulta ________ sito Internet molto interessante che fornisce informazioni su tutte le università italiane. Pedro ha ________ sogno: studiare in Italia e poi lavorare per la televisione italiana.

Katja è ________ studentessa brasiliana. È di San Paolo ma vive a Venezia da ________ anno. Ha ventidue anni e studia storia dell'arte. Abita in ________ appartamento con ________ studente italiano e ________ psicologo spagnolo. Per vivere ogni tanto Katja lavora per ________ museo o per ________ agenzia viaggi.

14. Vervollständigen Sie den Text mit dem unbestimmten Artikel und den richtigen Endungen.

1. Franz è ________ student_____ austriac_____.
2. La coca-cola è ________ bevand_____ american_____.
3. La Guinness è ________ birr_____ irlandes_____.
4. La Fiat è ________ marc_____ italian_____.
5. La BMW è ________ ditt_____ tedesc_____.
6. Ikea è ________ negozi_____ svedes_____.
7. Il sushi è ________ piatt_____ giappones_____.
8. Shakespeare è ________ scrittor_____ ingles_____.
9. Rostov è ________ citt_____ russ_____.
10. Il kimtchi è ________ cib_____ corean_____.

15. Ergänzen Sie den Text der E-Mail mit den fehlenden Wörtern.

Salve,

________________ Paul, sono uno ________________ francese. ________________ Economia ________________ Parigi, ma sono in Italia per frequentare un ________________ specialistico alla Bocconi di Milano. ________________ ventiquattro anni, mi piace molto viaggiare, mi piace la musica rock e lo sport e ________________ un tifoso di calcio.

E tu?

16. Schreiben Sie nun selbst eine E-Mail, um sich vorzustellen.

____

____

____

____

____

____

17. **Lesen Sie die Texte und beantworten Sie die untenstehenden Fragen.**

A

L'Università Cattolica di Milano

Nel 1919 padre Agostino Gemelli ha l'idea di fondare un'università cattolica a Milano. Nel 1921 gli studenti iscritti ai primi due corsi, in Scienze filosofiche e Scienze sociali, sono solo 68; oggi le facoltà sono 14 con oltre 40.000 studenti distribuiti nelle sedi di Milano, Roma, Brescia, Piacenza e Campobasso.

B

La Scuola Normale Superiore di Pisa

La Scuola Normale Superiore nasce ufficialmente a Pisa nel 1810. È attualmente un centro di formazione e ricerca tra i più famosi in Europa. La Scuola ospita circa 5000 studenti. Per essere ammessi è necessario fare un duro esame di ammissione che solo in pochi superano. Una concentrazione unica di futuri scienziati, scrittori, politici, economisti.

C

Il Politecnico di Torino

Il regio Politecnico di Torino nasce nel 1906 ma le sue origini sono più lontane. Sul modello delle grandi scuole politecniche europee, il Politecnico di Torino mette in relazione il mondo scientifico con l'industria locale e nazionale. Dall'aeronautica alla chimica, all'architettura, i giovani italiani e stranieri trovano qui un ambiente vivo e creativo.

A quale Università si riferiscono le frasi?

1. È un'università specializzata nel campo della scienza e della tecnica. ☐
2. È necessario fare un esame difficile per essere ammessi. ☐
3. Ha diverse sedi in tutta Italia. ☐

Test

1. È __________ come un pomodoro!
a. ☐ rosso
b. ☐ giallo
c. ☐ bianco

2. __________ andare al museo?
a. ☐ D'accordo
b. ☐ Che ne dici di
c. ☐ Va bene

3. Ti va di mangiare qualcosa? __________
a. ☐ Così così
b. ☐ Volentieri
c. ☐ Male

4. __________ è il tuo numero di telefono?
a. ☐ Cosa
b. ☐ Che
c. ☐ Qual

5. Dove __________ Silvano?
a. ☐ abito
b. ☐ abiti
c. ☐ abita

6. Quando __________ il treno?
a. ☐ parto
b. ☐ parti
c. ☐ parte

7. Carla __________ in Brasile.
a. ☐ vivo
b. ☐ vivi
c. ☐ vive

8. Dove __________, signora?
a. ☐ scendo
b. ☐ scendi
c. ☐ scende

9. Dove abiti? Abito __________ centro.
a. ☐ in
b. ☐ a
c. ☐ di

10. Vivi __________ Svizzera?
a. ☐ in
b. ☐ a
c. ☐ di

11. __________ dov'è Maria?
a. ☐ da
b. ☐ a
c. ☐ di

12. Studio __________ Milano
a. ☐ in
b. ☐ a
c. ☐ di

13. È __________ amica di Giulia.
a. ☐ un
b. ☐ uno
c. ☐ un'

14. Ho __________ esame di storia
a. ☐ un'
b. ☐ una
c. ☐ un

15. È un ____ scrittor ____ ingles ____
a. ☐ -o / -e / -e
b. ☐ -o / -o / -e
c. ☐ – / -e / -e

16. È un ____ atene ____ american ____
a. ☐ -o / -o / -a
b. ☐ – / -o / -o
c. ☐ – / -a / -a

VALUTAZIONE

100 % – 80 %
Bravissimo / a!

70 % – 50 %
Ripeti le parti nelle quali sei meno ferrato

40 % – 0 %
Ripassa bene la lezione: grammatica, lessico e fraseologia

Glossario

PERSÖNLICHE DATEN

agenda	Terminkalender
anno	Jahr
cellulare (m)	Handy
indirizzo	Adresse
lavoro	Arbeit
mese (m)	Monat
prefisso	Vorwahl
telefono	Telefon

ORTE

centro	(Stadt-)Zentrum
biblioteca	Bibliothek
casa	Haus, zuhause
metro	U-Bahn
periferia	Stadtrand
piazza	Platz
segreteria	Sekretariat
stazione (f)	Bahnhof
strada	Straße
via	Straße
viale (m)	Allee

TÄTIGKEITEN

mangiare	essen
bere	trinken
partire	wegfahren
prendere la metro	U-Bahn nehmen
scendere	aussteigen
visitare	besuchen

FARBEN

arancione	Orange
bianco	Weiß
blu	Blau
giallo	Gelb
marrone	Braun
nero	Schwarz
rosso	Rot
verde	Grün

STUDIUM

ateneo	Universität
corso di laurea	Studiengang
corso di lingua	Sprachkurs
data	Datum
data di consegna	Abgabedatum
esame (m)	Prüfung
fissato	festgesetzt
informazione (f)	Information
inizio	Beginn
iscrizione (f)	Einschreibung
Laurea triennale	Bachelor
Laurea specialistica	Master
modalità	Modalität
modulo	Formular
numero chiuso	Numerus Clausus
preiscrizione (f)	Voranmeldung
scadenza	Frist
scuola	Schule
sede (f)	Sitz
sito	Website
statale	staatlich

3

A tavola!

1. Ergänzen Sie den Text mit den passenden bestimmten Artikeln.

Gli italiani "caffeinomani"? *Solo un mito?*

C'è una grande sorpresa: ________ Italia è al quattordicesimo posto per ________ consumo di caffè. Al primo posto ci sono ________ finlandesi, poi ci sono ________ Belgio, ________ Olanda, ________ Austria e ________ Germania, con sette chili di caffè annuali a persona, ________ italiani invece ne consumano solo quattro. **Seconda sorpresa:** non sono ________ napoletani i maggiori consumatori di caffè. I più "caffeinomani" sono ________ liguri, ________ toscani e ________ umbri.

2. Vervollständigen Sie den Dialog mit den passenden bestimmten Artikeln.

- Prego, cosa prende?
- Dunque, come primo ________ spaghetti al pomodoro.
- E di secondo? Cosa c'è?
- ________ braciola di maiale, ________ filetto al pepe verde, ________ agnello arrosto, ________ calamari fritti e ________ spiedini di carne.
- Prendo ________ agnello. Di contorno cosa c'è?
- Asparagi al burro e spinaci al forno.
- Prendo ________ spinaci.
- E come dolce?
- ________ fragole, sono fresche?
- Sì, certo! Con ________ panna?
- No, solo con ________ zucchero.

3. Vervollständigen Sie den Dialog mit den fehlenden Textteilen.

filetto di vitello • contorno • insalata • bottiglia • cosa prende • vino • di secondo

- Il signore ____________________?
- Prendo le penne all'arrabbiata.
- E ____________________?
- ____________________ al pepe verde.
- E come ____________________?
- Solo ____________________ mista, grazie.
- E da bere?
- Una ____________________ d'acqua e mezzo litro di ____________________ rosso.
- Altro?
- No, grazie.

4. Bringen Sie die Dialogteile in die richtige Reihenfolge.

A. CLIENTE B: Scusi!
CAMERIERE: Prego!
CLIENTE B: Il conto, per favore.
CAMERIERE: Subito.

B. CAMERIERE: E da bere?
CLIENTE A: Per me una bottiglia d'acqua minerale naturale.
CLIENTE B: Per me mezzo litro di vino della casa.
CAMERIERE: Benissimo.

C. CAMERIERE: Buongiorno.
CLIENTE: Buongiorno, un tavolo per due persone, per favore.
CAMERIERE: Prego, da questa parte.
CLIENTE: Grazie.

D. CAMERIERE: La signora cosa prende?
CLIENTE A: Uhm, prendo la pasta al pomodoro e il vitello arrosto.
CAMERIERE: E Lei signore, cosa prende?
CLIENTE B: Io prendo le penne all'arrabbiata, i calamari fritti e di contorno gli asparagi al forno.

☐ ☐ ☐ ☐

5. *C'è* oder *ci sono*? Wählen Sie die richtige Form.

1. Cosa c'è di buono oggi? ________________ gli gnocchi al pesto e gli asparagi al burro.
2. Come antipasto ________________ affettati misti e prosciutto e melone.
3. ________________ pesce oggi?
4. ________________ ancora spaghetti?
5. In frigo ________________ solo una mozzarella e un po' di frutta.
6. Cosa ________________ come contorno?
7. ________________ carciofi al burro e asparagi.
8. Ma come mai in casa non ________________ mai niente da mangiare?
9. Se hai fame ________________ un po' di prosciutto.
10. Oggi ________________ troppe cose da mangiare!

6. Vervollständigen Sie den Dialog mit den untenstehenden Wörtern.

cosa c'è • d'accordo • sai cos'è • non lo so • che ne dici di • allora

- ________________________ il caffè macchiato?
- No, ________________________. Cos'è?
- È un caffè con un po' di latte.
- Ah sì! ________________________ prendo un macchiato, e tu?
- Un caffè ristretto e un'acqua minerale.
- ________________________ mangiare qualcosa?
- Sì, ho fame anch'io. ________________________?
- Tramezzini, insalata e toast.
- Prendo due tramezzini.
- Prendiamo un'insalata insieme?
- ________________________

7. Betrachten Sie das Bild. Was ist auf dem gedeckten Tisch? Was fehlt?

c'è / ci sono • non c'è / non ci sono

Sul tavolo ____________ una bottiglia d'acqua, ____________ i bicchieri, ____________ le forchette, ____________ i tovaglioli, ____________ i coltelli, ____________ una bottiglia di vino, ____________ i cucchiai, ____________ i piatti, ____________ l'olio, ____________ il sale.

8. Wie lautet die richtige Endung? Ergänzen Sie die Speisekarte.

ANTIPAST___
affettat___ mist___
bruschett___

PRIMI PIATT___
spaghett___ aglio e olio
penn___ al ragù
zuppa di patat___

SECOND___
calamar___ fritti
fettin___ di vitello

CONTORN___
carciof___ al forno
melanzan___ fritte

DOLC___
frutt___ di bosco
fragol___ al limone

9. Streichen Sie die männlichen Substantive. Die Anfangsbuchstaben der übrigen Substantive ergeben den Namen eines berühmten italienischen Produkts.

gnocchi • panna • antipasti • arance • pesci • noci • affettati • tagliatelle • torte • spaghetti • dolci • olive • erbe

___ ___ ___ E ___ ___ ___ N ___

10. Veränderlich oder unveränderlich? Fügen Sie den Artikel hinzu und bilden Sie den Plural.

il pesce ▸	*i pesci*	___ cappuccino ▸	___
___ bar ▸	___	___ bevanda ▸	___
___ insalata ▸	___	___ tiramisù ▸	___
___ noce ▸	___	___ mensa ▸	___
___ caffè ▸	___	___ affettato ▸	___
___ dolce ▸	___	___ spumante ▸	___

11. Finden Sie das Adjektiv, das nicht zu dem Bezugswort in der Frage passt.

1. Com'è il vino?
   secco • dolce • salato • rosso
2. Com'è la carne?
   tenera • dura • arrosto • minerale
3. Come sono gli antipasti?
   misti • crudi • dolci • cotti
4. Com'è il prosciutto?
   vecchio • fresco • crudo • cotto
5. Com'è il caffè?
   ristretto • fritto • caldo • amaro
6. Come sono le zucchine?
   fritte • buone • calde • miste

12. Vervollständigen Sie den Text mit den vorgegebenen Adjektiven.

grande • grave • dolci • felici • numerosi • contenti • importanti • tanta

STORIA DI UN DOLCE FAMOSO: IL PANETTONE

È L'ANNO 1496. PER FESTEGGIARE IL NATALE LUDOVICO IL MORO INVITA AL CASTELLO LE PERSONE PIÙ ______ DELLA CITTÀ ED OFFRE UN ______ PRANZO.

È il 25 dicembre, il banchetto dura da alcune ore e sta per arrivare il momento di offrire il dessert.
Il capocuoco Biagio si accorge proprio in quel momento che i ______ dolci che ha preparato con ______ cura sono bruciati. Il fatto è molto ______ e può costare la testa al capocuoco. Ma un certo Toni, aiutante di cucina e innamorato della figlia di Biagio, ha la soluzione: ha preparato per il personale del castello dei pani ______ e offre questi pani al cuoco.
Il capocuoco fa servire il Pan de Toni che tutti gli ospiti trovano buonissimo. Naturalmente Toni sposa la figlia del capocuoco e tutti vivono ______ e ______

13. Fügen Sie die Adjektive der Reihe nach mit der passenden Form in den Text ein.

veloce • pronto • tradizionale • tutto • frequente • nuovo • grande • maggiore • pronto • moderno • sportivo • poco

Sì, le abitudini culinarie degli italiani cambiano. Chi lavora non torna a casa e preferisce uno snack o un pasto ______ fuori casa. Molto spesso marito e moglie lavorano e, quando la sera tornano a casa, consumano piatti ______ da mettere semplicemente in forno. Anche i ______ pranzi di fine settimana, a casa con ______ la famiglia, sono sempre meno ______. Conseguenza di questo ______ stile di vita è il ______ aumento dei consumi fuori casa. Rosticcerie e ristoranti che fanno il take away servono un numero sempre ______ di persone che preferiscono pasti ______ da portare in tavola. Le mamme di oggi sono ______, e ______, ma hanno ______ voglia di stare davanti ai fornelli.

14. Schreiben Sie die Prozentzahlen aus.

Gli italiani a tavola

Il 31 % (trentuno) per cento dei giovani preferisce tramezzini; il 29 % (__________) pizza, il 19 % (__________) insalate. Il 43 % (__________) degli italiani acquista cibi magri e verdure, il (__________) 77 % beve acqua minerale, il 17 % (__________) vino, il 16 % (__________) birra. I locali dove si pranza fuori casa sono: 38 % (__________) bar, 23 % (__________) pizzerie, 18 % (__________) mense, 21 % (__________) ristoranti.

15. Ergänzen Sie die Minidialoge mit den Verben im Präsens Indikativ.

A.
- Quando (tornare) __________ Franca?
- Lunedì, è a Roma per lavoro.
- Ma (lavorare) __________ in banca?
- No, lei e Carlo adesso (lavorare) __________ per un'assicurazione.

B.
- Cosa (prendere) __________, signora?
- Un caffè, grazie.
- E le bambine?
- (prendere) __________ un'aranciata.

C.
- Quale vino (preferire) __________, signora?
- Un Chianti classico.
- E i bambini cosa (prendere) __________?
- Per loro una Coca-Cola, per favore.

16. Vervollständigen Sie den Dialog mit den untenstehenden Verben.

c'è • ci sono • sono • prendi • preferisci • prendi

- Oggi __________ le pennette al pesto!
- Benissimo, __________ la mia passione! E __________ anche il tiramisù, perfetto!
- Cosa __________ come primo?
- Che domanda! Le pennette, naturalmente.
- __________ anche il secondo o passi subito al dolce?
- Non ho molto appetito, passo subito al dolce.
- __________ il tiramisù o la panna cotta?
- Preferisco la panna cotta.

17. Vervollständigen Sie den Text mit den Verben. Sie stehen bereits in der richtigen Reihenfolge.

~~avere~~ • essere • avere • arrivare • cominciare • pensare • essere • inventare • preparare • gradire • decidere

La pizza ______ha______ origini antichissime. Secondo alcuni storici ____________ già presente nella cucina etrusca, anche se ____________ forme e ingredienti molto diversi da oggi. La pizza moderna che conosciamo noi ____________ sulle tavole con la scoperta del pomodoro. Gli italiani infatti ____________ ad usare questo frutto come salsa cotta con un po' di sale e basilico e solo più tardi qualcuno ____________ di metterlo sulla pizza. ____________ due pizzaioli napoletani: Raffaele Esposito e sua moglie a creare il matrimonio storico con la mozzarella. ____________ la famosa pizza al pomodoro in onore della regina Margherita, moglie di Umberto I, re d'Italia. Il pizzaiolo e sua moglie ____________ tre pizze: una con il basilico, una alla marinara e una con pomodoro, mozzarella e basilico per ricordare il tricolore italiano. La regina ____________ moltissimo questa ultima pizza e Raffaele ____________ di chiamarla con il suo nome: Margherita.

18. Stimmt es wirklich? Ergänzen Sie die Aussagen mit dem konjugierten Verb.

In Italia...

1. ... dopo pranzo si (bere) ____________ un caffè.
2. ... si (fare) ____________ una colazione leggera.
3. ...si (pranzare) ____________ e si (cenare) ____________ tardi.
4. ... si (mangiare) ____________ spesso gli spaghetti.
5. ... al ristorante non si (chiedere) ____________ conti separati.
6. ... dopo il pranzo e la cena non si (bere) ____________ il cappuccino.
7. ... prima di pranzo si (prendere) ____________ un aperitivo.
8. ... si (preferire) ____________ i prodotti italiani.

19. **Wie und was wird in Ihrem Land gegessen? Schreiben Sie einen kurzen Text über die Essensgewohnheiten in Ihrem Land.**

____

____

____

____

____

____

____

____

20. **Lesen Sie den Text und wählen Sie die richtige Option.**

BOOM DELLA DIETA MEDITERRANEA MADE IN ITALY NEL MONDO:

Anche McDonald's ha capitolato

Boom per la dieta mediterranea made in Italy nel mondo con un aumento record delle esportazioni di olio del 20 per cento, di vino del 6,4 per cento, di pasta del 3,2 per cento, di verdure del 5,8 per cento, della frutta del 3,2 per cento e anche della conserva di pomodoro dell'1,4 per cento. Dopo anni di stagnazione le esportazioni del made in Italy agroalimentare continuano ad aumentare.

Tra i Paesi che apprezzano di più l'Italia a tavola la Germania è la prima seguita da Francia, Stati Uniti e Spagna mentre tra le bevande e i cibi "made in Italy" più richiesti all'estero in testa c'è il vino, che rappresenta il prodotto italiano più venduto "fuori casa". Importanti sono anche le esportazioni di pasta, formaggi, olio, salumi e conserve. La dieta mediterranea è una ricetta tuttora valida e favorisce il corretto bilanciamento di entrate caloriche e spese energetiche. Ma non si deve dimenticare che nessun cibo, isolato dal contesto delle abitudini alimentari e dello stile di vita di ciascuno di noi, può rendere salutare una dieta: la dieta di per sé non fa miracoli e per rimanere in salute è necessario mantenersi in forma con una regolare attività fisica.

	V	F
1. La dieta mediterranea ha un grande successo.	☐	☐
2. Le esportazioni di prodotti italiani aumentano.	☐	☐
3. La Germania non ama molto la dieta mediterranea.	☐	☐
4. Il vino è la bevanda meno richiesta.	☐	☐
5. La dieta mediterranea è la soluzione ai problemi di linea.	☐	☐
6. Per rimanere in forma è necessario fare anche sport.	☐	☐

Test

1. **Chiamate il cameriere:**
   a. ☐ Signore!
   b. ☐ Cameriere!
   c. ☐ Scusi!

2. **Volete sapere quali sono i contorni:**
   a. ☐ Dove sono i contorni?
   b. ☐ Di contorno cosa c'è?
   c. ☐ Avete contorni?

3. **In frigo ci sono __________ asparagi.**
   a. ☐ gli
   b. ☐ i
   c. ☐ l'

4. **I giovani preferiscono i piatti __________.**
   a. ☐ pronto
   b. ☐ pronta
   c. ☐ pronti

5. **In Italia __________ molto caffè.**
   a. ☐ si bevono
   b. ☐ si beve
   c. ☐ beve

6. **Gli italiani a pranzo __________ fuori casa.**
   a. ☐ mangia
   b. ☐ mangiano
   c. ☐ mangio

7. ***Il caffè macchiato* è un caffè:**
   a. ☐ con un po' di alcol
   b. ☐ con un po' di latte
   c. ☐ con un po' d'acqua

8. **Volete proporre qualcosa ad un amico.**
   a. ☐ D'accordo…
   b. ☐ Che ne dici…
   c. ☐ Va bene…

9. **Gli spaghetti __________ solo con la forchetta.**
   a. ☐ si mangia
   b. ☐ si mangiano
   c. ☐ mangiano

10. **Sul tavolo __________ il burro e il pane.**
    a. ☐ c'è
    b. ☐ ci sono
    c. ☐ sono

11. **Mi passi anche __________ zucchero?**
    a. ☐ lo
    b. ☐ il
    c. ☐ l'

12. **Prende ________ gnocchi o ________ asparagi?**
    a. ☐ i / gli
    b. ☐ gli / gli
    c. ☐ le / i

13. **Al ristorante: Desidera altro? No, __________.**
    a. ☐ prego
    b. ☐ grazie
    c. ☐ no, non ho fame

14. **Vuole…**
    a. ☐ come secondo
    b. ☐ di frutta
    c. ☐ qualcos'altro

15. **Due ________ e un caffè.**
    a. ☐ cappuccino
    b. ☐ cappuccini
    c. ☐ cappuccio

16. **Il 77 % degli italiani beve acqua.**
    a. ☐ sessantasette
    b. ☐ settantasei
    c. ☐ settantasette

VALUTAZIONE

100 % – 80 %	70 % – 50 %	40 % – 0 %
Bravissimo / a!	Ripeti le parti nelle quali sei meno ferrato	Ripassa bene la lezione: grammatica, lessico e fraseologia

Glossario

ERNÄHRUNG

acqua	Wasser
aglio	Knoblauch
arancia	Orange
asparagi (pl)	Spargel
bevanda	Getränk
bicchiere (m)	Glas
birra	Bier
bottiglia	Flasche
caffè (m)	Kaffee (Espresso)
carne (f)	Fleisch
carota	Karotte
cena (f)	Abendessen
cibo	Essen
colazione (f)	Frühstück
coltello	Messer
conto	Rechnung
contorno	Beilage
cucchiaio	Löffel
dolce (m)	Dessert
forchetta	Gabel
fragola	Erdbeere
frutta	Obst
ghiaccio	Eis
insalata	Salat
latte (m)	Milch
mela	Apfel
olio	Öl
oliva	Olive
pane (m)	Brot
panino	Brötchen
pasto	Mahlzeit
pepe (m)	Pfeffer
peperoncino	scharfe Peperoni
pesce (m)	Fisch
pollo	Huhn
pomodoro	Tomate
pranzo	Mittagessen
prosciutto	Schinken
sale (m)	Salz
tazza	Tasse
verdura	Gemüse
vino	Wein
zucchero	Zucker
zucchina	Zucchini
zuppa	Suppe

TÄTIGKEITEN

amare	lieben
avere fame	Hunger haben
avere sete	Durst haben
bere	trinken
cenare	zu Abend essen
consumare	verzehren
cucinare	kochen
desiderare	wünschen
fare	tun, machen
fare colazione	frühstücken
mangiare	essen
offrire	anbieten
ordinare	bestellen
pagare	zahlen
pranzare	zu Mittag essen
preferire	vorziehen
prendere	nehmen
ringraziare	danken

PERSONEN

amico	ein Freund
amica	eine Freundin
cameriere (m)	Kellner
cliente (m/f)	Kunde
donna	Frau
famiglia	Familie
gente (f sing)	Leute
signora	Frau
signore (m)	Herr
uomo	Mann

4

Vita quotidiana

1. Vervollständigen Sie die Tabelle mit den fehlenden Verbformen.

	io	tu	lui / lei / Lei	noi	voi	loro
lavorare						
mangiare						
pagare						
prendere						
leggere						
dormire						
pulire						

2. Bringen Sie den Tagesablauf von Herrn Nofrini in die richtige Reihenfolge.

a. ☐
La sera io e mia moglie andiamo spesso al ristorante.

b. ☐
A volte dopo cena guardo la TV...

c. ☐
Prendo volentieri un caffè dopo pranzo.

d. ☐
Arrivo in ufficio molto presto.

e. ☐
...o leggo un libro seduto in poltrona.

f. ☐
La sveglia suona sempre alle 6.30.

g. ☐
Di solito prendo il treno per andare al lavoro.

h. ☐
Mangio sempre con i colleghi.

i. ☐
La notte russo.

3. Antonella, Laura und Piero sprechen über ihre Tagesabläufe: Ergänzen Sie den Text.

1. ANTONELLA: Dunque… io ______________ come segretaria per una casa editrice di Milano, ma ______________ a Cremona. La mattina di solito ______________ il treno molto presto e non ho tempo di fare colazione. In ufficio ______________ sempre molto da fare: telefonare, controllare la posta, scrivere email. Verso l'una faccio una pausa e poi ricomincio a lavorare. ______________ a casa verso le sette e non ho voglia di cucinare, ______________ una pizza o un'insalata. Il fine settimana ______________ casa, ______________agli amici, ______________ un po' la TV, ______________ la radio… è tutto!

2. LAURA E PIERO: Noi ______________ in un appartamento con altri studenti. ______________ insieme e ______________ a turno. Non è facile però, perché ______________ abitudini diverse. Io per esempio ______________ vegetariana, ______________ di solito cibi biologici e ______________ una cucina più leggera, ma tutte e due non ______________ mai alcolici. Abbiamo un hobby in comune: ______________ a scacchi e passiamo spesso le serate davanti alla scacchiera. Chi perde ______________ la pizza!

4. Bringen Sie die Wörter in die richtige Satzreihenfolge.

1. sera • amici • la • guardo • la TV • ogni tanto • con
____
2. a • spesso • mangio • cornetto • colazione • un • solo
____
3. il • giro • a fare • volte • vado • in • a • un • montagna • sabato
____
4. caffè • raramente • pranzo • il • bevo • dopo
____
5. il • incontro • pomeriggio • degli • sabato • al • amici • bar • di solito
____

5. Fügen Sie die untenstehenden Ausdrücke in den Text ein.

marzo • mese • estate • stagione • primavera

La mia ____________________ preferita è la primavera perché tutto rinasce. A ____________________ spuntano le prime primule e i tulipani nei giardini. Il ____________________ che non mi piace perché spesso è grigio e freddo è febbraio: tutti hanno voglia di ____________________, di caldo e di sole e invece l'inverno dura ancora, ancora e ancora. In ____________________ da noi c'è molto, tanto, troppo caldo. Io vivo vicino al mare e vado a nuotare tutti i giorni, per fortuna!

6. Ergänzen Sie die Tabelle.

	andare	fare	dare	venire	uscire
io					
tu					
lui / lei / Lei					
noi					
voi					
loro					

7. Fügen Sie die passenden Formen der Verben *andare – fare – essere – avere – venire – uscire* ein.

1. ▸ Cosa (tu) ____________________ oggi?
   ▸ (io) ____________________ in biblioteca. E tu?
   ▸ ____________________ con amici.
2. ▸ Come ____________________?
   ▸ Non ____________________ tanto bene. Oggi ____________________ una giornata terribile.
3. ▸ Dove (voi) ____________________ questa sera?
   ▸ ____________________ al ristorante da Pino e poi in discoteca.
4. ▸ Guarda, c'è anche Marco. Ma dove ____________________?
   ▸ Mah! ____________________ sempre di corsa!
5. ▸ (noi) ____________________ una pausa, siamo troppo stanchi.
   ▸ Che ne dite se (noi) ____________________ a prendere un caffè?
6. ▸ Cosa ____________________ i tuoi amici il fine settimana?
   ▸ ____________________ in montagna a sciare. ____________________ anche noi?
   ▸ No, mi dispiace non ho tempo.
7. ▸ Chi ____________________ alla festa di Marta?
   ▸ Non lo so. Ma sicuramente ____________________ Francesco e Giovanna.

8. Ergänzen Sie die Sätze und tragen Sie die Verbformen in das Kreuzworträtsel ein.

Orizzontali

2. Quando (aprire) ________________ i negozi?
4. Cosa (noi – fare) ________________ oggi?
5. Oggi (offrire) ________________ noi!
8. Voi, cosa (bere) ________________?
9. (Io – fare) ________________ colazione presto.
11. Pino (vivere) ________________ in Svezia.
12. Gigia (preferire) ________________ la birra.
14. Gli italiani (mangiare) ________________ molta verdura.
15. Quando (voi – tornare) ________________?
16. I bambini (dormire) ________________ ancora.

Verticali

1. Peter e Jane non (parlare) ________________ italiano.
3. I giapponesi (consumare) ________________ pochi alcolici.
4. (finire) ________________ di studiare e poi esco.
6. Mamma, (preparare) ________________ tu il pranzo?
7. I giovani (preferire) ________________ la pizza.
10. Cosa (prendere) ________________, signora?
13. I giovani (bere) ________________ molta birra e poco vino.

9. Beschreiben Sie in einem Satz mit dem Verb *fare*, was die Personen auf den Bildern machen.

1. ____________________

2. ____________________

3. ____________________

4. ____________________

5. ____________________

6. ____________________

7. ____________________

8. ____________________

9. ____________________

10. *Essere, stare o esserci?* Tragen Sie ein.

1. ▸ Come ____________ ?
   ▸ ____________ bene grazie, e tu?
2. ▸ Cosa ____________ in frigo?
   ▸ ____________ dei pomodori e dell'insalata.
3. ▸ Francesco e Luisa ____________ insieme da un anno.
   ▸ Non è vero! ____________ solo buoni amici.
4. ▸ (voi) ____________ contenti di essere in Italia?
   ▸ Certo, ____________ molto contenti.

11. Ergänzen Sie die Minidialoge mit einem der passenden Ausdrücke.

Sì, certo Sì, volentieri Con piacere	Mi dispiace, ma non posso No, non posso Peccato, ma... / non posso Non è possibile	Forse Magari Eventualmente Devo vedere

1. Evviva! Ho passato l'esame! Invito tutti a cena... vuoi venire anche tu?
   ____
2. Hai tempo di andare a comprare un po' di frutta?
   ____
3. Domani vado a teatro. Vieni anche tu?
   ____
4. Hai tempo stasera? Puoi cucinare tu?
   ____
5. Ho due biglietti per l'opera. Vuoi venire con me?
   ____

12. Ergänzen Sie die Sätze mit den passenden Formen der Verben *volere, dovere* und *potere*.

1. Ma voi non (dovere) ______________ andare a lezione domani?
2. Giorgio (dovere) ______________ dare un esame di medicina.
3. Che cosa (volere) ______________ da bere?
4. Gli studenti (dovere) ______________ consegnare la relazione entro venerdì.
5. (potere) ______________ comperare tu i francobolli, per piacere?
6. Perché Mariella e Carmen non (potere) ______________ venire da noi?
7. Hai preso un brutto voto! (dovere) ______________ studiare di più.
8. (tu – volere) ______________ venire a cena da noi domani? Ho voglia di cucinare.
9. Non (io – volere) ______________ studiare in biblioteca, c'è troppo rumore.
10. Caterina (volere) ______________ sempre andare al cinema da sola.
11. Il professore all'esame (lui – potere) ______________ fare le domande che vuole sul tema.
12. Quando (voi – volere) ______________ dare l'esame?

13. Welches Modalverb? Fügen Sie *volere, dovere* oder *potere* in der passenden Form ein.

Cara Alessia

Cara Alessia,

________ raccontarti cosa faccio qui a Milano. Questa città mi piace molto. ________ fare tante cose: visitare i musei, fare lunghe passeggiate, fare shopping e conoscere tante persone. La mattina finalmente ________ dormire fino a tardi. Per arrivare alla scuola dove studio l'italiano ________ prendere il tram e la metro. Nella pausa caffè ________ parlare con i compagni e prendere il sole nel giardino. È molto carino. ________ venire anche tu il prossimo mese? ________ stare a casa mia, c'è posto, ________ solo chiedere il permesso ai miei padroni di casa.

Ciao, a presto

Luciana

14. Ergänzen Sie mit den Verben *dovere, potere, volere.*

- Sentite, ________ venire con noi in città?
- Mi dispiace, non ________ : Elisa ________ andare in biblioteca ed io ________ finire un lavoro.
- Ma, voi ________ proprio? Non ________ rimandare?
- No, io non ________ assolutamente. Elisa, però, ________ andare in biblioteca anche domani, ma ________ chiamarla sul cellulare perché non c'è, è da Silvia. Oppure, sai cosa? Non ________ chiamare tu? Io ________ proprio mettermi al lavoro.

15. Wo wohnt Marta? Lesen Sie den Text und suchen Sie die Adresse auf der Karte.

Cara Marta,
purtroppo non posso venire a prenderti alla fermata dell'autobus oggi pomeriggio, perché aspetto una telefonata importante. Ti lascio le indicazioni di come arrivare a casa mia. Dunque… quando sei davanti alla stazione Termini devi andare subito a destra. Devi poi camminare per circa 200 metri. All'incrocio devi girare a sinistra in via Cavour e poi subito alla prima traversa a destra. Devi camminare fino alla fine della strada. Io abito all'angolo al numero 10, terzo piano.
Allora a stasera Giulia

16. **Lesen Sie das Interview und fügen Sie die Fragen an der richtigen Stelle ein.**

1. Come ti trovi a Cesena?
2. Che cosa pensano gli studenti di Cesena?
3. Conosci studenti che hanno frequentato l'università anche in altre città? Qual è la loro opinione?
4. Come si può trovare casa a Cesena?
5. Perché proprio Cesena come sede universitaria?

L'ESPERIENZA DI UN FUORISEDE

Per molti ragazzi andare all'università significa, prima di tutto, "diventare grandi": si allontanano da casa, incominciano ad affrontare problemi nuovi. Il primo di questi è cercare casa nella città dove studiano e non è sempre facile trovare una soluzione soddisfacente: un alloggio accogliente ma economico; coinquilini simpatici ma non troppo rumorosi; vicino alla facoltà, ma in zona tranquilla. Gaetano, studente pugliese di ingegneria, ci racconta la sua esperienza di fuorisede.

a. ____________________

Perché voglio fare ingegneria Biomedica e Cesena ha un'ottima fama… e quindi eccomi qua.

b. ____________________

Trovare non è difficile, perché tra agenzie immobiliari, annunci in bacheche o sui giornali, alla fine trovi, anche perché qui c'è posto per tutti.

c. ____________________

Bene, veramente bene. Non è una città grande, ma neanche piccola, quindi è possibile raggiungere ogni meta in bicicletta. C'è aria buona, è in Romagna, vicino alla riviera.

d. ____________________

Chi viene da grandi città come Milano e Bologna è un po' spaesato: ci sono meno servizi, meno scelta, meno tutto. Per me che vengo da un piccolo paese del sud, invece, è l'ideale.

e. ____________________

Molti hanno un'opinione positiva. Ci sono tanti servizi in più: i docenti ricevono anche dopo la lezione, sono giovani, dedicano molto tempo agli studenti. Tutto è molto più personale e semplice.

Test

1. **Lavoro __________ giornalista.**
   a. ☐ come
   b. ☐ da
   c. ☐ per

2. **Paolo, che cosa __________ ?**
   a. ☐ preferite
   b. ☐ preferisci
   c. ☐ preferisco

3. **Luca prende __________ il treno**
   a. ☐ sempre
   b. ☐ di solito
   c. ☐ mai

4. **Io questa sera ________ con Marilena e Luca.**
   a. ☐ esci
   b. ☐ usciamo
   c. ☐ esco

5. **__________ dormo sempre fino a tardi.**
   a. ☐ Lunedì
   b. ☐ La domenica
   c. ☐ Oggi

6. **Vieni al cinema __________ noi?**
   a. ☐ per
   b. ☐ da
   c. ☐ con

7. **Ma quando __________ di lavorare? (loro)**
   a. ☐ finiamo
   b. ☐ finisco
   c. ☐ finiscono

8. **Quale stagione per questi mesi: luglio – agosto – settembre.**
   a. ☐ primavera
   b. ☐ estate
   c. ☐ inverno

9. **Chiedete un'informazione in modo formale.**
   a. ☐ Scusi, dov'è la farmacia?
   b. ☐ Scusa, dov'è la farmacia?
   c. ☐ Sai dov'è la farmacia?

10. **Un sinonimo di *università:***
    a. ☐ accademia
    b. ☐ facoltà
    c. ☐ ateneo

11. **Come chiedete il motivo di qualcosa?**
    a. ☐ Come vai al lavoro oggi?
    b. ☐ Come va il lavoro?
    c. ☐ Come mai non vai al lavoro oggi?

12. **Volete chiedere a una coinquilina di comprare il pane.**
    a. ☐ Prendi il pane o no!
    b. ☐ Devi prendere tu il pane.
    c. ☐ Puoi prendere tu il pane?

13. **Chiedete gentilmente una cosa.**
    a. ☐ Perché non mi presto 10 euro?
    b. ☐ Per favore, mi presti 10 euro?
    c. ☐ Mi presti 10 euro o no?

14. **Quale è la risposta più adatta. Vuoi venire al cinema con noi?**
    a. ☐ Assolutamente no!
    b. ☐ Non ho voglia.
    c. ☐ Purtroppo devo studiare.

15. **Un sinonimo di *seguire un corso:***
    a. ☐ attraversare velocemente
    b. ☐ portare bene
    c. ☐ frequentare

16. **"Scusi, dov'è via Roma?" Rispondete.**
    a. ☐ Siamo in via Mazzini.
    b. ☐ Non è qui.
    c. ☐ Deve girare qui a sinistra.

VALUTAZIONE

100 % – 80 %	70 % – 50 %	40 % – 0 %
Bravissimo / a!	Ripeti le parti nelle quali sei meno ferrato	Ripassa bene la lezione: grammatica, lessico e fraseologia

Glossario

TÄTIGKEITEN

andare	gehen, fahren
ascoltare	zuhören
attraversare	überqueren
camminare	gehen
cantare	singen
comprare	kaufen
cominciare	anfangen
continuare	fortsetzen, weitergehen
dare	geben
dormire	schlafen
dovere	müssen
fare colazione	frühstücken
fare i compiti	Hausaufgaben machen
fare la spesa	einkaufen
fare shopping	einkaufen
fare sport	Sport machen
fare un giro	eine Runde drehen
fare una domanda	eine Frage stellen
fare una passeggiata	spazieren gehen
finire	beenden
girare	abbiegen
guardare	ansehen
invitare	einladen
lavare	waschen
lavorare	arbeiten
leggere	lesen
mettere	stellen, legen
parlare	sprechen
passeggiare	spazieren gehen
pensare	denken
percorrere	entlanggehen
potere	können
proseguire	weitergehen
pulire	putzen
riordinare	aufräumen
stare	bleiben
uscire	ausgehen
venire	kommen
visitare	besichtigen
volere	wollen

HÄUFIGKEIT VON HANDLUNGEN

a volte	manchmal
di solito	für gewöhnlich
mai	nie
ogni giorno	jeden Tag
qualche volta	manchmal
normalmente	normalerweise
raramente	selten
sempre	immer
spesso	oft
tutti i giorni	jeden Tag

ZEITANGABEN

domani	morgen
giorno / giornata	Tag
il fine settimana	das / am Wochenende
mattina	Morgen
notte (f)	Nacht
oggi	heute
pomeriggio	Nachmittag
sera	Abend

WOCHENTAGE

lunedì (m)	Montag
martedì (m)	Dienstag
mercoledì (m)	Mittwoch
giovedì (m)	Donnerstag
venerdì (m)	Freitag
sabato (m)	Samstag
domenica (f)	Sonntag

WEGANGABEN

a destra	nach rechts
a sinistra	nach links
all'angolo	an der Ecke
all'incrocio	an der Kreuzung
alla fine della strada	am Ende der Straße
dritto	geradeaus
lontano	fern
vicino	nah

STUDIUM

appunti (m pl)	Notizen
borsa di studio	Stipendium
certificato	Zeugnis
dipartimento	Abteilung
direzione (f)	Direktion
istituto	Institut
rettorato	Rektorat
seminario	Seminar
tutorato	Tutorium

JAHRESZEITEN

primavera	Frühling
estate (f)	Sommer
autunno	Herbst
inverno	Winter

5

In giro per uffici

1. Ordnen Sie die Ausdrücke den Fotos zu.

le scatole • il francobollo • il certificato d'iscrizione • l'abbonamento • i bollettini • il numero di conto corrente • la cartolina • il libretto degli esami • il codice postale • la carta di credito • il bancomat • il diploma di maturità

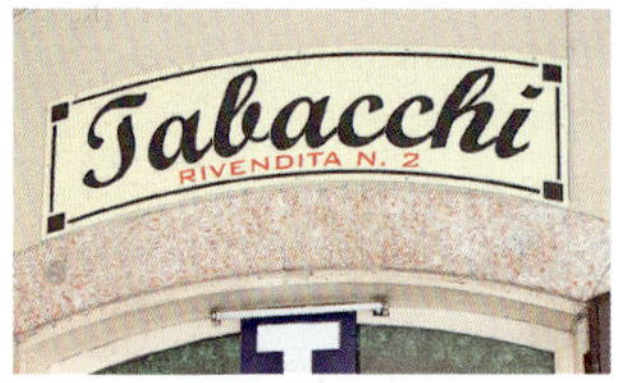

1. ____________________
2. ____________________
3. ____________________
4. ____________________

2. Wo verwendet man diese Sätze?

al bar • in ospedale • in questura • in segreteria • all'ufficio postale • in banca • al cinema • in biblioteca • al supermercato • dal professore • in tabaccheria • in discoteca

1. Vorrei un cappuccino, per favore. ____________________
2. Vorrei ritirare il bancomat. ____________________
3. Vorrei prenotare una visita. ____________________
4. Vorrei ballare e tu? ____________________
5. Vorrei rinnovare il permesso di soggiorno. ____________________
6. Vorrei un biglietto, per favore. ____________________
7. Vorrei un chilo di pane. ____________________
8. Vorrei un abbonamento settimanale. ____________________
9. Vorrei cambiare il mio piano di studi. ____________________
10. Vorrei frequentare il suo corso di italiano. ____________________
11. Vorrei spedire una lettera in Brasile. ____________________
12. Vorrei prendere in prestito questo libro. ____________________

3. Von welchen Substantiven sind die Adjektive abgeleitet?

1. serale ___*sera*___
2. mensile ______
3. giornaliero ______
4. settimanale ______
5. annuale ______
6. pomeridiano ______

4. Ergänzen Sie den Text mit den folgenden Adjektiven.

giornaliero • mensile • mensile • pomeridiano • settimanale

Ciao Sara

Ciao Sara,

finalmente sono a Monaco! Sono qui per frequentare un corso intensivo ______.
Abito alla casa dello studente e ho già molti contatti con giovani di ogni nazionalità. Il corso è ______ e così la mattina posso dormire a lungo.
Possiamo vederci una di queste sere? Così mi spieghi anche come funziona la vostra metropolitana, e se mi conviene fare un abbonamento ______ o ______ così non ci penso più.
Resto circa cinque settimane e quindi escludo il biglietto ______ perché è troppo caro.

Aspetto una tua risposta, **Marco.**

5. Bringen Sie den Dialog in die richtige Reihenfolge.

a. ☐ Allora…vediamo un po'. Per il Brasile c'è il pacco celere Internazionale.

b. ☐ La trova allo sportello 5. La più piccola costa un euro e cinquanta.

c. ☐ 20 euro e 25. Ha la scatola?

d. ☐ Tre chili.

e. ☐ Buongiorno!

f. ☐ Quanto costa?

g. ☐ Quanto pesa il pacco?

h. ☐ Benissimo. Allora prendo la scatola e torno da Lei.

i. ☐ No. Non ce l'ho.

j. ☐ Buongiorno! Prego dica!

k. ☐ Vorrei spedire un pacco in Brasile.

6. Ordnen Sie die Substantive der Spalte mit der richtigen Präposition zu.

Oggi vado...
bar • ospedale • stadio • questura • segreteria • ufficio postale • zoo • banca • supermercato • professore • biblioteca • studio dentistico • ristorante • agenzia di viaggi • Giappone • Roma • casa • ufficio • dentista • scuola • cinema • discoteca • medico • lezione • stazione

in	a	al	allo	all'	alla	dal

7. Vervollständigen Sie die Dialoge mit der jeweils richtigen Präposition.

a

1. Dove vai adesso?
   Vado ______ agenzia di viaggi per ritirare il biglietto d'aereo.
2. Hai tempo stasera?
   No, vado ______ cinema con Franco, mi dispiace!
3. Dove arriva Maria?
   ______ stazione centrale, credo, però forse è meglio se la chiamo per controllare.
4. Vieni con noi ______ ristorante?
   No, grazie, ma non ho proprio fame stasera.

in

1. Dove sei verso le sei?
   Guarda, alle sei forse sono ancora ______ ufficio. Ho molto da fare oggi.
2. Dove si comprano i biglietti per l'autobus?
   ______ tabaccheria.
3. Dove ci troviamo?
   ______ pizzeria.
4. Vivi anche tu vicino all'università?
   No, io vivo proprio ______ centro.

da

1. Ho un mal di denti!
   E allora perché non vai ________ dentista, scusa?
2. Quando ha l'ora di ricevimento il professore di economia?
   Mi dispiace, non lo so. Vai ________ segretaria, lei ha tutti gli orari.
3. Vieni con noi al cinema?
   No, vado ________ Giovanni, vogliamo studiare insieme.
4. Dove abiti?
   Adesso abito ________ genitori di Franco, perché loro sono in Africa per un anno.

di

1. ________ dove sei?
   Sono ________ Francoforte.
2. Che belle queste foto?
   Sì, sono le foto ________ vacanze a Capri.
3. Che belli questi libri!
   Sì, sono i libri ________ sorella di Francesco.
4. Qual è l'orario ________ metropolitana?
   Non lo so, devi guardare in internet.

8. Ergänzen Sie die Formen.

	in	a	da	di	su	per	con	tra / fra
il	nel							
lo								
la								
l'								
i								
gli								
le								

9. Fügen Sie die richtigen Präpositionen ein.

1. ● Ciao Francesca. Dove vai?
   ● Scusa Marco, sono di fretta vado ________ biblioteca.
2. ● Dove vai questa sera?
   ● Ancora non so. Forse vado ________ cinema con Marta o ________ discoteca.
3. ● Ehi! Giovanni, dove vai così di fretta?
   ● Guarda è una giornata terribile. Devo andare ________ segreteria, ________ banca e alle 13.00 devo essere ________ professore di italiano. E tu?
   ● Io resto ________ casa tutto il giorno!
4. ● Claudia, vai ________ supermercato dopo la lezione?
   ● Sì, vuoi qualcosa?
   ● Sì, grazie. Una bottiglia d'acqua.
5. ● Dove posso trovare il bollettino per pagare le tasse?
   ● ________ ufficio postale o ________ banca.

10. Ergänzen Sie die Partitivartikel.

1. ● Scusi, posso prendere ________ riviste da leggere?
   ● Sì, certamente.
2. ● Ha ________ francobolli per l'estero?
   ● Purtroppo sono finiti.
3. ● Francesca, hai ________ scatole vuote?
   ● Guardo in cantina cosa c'è.
4. ● Puoi prestarmi ________ soldi, sono rimasto senza.
   ● Certo, di quanto hai bisogno?
5. ● Devo comprare ________ frutta. Cosa preferisci?
   ● Prendi ________ fragole.

11. Beantworten Sie die Fragen.

1. Hai tu i libri di storia?	Certo, ecco________!
2. Avete i biglietti per il cinema?	Certo, ecco________!
3. Laura, hai tu le chiavi di casa?	Certo, ecco________!
4. Avete voi il libretto degli esami di Nicola?	Certo, ecco________!
5. Giacomo, hai tu il foglio per l'iscrizione?	Certo, ecco________!
6. Hai la carta di credito?	Certo, ecco________!

12. Vervollständigen Sie die Dialoge mit dem jeweils richtigen Pronomen.

1. ● Vuole un foglio con le informazioni?
   ● Sì, grazie ____________ leggo più tardi con calma.
2. ● Ha la carta di credito della nostra banca?
   ● No. Non ce ____________ ho ancora.
3. ● Dove sono i moduli da compilare?
   ● ____________ trova sul tavolo all'ingresso.
4. ● Hai già preso i biglietti per la metropolitana.
   ● ____________ prendo subito in edicola.

13. Ergänzen Sie das Partitivpronomen *ne* und eine der folgenden Mengenangaben.

un cucchiaino • tre • due tazze • un etto • un chilo • molti

● Quante mele vuole, Signora Franchi? ● ____________ voglio ____________ e mezzo, grazie!
● Quanto prosciutto prende? ● ____________ prendo ____________.
● Quanto zucchero metti nel caffè? ● ____________ metto ____________.
● Quante cartoline spedite? ● ____________ spediamo ____________.
● Quanto caffè bevi al giorno? ● ____________ bevo ____________.
● Quanti libri leggi ogni anno? ● ____________ leggo ____________.

14. Wie viel Uhr ist es? Lesen Sie die Zeitangaben und schreiben Sie sie aus.

1. (12.00) *Sono le dodici.*
   (12.15 – Lezione di italiano) *Alle dodici e un quarto comincia la lezione.*
2. (13.00) ____________
   (13.15 – Partita di calcio) ____________.
3. (17.30) ____________
   (18.00 – Lezione di danza) ____________.
4. (8.45) ____________
   (9.00 – Apre la banca) ____________.
5. (19.45) ____________
   (20.00 – Cena con amici) ____________.

Test

1. **Devo andare __________ segreteria.**
   a. ☐ a
   b. ☐ in
   c. ☐ da

2. **Noi invece andiamo __________ professore!**
   a. ☐ al
   b. ☐ a
   c. ☐ dal

3. **Vorrei __________ francobolli.**
   a. ☐ dai
   b. ☐ dei
   c. ☐ -

4. **Dove andate per spedire un pacco?**
   a. ☐ Dalla posta.
   b. ☐ Alla posta.
   c. ☐ Per la posta.

5. **Offrire il proprio aiuto in un ufficio.**
   a. ☐ Cosa vuole?
   b. ☐ Cosa posso fare per Lei?
   c. ☐ Cosa deve fare?

6. **Siete in banca e volete aprire un conto.**
   a. ☐ Vorrei un'offerta per il conto corrente.
   b. ☐ Vorrei aprire un conto corrente.
   c. ☐ Cos'è un conto corrente?

7. **Scusi, ha un foglio? Sì, __________!**
   a. ☐ eccola
   b. ☐ eccole
   c. ☐ eccolo

8. **Cosa comprate in tabaccheria?**
   a. ☐ Una carta di credito.
   b. ☐ Un panino.
   c. ☐ Dei francobolli.

9. **Chiedete il prezzo.**
   a. ☐ Quanto devo pagare?
   b. ☐ Il prezzo?
   c. ☐ Scusi, quanto costa?

10. **Che cos'è un prelievo?**
    a. ☐ Il saldo dei soldi che ho in banca.
    b. ☐ Un conto per studenti.
    c. ☐ I soldi che prendo con il bancomat.

11. **Siete all'ufficio postale e volete spedire un pacco.**
    a. ☐ Vorrei spedire un pacco in Brasile.
    b. ☐ Voglio spedire un pacco.
    c. ☐ Quanto costa il pacco per il Brasile?

12. **Che cos'è un biglietto serale?**
    a. ☐ Un biglietto che compro la sera.
    b. ☐ Un biglietto che posso usare solo la sera.
    c. ☐ Un biglietto per uno spettacolo a teatro.

13. **Che ore sono? Le 18:40.**
    a. ☐ Le otto meno venti.
    b. ☐ Le sette e quaranta.
    c. ☐ Le sette meno venti.

14. **Quando è aperta la banca? ______ 9:30 _____ 12:30.**
    a. ☐ Da nove e trenta a mezzogiorno e trenta.
    b. ☐ Dalle nove e trenta al mezzogiorno e trenta.
    c. ☐ Dalle nove e mezza a mezzogiorno e mezzo.

15. **Il professor Professor Ballabeni riceve: 12:00 – 15:00.**
    a. ☐ Dalle dodici alle quindici.
    b. ☐ Dalle dodici alle tredici.
    c. ☐ Da mezzogiorno.

16. **Sai __________ fa lezione la settimana prossima?**
    a. ☐ che
    b. ☐ a chi
    c. ☐ chi

VALUTAZIONE

100 % – 80 %	70 % – 50 %	40 % – 0 %
Bravissimo / a!	Ripeti le parti nelle quali sei meno ferrato	Ripassa bene la lezione: grammatica, lessico e fraseologia

Glossario

ORTE

all'agenzia di viaggi	im Reisebüro
alla stazione	am Bahnhof
allo stadio	im Stadion
in albergo	im Hotel
in banca	auf der Bank
in biblioteca	in der Bibliothek
in cartoleria	im Papierwarenladen
in edicola	am Kiosk
in ospedale	im Krankenhaus
alla posta	auf der Post
in segreteria	im Sekretariat
in tabaccheria	im Tabakgeschäft

TÄTIGKEITEN

aprire un conto	ein Konto eröffnen
avere una borsa di studio	ein Stipendium haben
cambiare il piano di studi	Studienplan verändern
chiedere informazioni	Auskünfte einholen
chiudere	schließen
costare	kosten
fare un abbonamento	(Dauer-)Ticket kaufen
fare un biglietto	Fahrkarte kaufen
fare un bonifico	überweisen
inviare	senden
mandare una lettera	Brief schicken
pagare con il bancomat	mit der EC-Karte zahlen
pagare con la carta di credito	mit der Kreditkarte zahlen
pagare in contanti	bar bezahlen
prelevare dei soldi	Geld abheben
regalare	schenken
spedire un pacco	Paket verschicken

BEKRÄFTIGUNG

certamente	sicherlich
certo	sicher
ecco	hier ist / sind
ma certo!	Aber sicher doch!
sicuramente	sicherlich

REISEN

abbonamento mensile	Monatskarte
autobus (m)	Bus
biglietto giornaliero	Tageskarte
biglietto ordinario	Einzelticket
biglietto settimanale	Wochenticket
cartolina	Postkarte
documento	Ausweis
fermata	Haltestelle
francobollo	Briefmarke
macchina	Auto
metropolitana	U-Bahn
mezzo di trasporto pubblico	öffentliches Verkehrsmittel
stazione (f)	Bahnhof
treno	Zug

ZEITANGABEN

giornaliero	täglich
mensile	monatlich
mezz'ora	halbe Stunde
mezzanotte	Mitternacht
mezzogiorno	12 Uhr mittags
un quarto d'ora	eine Viertelstunde
settimanale	wöchentlich
stamattina	heute Vormittag
stanotte	heute Nacht
stasera	heute Abend

6

La mia casa

1. Welche Beschreibung gehört zu welchem Substantiv?

1. ☐ affitto
2. ☐ doppi servizi
3. ☐ angolo cottura arredato
4. ☐ compreso riscaldamento
5. ☐ ripostiglio

a. piccola cucina con mobili ed elettrodomestici
b. due bagni nell'appartamento
c. i costi sono inclusi nell'affitto
d. soldi da pagare per abitare in una casa
e. piccolo spazio nell'appartamento

2. Suchen Sie das Wort, das nicht in die Gruppe passt.

a. appartamento • mansarda • soggiorno
b. in centro • moderno • in periferia
c. luminoso • grande • bilocale
d. piano terra • primo piano • angolo cottura
e. salotto • cucina • riscaldamento

3. Bringen Sie die Ordnungszahlen in die richtige Reihenfolge.

decimo • sesto • ottavo • primo • quinto • secondo • quarto • nono • terzo • settimo

I ____________ II ____________ III ____________ IV ____________ V ____________

VI ____________ VII ____________ VIII ____________ IX ____________ X ____________

4. Vervollständigen Sie den Dialog mit *quindi – così – su, dai – ma allora*.

- Ciao, Giovanni! Dove stai andando?
- In giro per i negozi, devo sistemare la mia stanza e ________________ voglio vedere un po' i prezzi, non posso spendere più di tanto.
- ________________ perché non vai al nuovo IKEA? Non è molto caro e hanno cose carine. Ti posso accompagnare io in macchina, ________________ mi compro anch'io qualcosa.
- Mah, non so. Non è lo stile che piace a me.
- ________________ non fare il difficile! Ti do qualche consiglio io. Ti assicuro che sarai contento.

5. Welche ist die richtige Antwort? Verbinden Sie.

1. ☐ Chi telefona a Vincenzo?
2. ☐ Scrivete voi a Giuliana?
3. ☐ Cosa portiamo ai bambini?
4. ☐ Quando mi telefonate?
5. ☐ Quando ci scrivete?
6. ☐ Cosa ci portate?

a. Vi scriviamo presto.
b. Gli telefoniamo noi.
c. Ti telefoniamo domani.
d. Gli portiamo un CD.
e. Vi portiamo del vino.
f. Sì, le scriviamo noi.

6. Wählen Sie das richtige Pronomen aus.

- Quando mi telefoni?
- ______________ telefono stasera.
- Cosa regali a Sandra?
- ______________ regalo un profumo.
- Cosa portiamo a Marco?
- ______________ portiamo una bottiglia di cognac.
- Quando telefonate a Giulia?
- ______________ telefoniamo domani.
- Scrivi tu a papà?
- Sì, ______________ scrivo io.
- Ti interessa l'appartamento?
- Sì, ______________ interessa molto.
- Telefoni tu agli studenti?
- Si, ______________ telefono io.

7. Formulieren Sie die Sätze dem Beispiel folgend neu.

1. Mi puoi dare il numero di telefono di Anna? *Puoi darmi il numero di telefono di Anna?*
2. Gli vuoi comperare una mansarda? ______________________________
3. Ci dovete dire quanto costa! ______________________________
4. Le dobbiamo portare le chiavi. ______________________________
5. Ti possiamo dare il numero. ______________________________
6. Vi possiamo aiutare a cercare casa. ______________________________

8. Vervollständigen Sie den Brief mit den passenden indirekten Objektpronomen.

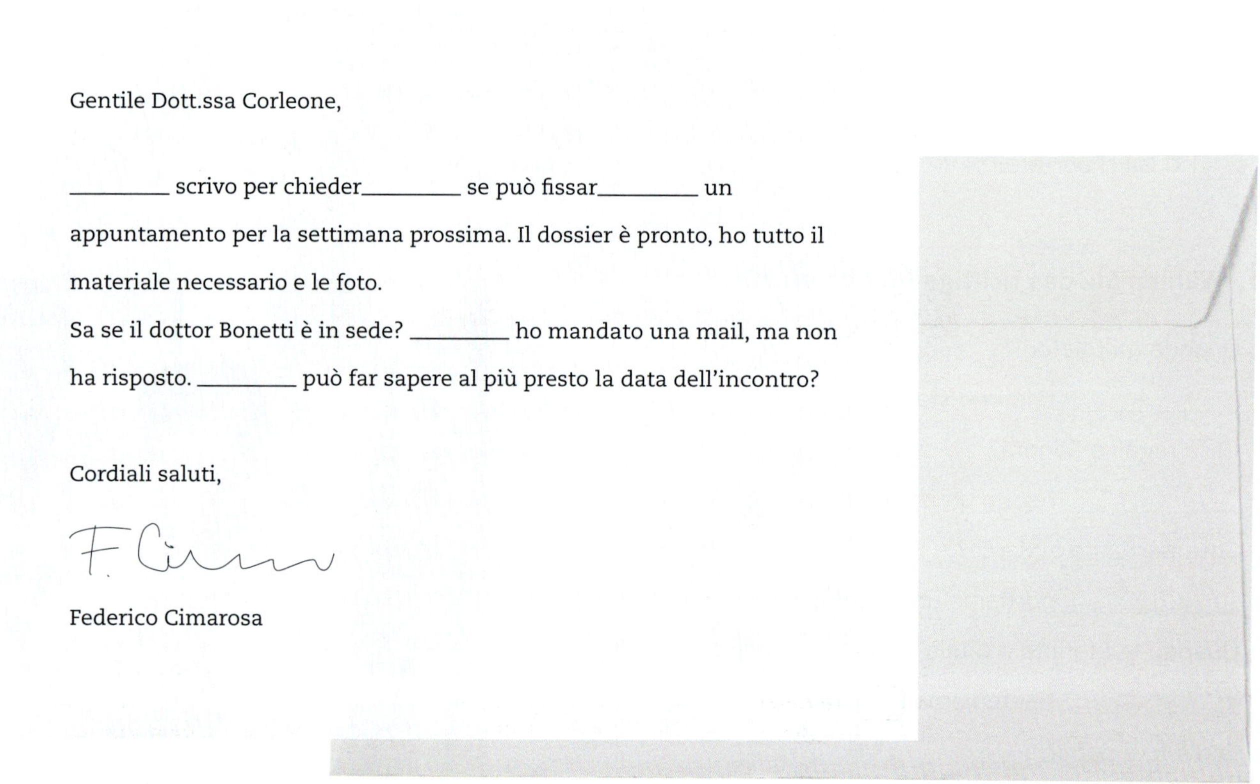

Gentile Dott.ssa Corleone,

________ scrivo per chieder________ se può fissar________ un appuntamento per la settimana prossima. Il dossier è pronto, ho tutto il materiale necessario e le foto.
Sa se il dottor Bonetti è in sede? ________ ho mandato una mail, ma non ha risposto. ________ può far sapere al più presto la data dell'incontro?

Cordiali saluti,

F. Cim

Federico Cimarosa

9. Woraus ist es gemacht?

oro • vetro • legno • porcellana • acciaio • lana • marmo

1. Il letto è di ________________
2. La scrivania è di ________________
3. Il tappeto è di ________________
4. Il pavimento è di ________________
5. L'anello è d'________________
6. Il vaso è di ________________
7. Il bicchiere è di ________________

10. Ordnen Sie die Bilder den Bezeichnungen zu.

A

B

C

D

E

F

G

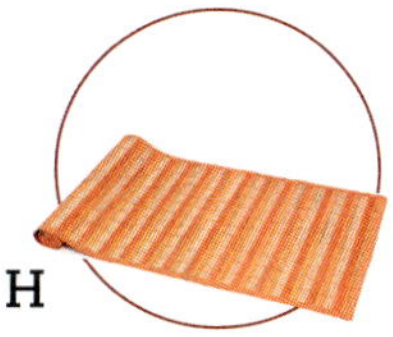
H

I

J

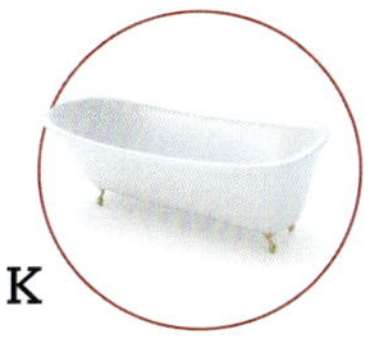
K

L

M

N

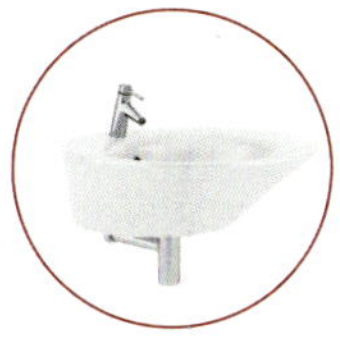
O

1. ☐ frigorifero
2. ☐ divano
3. ☐ poltrona
4. ☐ armadio
5. ☐ letto
6. ☐ tavolo
7. ☐ sedia
8. ☐ lavatrice
9. ☐ specchio
10. ☐ scrivania
11. ☐ libreria
12. ☐ tappeto
13. ☐ vasca da bagno
14. ☐ lavastoviglie
15. ☐ lavandino

11. Unterstreichen Sie alle Farbadjektive und ordnen Sie sie der richtigen Deklination zu.

a. Il tappeto nella stanza di Edda è rosa!

b. Il nuovo frigorifero è rosso.

c. Le pareti in cucina sono verdi.

d. Marta ha un quadro lilla!

e. Valeria compra sempre vestiti neri.

f. In cucina c'è un tavolo blu.

g. Le tende in camera sono viola.

h. Non mi piacciono le coperte bianche.

-a / -o -e / -i	-e / -i	invariabili

12. Wie sieht Ihr Traumhaus aus? Machen Sie den Test.

TEST

QUAL È LA TUA CASA IDEALE?

La mia casa ideale ha
a. più spazio riservato al relax e al riposo ○
b. più spazio riservato alla zona giorno ○

Mi piacciono i mobili
a. d'epoca e che creano un'atmosfera calda ○
b. di design, belli ed esclusivi ○

Mi piacciono i colori che tendono
a. al verde o blu ○
b. al rosso o giallo ○

Nel mio appartamento
a. ho una poltrona, un divano solo per me ○
b. sto bene dappertutto, non ho preferenze ○

Mi piace di più
a. il vetro ○
b. il legno ○

Mi piace avere intorno a me
a. oggetti costosi ○
b. oggetti personali, ricordi ○

Nel mio appartamento
a. c'è una stanza sempre in ordine per ospiti o visite ○
b. l'atmosfera è informale, l'ordine non è importante ○

PROFILI

Se nelle risposte avete più a:
Siete un po'chiusi e insicuri. Preferite la calma e la tranquillità, e difendete a ogni costo la vostra privacy.

Se nelle risposte avete più b:
Siete aperti, estroversi e sicuri di voi. Vi piace stare in compagnia e avere ospiti, siete vivaci e curiosi.

13. Ergänzen Sie *mi piace, mi piacciono*.

1. ______________________ mobili antichi.
2. ______________________ il legno.
3. ______________________ gli oggetti costosi.
4. ______________________ fare sport.
5. ______________________ l'atmosfera informale.
6. ______________________ avere ospiti.

14. Vervollständigen Sie die Dialoge mit *me, te, lui, lei, noi, voi, loro*.

1. ❯ Rita, a ________ piace l'appartamento?
   ❯ A ________ sì.
   ❯ E a ________, ragazzi?
   ❯ A ________ no, preferiamo stare in centro.

2. ❯ Sai se a Mario e Nicoletta interessa la casa?
   ❯ A ________ sì. Nicoletta invece preferisce stare in città.

3. ❯ Ma a Franca piace la stanza?
   ❯ A ________ sì, a me invece non tanto.

4. ❯ Ai tuoi figli piacciono i mobili nuovi?
   ❯ A ________ piacciono molto, io invece non sono così convinta.

15. Formulieren Sie Fragen und beantworten Sie unter Verwendung der angegebenen Verben.

1. *Cosa sta leggendo?* ? *Sta leggendo* un romanzo. leggere – lui
2. ________________ ? ________________ una lettera. scrivere – voi
3. ________________ ? ________________ il dolce. preparare – tu
4. ________________ ? ________________ una stanza. cercare – voi
5. ________________ ? ________________ la cucina. pulire – tu

16. Ergänzen Sie die E-Mail mit den Formen von *stare* + Gerundium der Verben in Klammern.

Ciao Franca

Ciao Franca,

scusa se ti disturbo, so che (studiare) ____________ per l'esame di chimica e che (fare) ____________ di tutto per superare l'esame. Ho un grande favore da chiederti: Mariano ed io (pensare) ____________ di fare un viaggio in Inghilterra e, visto che tu hai studiato lì, puoi forse aiutarci. (Preparare) ____________ un itinerario. Puoi mandarci una lista dei "must"? Partiamo fra due settimane!

E Patrizia, cosa (combinare) ____________? Si (divertire) ____________ in America?

Aspetto una tua risposta. Bacioni,

Teresa

17. Vervollständigen Sie die Tabelle mit den fehlenden Formen.

maschile singolare	maschile plurale	femminile singolare	femminile plurale
il mio	i miei	la mia	le mie
il tuo			
il suo	i sui	la sua	le sue
il nostro			
il vostro			
il loro			

18. Finden Sie alle möglichen Kombinationen.

il la i le	loro	quadri	sono simpatici
	vostri	libro	sono molto famosi
	mio	casa	è interessante
	tua	sedie	sono molto costose
	suoi	giardino	è davvero grande
	nostre	amici	è proprio curato

19. Antworten Sie wie im Beispiel und wählen Sie eines der angegebenen Adjektive.

piccolo • grande • antipatico • bello • ~~antica~~ • moderno

1. Com'è la vostra casa? *La nostra casa è antica.*
2. Come sono i tuoi vicini? i miei ______
3. Com'è la sua cucina? la sua ______
4. Come sono le loro finestre? le loro ______
5. Com'è la vostra macchina? la nostra ______
6. Come sono le sue poltrone? le sue ______

20. Setzen Sie die passenden Possessivpronomen in die Lücken ein.

Vivo con altri 4 ragazzi in un appartamento in affitto. La ________________ casa è al quarto piano. I proprietari abitano al primo e i ________________ genitori al secondo. Il terzo e il quarto sono in affitto a studenti. Da noi è il regno del disordine. Marta, la ________________ vicina di camera, è appassionata di scarpe e vestiti. Troviamo le ________________ scarpe ovunque: in sala, in bagno e anche in cucina. Francesca abita con lei nella stessa stanza, ma è l'esatto contrario. I ________________ vestiti, i ________________ libri, le ________________ cose sono sempre in ordine. Ma come fa a vivere con noi! Franco e Gianni sono i ________________ due coinquilini. Dividono la terza stanza da letto. Hanno tutto in comune, mobili, vestiti, libri, giochi. Il ________________ hobby preferito è giocare al computer! Sono abbastanza rumorosi, la ________________ TV è sempre accesa e parlano sempre ad alta voce, ma sono simpatici e divertenti e poi sanno cucinare benissimo. Vivere insieme a volte è un po' difficile, ma a me piace!

21. Schauen Sie sich das Bild an und fahren Sie mit der Beschreibung fort.

Questa è la stanza di Federico. Lui ha un piccolo divano-letto a sinistra, sotto la finestra che dà sul giardino.

____

____

____

____

____

____

Test

1. Un appartamento di tre stanze è un:
a. ☐ bilocale
b. ☐ trilocale
c. ☐ monolocale

2. Per l'appartamento paghiamo ogni mese:
a. ☐ l'affitto
b. ☐ dei soldi
c. ☐ la cauzione

3. Il contrario di rumoroso è:
a. ☐ sereno
b. ☐ tranquillo
c. ☐ panoramico

4. Tutti i mobili della casa:
a. ☐ l'arredamento
b. ☐ gli oggetti domestici
c. ☐ i pezzi d'arredo

5. Per lavare i piatti ho bisogno di:
a. ☐ una lavatrice
b. ☐ un frigorifero
c. ☐ una lavastoviglie

6. È un tavolo __________ vetro.
a. ☐ da
b. ☐ di
c. ☐ con

7. Volete incoraggiare un'amica che cerca casa da tanto tempo.
a. ☐ Ma su, dai! Ti aiuto io!
b. ☐ Cosa vuoi? Dai!
c. ☐ Quanto puoi pagare?

8. Perché non __________ telefoni?
a. ☐ a me
b. ☐ me
c. ☐ mi

9. Scrivi tu a Gianni? Rispondete.
a. ☐ Sì, le scrivo io.
b. ☐ Sì, gli scrivo io.
c. ☐ Sì, Le scrivo io.

10. Paola, com'è la torta di mele? Rispondete.
a. ☐ Mi piace moltissimo!
b. ☐ Mi piacciono molto.
c. ☐ Mi piace con la marmellata.

11. Lui si chiama Gino e __________.
a. ☐ ci piace il gelato.
b. ☐ le piace il gelato.
c. ☐ gli piace il gelato.

12. Chiedete il gusto sul colore dell'arredamento.
a. ☐ Ti piacciono i mobili moderni?
b. ☐ Quale colore preferisci per i mobili?
c. ☐ Non ti piacciono i mobili scuri?

13. Scrivete un annuncio per una casa nuova.
a. ☐ Devo trovare casa in centro.
b. ☐ Voglio una casa in centro.
c. ☐ Sto cercando casa in centro.

14. Chiedete l'approvazione per comprare un tavolo nuovo.
a. ☐ Per voi, va bene se compriamo un tavolo?
b. ☐ Compriamo il tavolo domani.
c. ☐ Abbiamo bisogno di un tavolo nuovo.

15. Lisa, hai visto __________ scarpe rosse?
a. ☐ i miei
b. ☐ le mie
c. ☐ la mia

16. Vado al cinema con Luca e __________ amici.
a. ☐ i suoi
b. ☐ le sue
c. ☐ il suo

VALUTAZIONE

100 % – 80 %	70 % – 50 %	40 % – 0 %
Bravissimo / a!	Ripeti le parti nelle quali sei meno ferrato	Ripassa bene la lezione: grammatica, lessico e fraseologia

Glossario

TÄTIGKEITEN

abitare	wohnen
affittare	(ver)mieten
cercare	suchen
chiamare	(an)rufen
spendere	ausgeben
vivere	leben

WOHNUNGSTYPEN

appartamento	Wohnung
bilocale (m)	Zweizimmerwohnung
casa	Haus
casale (m)	Bauernhaus
mansarda	Mansarde
monolocale (m)	Einzimmerwohnung
trilocale (m)	Dreizimmerwohnung
villa	Villa

WOHNUNGSEIGENSCHAFTEN

al piano terra	im Erdgeschoss
al primo / secondo / terzo … piano	im ersten / zweiten / dritten Stock
ampio	geräumig
antico	antik
bello	schön
caro	teuer
centrale	zentral gelegen
con giardino	mit Garten
con vista panoramica	mit Panoramablick
confortevole	bequem / gemütlich
economico	billig
enorme	riesig
grande	groß
in periferia	am Stadtrand
in zona università	im Univiertel
luminoso	hell
moderno	modern
nuovo	neu
piccolo	klein
ristrutturato	renoviert
spazioso	geräumig
sporco	schmutzig
tranquillo	ruhig
vecchio	alt
vicino al centro storico	nah an der Altstadt
lontano dal centro	weit weg vom Zentum
in fondo al corridoio	am Ende des Ganges

WOHNUNG

affitto	Miete
angolo cottura	Kochnische
ascensore (m)	Aufzug
bagno	Badezimmer
balcone (m)	Balkon
camera da letto	Schlafzimmer
cantina	Keller
corridoio	Flur
cucina	Küche
finestra	Fenster
giardino	Garten
parete (f)	Wand
piano	Stock(werk)
porta	Tür
ripostiglio	Abstellraum
riscaldamento	Heizung
scale (f. pl.)	Treppe
soggiorno	Wohnzimmer
stanza	Zimmer
terrazzo / terrazza	Terrasse

MÖBEL

armadio	Schrank
divano	Sofa
forno	Herd
frigorifero	Kühlschrank
lavastoviglie (f)	Spülmaschine
lavatrice (f)	Waschmaschine
letto	Bett
libreria	Bücherregal
mobile (m)	Möbelstück
pavimento	Fußboden
poltrona	Sessel
quadro	Bild
sedia	Stuhl
specchio	Spiegel
tappeto	Teppich
tavolo	(Ess)Tisch
tenda	Vorhang
vasca da bagno	Badewanne

MATERIALIEN

acciaio	Stahl
ceramica	Keramik
legno	Holz
marmo	Marmor
oro	Gold
porcellana	Porzellan
vetro	Glas

7

Che fai di bello?

1. Ordnen Sie das Webportal neu, indem Sie die Ordner der richtigen Kategorie zuteilen.

a. Hobby b. Musica c. Sport d. Letture e. TV

1. ☐ Non solo per professionisti, ma anche per chi vede lo sci come attività di svago e divertimento.
2. ☐ Tutti i libri e le edizioni online che si possono leggere e scaricare gratuitamente.
3. ☐ Sottocategoria dedicata alle discipline del nuoto e tutti gli altri sport acquatici.
4. ☐ I siti ufficiali dei quotidiani più famosi di tutto il mondo.
5. ☐ Chi è che non ha mai raccolto, catalogato e conservato qualche oggetto?
6. ☐ Elenco dei siti dedicati ai cartoni animati.
7. ☐ Elenco dei mercatini degli annunci musicali.
8. ☐ Sottocategoria dedicata a tutte le attività da combattimento: dalla lotta al wrestling, dal pugilato alle arti marziali.

2. Wie lautet der Plural folgender Wörter?

1. medico ____________
2. arco ____________
3. banca ____________
4. lago ____________
5. barca ____________
6. banco ____________
7. fuoco ____________
8. greco ____________
9. equivoco ____________
10. discoteca ____________
11. luogo ____________
12. targa ____________
13. riga ____________
14. asparago ____________

3. *Più di* oder *meno di*? Kennen Sie sich in Italien aus?

1. Il Lago di Garda è ______________ grande ______________ Lago Maggiore.
2. La Lombardia è ______________ estesa ______________ Trentino.
3. Le Alpi sono ______________ lunghe ______________ Appennini.
4. Roma è ______________ antica ______________ Palermo.
5. L'isola di Capri è ______________ grande ______________ Sicilia.
6. Il Tevere è ______________ lungo ______________ Po.
7. Il Colosseo è ______________ grande ______________ Arena di Verona.
8. L' università di Bologna è ______________ antica ______________ quella di Venezia.

4. Fügen Sie in die Dialoge *quanto / come*, *che* oder *di* ein und, wo notwendig, den bestimmten Artikel.

1. ● Io trovo la musica classica più interessante ______________________ musica leggera. E tu?
   ● Io preferisco la musica leggera.

2. ● Cosa fai nel tempo libero? Leggi? Fai sport?
   ● Beh, io sono un tipo tranquillo. Mi piace più leggere ______________________ fare sport.

3. ● Secondo me le opere di Brecht sono più interessanti ______________________ quelle di Zuckmayer.
   ● Io invece trovo più interessante il secondo.

4. ● Gli italiani si interessano più di calcio ______________________ di nuoto. E gli americani?
   ● Ah, noi preferiamo il baseball.

5. ● Secondo te è più interessante Pirandello o Goldoni?
   ● Mah, secondo me Pirandello è molto più interessante e moderno ______________________ Goldoni.

6. ● Gli italiani sono sportivi come gli altri europei?
   ● No, sono molto meno sportivi ______________________ altri europei.

7. ● Preferite i drammi o le commedie?
   ● Mah, secondo noi i drammi sono interessanti ______________________ le commedie, dipende dalla messa in scena e dal regista.

5. Streichen Sie das Substantiv durch, das nicht zu dem Adjektiv passt.

1. a. una persona	b. una musica	c. un libro	**allegro / a**
2. a. un appartamento	b. un racconto	c. un tipo	**tranquillo / a**
3. a. un compagno	b. un fatto	c. un film	**antipatico / a**
4. a. un lavoro	b. una persona	c. un cibo	**sicuro / a**
5. a. un film	b. un piatto	c. una situazione	**triste**
6. a. un'opera	b. una persona	c. una zuppa	**noioso / a**

6. Freund / -in gesucht! Lesen Sie die Annoncen und entscheiden Sie, wer zusammenpasst.

1. ☐ 2. ☐ 3. ☐

1

Ciao sono un ragazzo trentanovenne di Roma. Professionista, buona cultura, ma alla mano, simpatico e interessante. Cerco un'amicizia con studentessa romantica che ama fare shopping e poi la sera una bella pizza ed una birra ... offro io.

Paolo

2

Ciao!

Sono Claudia, ho 25 anni. Sono una persona molto matura, responsabile, NON invidiosa e molto fashion! Nel senso che amo frequentare locali romani con gente carina e alla moda, fare tanto shopping e girare per librerie e mostre d'arte! Insomma di tutto un po'... civetteria, arte e cultura, divertimento e serietà ... Se pensate di essere un po' come me e cercate qualcuno con cui condividere pomeriggi e serate ... scrivetemi!

3

Salve a tutti!

mi chiamo Agata e vivo a Roma. C'è qualcuno in questa città, sui 30 anni, single, magari un po' timido come me che ha voglia di iniziare seriamente una nuova amicizia? Ti aspetto.

A

Salve!

Sono una ragazza di 29 anni e vivo a Roma. Sono vivace e solare, amo tantissimo ballare e viaggiare. Mi piacerebbe conoscere altre ragazze dai 25 anni in su, per chiacchierare, fare shopping insieme e andare in discoteca o nei musei. Se vi sentite un po' sole o siete rimaste senza amiche per qualsiasi motivo, SCRIVETEMI!!!

Laura

B

Ciao a tutti... sono una ragazza diciotenne e vivo in provincia di Roma... amo la musica, lo sport... adoro le stelle, il cielo e il mare. Sono una ragazza molto solare e mi farebbe molto piacere conoscere un ragazzo sensibile e interessante, con cui poter creare un bel rapporto d'amicizia, e magari mangiare una pizza insieme.

Marta

C

Ciao, ho 30 anni. Cerco una donna di 30 – 35 anni, seria, carina e non fumatrice, per amicizia. Credo nel rispetto e nel dialogo e mi piacerebbe instaurare un'iniziale conoscenza con una donna equilibrata. Amo passeggiare, leggere, musica. Un saluto.

Fabio

7. Schreiben Sie neben die Namen die Adjektive, die die Personen aus Übung 6 beschreiben.

Paolo		**Fabio**	
Claudia		**Marta**	
Agata		**Laura**	

8. Ergänzen Sie die direkten Objektpronomen.

1. ● Mi chiami domani sera?
   ● Certamente! A che ora devo chiamar__________
2. ● Guardiamo un film stasera?
   ● No, stasera non posso. __________ guardiamo dopo domani se hai tempo.
3. ● Gianna, Marco! Ci accompagnate in stazione, non abbiamo la macchina.
   ● Va bene. A che ora dobbiamo passare a prender__________
4. ● Signor Roseri, __________ cerca al telefono sua moglie.
   ● Non ora, per favore. Sono impegnato.
5. ● Ma dove sono le mie chiavi?
   ● Ma se __________ metti sempre in un posto diverso, ci credo che poi non __________ trovi.
6. ● Ma __________ ascolti quando parlo?
   ● Certo, mamma ma dici sempre le stesse cose!

9. Vervollständigen Sie den Text mit direkten oder indirekten Objektpronomen.

Vado spesso a teatro e all'opera. __________ faccio spesso e con molto piacere. Il cinema invece __________ interessa meno, __________ trovo un po' superficiale e spesso deludente. In questo forse sono un po' diversa dai giovani della mia età. Loro in genere preferiscono cose meno impegnative, __________ piacciono i film d'azione e hanno poco interesse per il resto. Per quanto riguarda la musica, devo dire che __________ interessa tutta. Ho alcuni pezzi e artisti preferiti e __________ ascolto continuamente. Vado spesso ai concerti, sia classici che rock. Sabato per esempio è il compleanno di mia sorella, __________ ho regalato un biglietto per un concerto di Zucchero. Il mio regalo __________ è piaciuto molto, e naturalmente ci andiamo insieme.

10. Fügen Sie die passenden Endungen an die Verben. Manchmal passt mehr als eine Endung!

1. vi perd-____________
2. ti anno-____________
3. si vest-____________
4. mi addorment-____________
5. si alz-____________
6. ci spos-____________

-a -ano -ono -o -i -iamo -ite -ate -e -ete

11. Beschreiben Sie Sebastianas Tag.

Sebastiana, la mattina, si sveglia sempre alle sette …

12. Wie lautet das Partizip?

cominciare	cominciato	**credere**	
telefonare		**finire**	
trovare		**uscire**	
comprare		**essere**	
studiare		**fare**	
passare		**vedere**	

13. *Avere* o *essere*? Ordnen Sie die Partizipien der richtigen Spalte zu.

~~tornato~~ • ~~cantato~~ • incontrato • andato • parlato • cenato • guardato • dormito • creduto • rimasto • finito • giocato • stato • pranzato • uscito • mangiato • visto • letto

ho	sono
cantato, finito	tornato, andato

14. Vervollständigen Sie den Text mit den Hilfsverben *essere* und *avere*.

Ieri ______________ uscito con alcuni compagni di corso. ______________ andati prima in una pizzeria e poi in un locale dove fanno Karaoke. ______________ stato molto divertente: ______________ cantato, ______________ bevuto e riso tanto. ______________ rimasti lì fino alle due del mattino. ______________ tornato a casa alle tre e oggi ______________ dormito fino a mezzogiorno. Verso le due ______________ mangiato qualcosa e poi ______________ incontrato Sara. ______________ andati insieme a prendere un gelato e dopo ______________ fatto una lunga passeggiata.

15. Was hast du gemacht? Vervollständigen Sie die Dialoge selbständig mit Verben im *passato prossimo*.

1. ● Ieri ti ___ho visto___ ma non ti ho trovato.
   ● ___Sono andato___ al cinema, ______________ un film bellissimo.
2. ● A che ora ___sai finito___ di lavorare?
   ● ___Ho finito___ alle sei.
3. ● Cos' ______________ ieri?
   ● ______________ fino alle cinque e poi ______________ al ristorante.
4. ● ______________ in palestra?
   ● No, ______________ a tennis.
5. ● Cos' ______________?
   ● Un CD di Zucchero.
6. ● Dove ______________?
   ● ______________ a un concerto rock.

16. Ergänzen Sie die Biographie von Giorgio Strehler.

GIORGIO STREHLER

È NATO A TRIESTE IL 14 AGOSTO DEL 1921
ED È MORTO A LUGANO IL 25 DICEMBRE DEL 1997.

(Essere) ______________ uno dei più grandi registi del teatro italiano del dopoguerra e assieme a Paolo Grassi (fondare) ______________ il Piccolo Teatro di Milano (1947). Nella sua attività Strehler non (curare) ______________ solo il patrimonio della tradizione italiana, ma (reinterpretare) ______________ anche grandi drammaturghi come Brecht e Shakespeare. Durante la seconda guerra mondiale (passare) ______________ alcuni anni in Svizzera dove (comiciare) ______________ a lavorare per il teatro. Dopo la guerra (tornare) ______________ in Italia e (continuare) ______________ a lavorare mettendo in scena opere indimenticabili.

17. Bilden Sie die Gegensätze zu den folgenden Adjektiven mithilfe der Präfixe.

in- • im- • ir- • il-

a. credibile *incredibile*
b. visibile ______________
c. probabile ______________
d. sostenibile ______________
e. consapevole ______________
f. mortali ______________
g. realizzabile ______________
h. legale ______________
i. vivibile ______________
j. possibile ______________
k. legittimo ______________
l. regolare ______________

18. Fügen Sie in die Rezensionen die fehlenden Präfixe ein.

1

_______credibili quanto attualissime speculazioni finanziarie, il fascino di atmosfere da commedia anni Trenta, lo charme di un _______possibile mascalzone sono al centro della nuova produzione del Piccolo Teatro. Una storia di una comicità _______resistibile.

2

Un marito _______consapevole dei numerosi tradimenti della moglie, una figlia _______legittima, un amante invadente e _______controllabile. Un cocktail di sicuro successo per una commedia _______dimenticabile.

19. Ergänzen Sie die Sätze mit dem relativen Superlativ der angegebenen Adjektive.

1. (divertente) È ___*la*___ commedia ___*più divertente del*___ festival.
2. (famoso) È _______ romanzo _______________ Baricco.
3. (bello) Paola è _______ ragazza _______________ paese.
4. (bravo) Sono _______ studenti _______________ corso.
5. (alto) È _______ edificio_______________ città.
6. (antico) È _______ palazzo _______________ Venezia.
7. (interessante) È _______ mostra _______________ Biennale.
8. (particolare) È _______ spettacolo _______________festival.

20. Ergänzen Sie die Theaterkritik mit den untenstehenden Wörtern.

personaggi • atti • regista • divertenti • commedie • capolavoro • opera • in scena

Campanile visto da Carriglio

Una delle più _______________ e geniali _______________ del Novecento italiano. Due _______________ pieni di ironia e comicità. Il _______________ Pietro Carriglio ha messo _______________ *Il povero Piero*, un' _______________ di Achille Campanile, un vero e proprio _______________ ricco di _______________ ridicoli, divertenti e nevrotici.

Test

1. Devo incontrare i miei ________
a. ☐ amiche greche.
b. ☐ amichi grechi.
c. ☐ amici greci.

2. Sono delle persone ________
a. ☐ simpatici.
b. ☐ simpatice.
c. ☐ simpatiche.

3. Abbiamo scelto ________ non troppo cari.
a. ☐ albergo
b. ☐ alberghi
c. ☐ albergi

4. Informatevi sugli hobby di qualcuno.
a. ☐ Cos'hai fatto ieri sera?
b. ☐ Cosa fai nel tempo libero?
c. ☐ Dove vai di solito?

5. Le arti marziali sono:
a. ☐ un tipo di danza
b. ☐ un tipo di sport
c. ☐ un tipo di arte

6. Il tennis è sicuramente più divertente ________ calcio
a. ☐ del
b. ☐ che
c. ☐ dal

7. Giocare a scacchi è più impegnativo ________ giocare a pallacanestro.
a. ☐ di
b. ☐ che
c. ☐ del

8. Francesco ama molto uscire, fare sport, andare al cinema o a teatro. È proprio un tipo ________:
a. ☐ ottimista
b. ☐ pigro
c. ☐ dinamico

9. Guarda sempre i problemi in modo positivo. È un tipo ________:
a. ☐ altruista
b. ☐ ottimista
c. ☐ egoista

10. Lui ama l'arte, io invece ________ odio.
a. ☐ la
b. ☐ le
c. ☐ lo

11. A che ora ________ alzate?
a. ☐ ti
b. ☐ vi
c. ☐ si

12. Gigi e Paolo ________ andati al cinema.
a. ☐ siamo
b. ☐ sono
c. ☐ hanno

13. Vuoi sapere che cosa ________ fatto ieri sera?
a. ☐ avete
b. ☐ ho
c. ☐ siete

14. Messa in scena scontata significa:
a. ☐ a prezzo ridotto
b. ☐ ben calcolata
c. ☐ banale, poco originale

15. La battuta è:
a. ☐ una storia divertente
b. ☐ la frase che dice un attore
c. ☐ l'applauso

16. È il film più bello ________ festival.
a. ☐ di
b. ☐ che
c. ☐ del

VALUTAZIONE

100 % – 80 %	70 % – 50 %	40 % – 0 %
Bravissimo / a!	Ripeti le parti nelle quali sei meno ferrato	Ripassa bene la lezione: grammatica, lessico e fraseologia

Glossario

FREIZEITAKTIVITÄTEN

ascoltare musica	Musik hören
divertirsi	sich vergnügen
fare jogging	joggen
fare palestra	im Fitnessstudio trainieren
fare sport	Sport machen
giocare a scacchi	Schach spielen
giocare a tennis	Tennis spielen
guardare la TV	fernsehen
nuotare	schwimmen
riposarsi	sich ausruhen
sciare	Ski fahren

FREIZEIT

ballo	Tanz
corso di sport / di ballo	Sportkurs / Tanzkurs
discoteca	Diskothek
evento	Event
gioco	Spiel
musica	Musik
parole crociate (f pl)	Kreuzworträtsel
programma (m)	Programm
spettacolo	Aufführung
vacanza	Urlaub
viaggio	Reise

CHARAKTEREIGENSCHAFTEN

allegro	heiter / fröhlich
altruista	altruistisch
antipatico	unsympathisch
calmo	ruhig
dinamico	dynamisch
divertente	lustig
egoista	egoistisch
insicuro	unsicher
nervoso	nervös
noioso	langweilig
ottimista	optimistisch
pessimista	pessimistisch
pigro	faul
sicuro	sicher
simpatico	sympathisch
socievole	gesellig
sportivo	sportlich
tranquillo	ruhig
triste	traurig

ZEITANGABEN

ieri	gestern
l'anno passato	letztes Jahr
l'anno scorso	letztes Jahr
il mese passato	letzten Monat
il mese scorso	letzten Monat
un mese fa	vor einem Monat

TÄTIGKEITEN

addormentarsi	einschlafen
alzarsi	aufstehen
annoiarsi	sich langweilen
entusiasmarsi	sich begeistern
innervosirsi	nervös werden
iscriversi	sich einschreiben
lamentarsi	sich beschweren
odiare	hassen
preparare	vorbereiten
seguire	folgen
sembrare	scheinen
sentirsi	sich fühlen
stressarsi	sich stressen
svegliarsi	aufwachen
trasferirsi	umziehen
vedere	sehen
vestirsi	sich anziehen

THEATER

attore (m)	Schauspieler
autore (m)	Autor
commedia	Komödie
dialogo	Dialog
dramma (m)	Drama
mettere in scena	inszenieren
opera teatrale	Theaterstück
parte (f)	Rolle
recitare	(Rolle) spielen
recitazione (f)	Bühnenvortrag
regista (m / f)	Regisseur / -in
scena	Szene
spettatore (m)	Zuschauer
teatro	Theater

8

Cos'è successo?

1. Finden Sie zu den Wörtern die passenden Definitionen.

1. ☐ Articolo
2. ☐ Giornale
3. ☐ Rivista
4. ☐ Mensile
5. ☐ Trafiletto
6. ☐ Cronaca
7. ☐ Testata
8. ☐ Didascalia

a. Parte superiore del foglio di giornale con titolo, prezzo, numero ecc.
b. Fogli stampati che si pubblicano ogni giorno per diffondere notizie
c. Breve dicitura informativa che accompagna un'illustrazione
d. Testo abbastanza lungo per un giornale o rivista
e. Articoletto breve di giornale, talvolta senza titolo
f. Informazione, riassunto di avvenimento d'interesse
g. Periodico illustrato
h. Rivista pubblicata una volta al mese

2. Bringen Sie die Teile des Berichts in die richtige Reihenfolge.

1. ☐ 2. ☐ 3. ☐ 4. ☐ 5. ☐

A La signora Mauriello ha cominciato a lavare le patate e si è accorta di avere in mano un pezzo di metallo pesante poi rivelatosi una bomba a mano.

B Tra le patate acquistate al mercato c'era una bomba a mano, senza spoletta ma certamente funzionante.

C Una storia che ha dell'incredibile, ma che fortunatamente è finita nel migliore dei modi; la signora non ha cucinato quello che poteva diventare un "piatto esplosivo".

D Un'anziana donna di S. Giorgio a Cremano in provincia di Napoli nella serata di lunedì ha fatto una incredibile scoperta.

E Le patate sono arrivate sul mercato napoletano dalla Francia.

3. Vervollständigen Sie den Text mit den passenden Präpositionen.

Roma – Ha deciso _____ a _____ "sfilare" sulla scalinata più famosa _____ del _____ mondo. Ma non proprio come le modelle di "Donna sotto le stelle". Infatti è sceso _____ a _____ Trinità dei Monti a Piazza di Spagna _____ in _____ l'auto. Sì, proprio così. La singolare sfilata è avvenuta __________ 'alba di oggi. Un ragazzo _____ di _____ 24 anni è sceso a velocità sostenuta lungo i gradini che portano in Piazza di Spagna __________ guida di una Toyota Celica. Ha percorso, come una qualsiasi strada di Roma, circa metà __________ scalinata e, una volta fermato dalla polizia, si è stupito. Immediati gli interventi da parte delle forze dell'ordine e __________ vigili urbani, che hanno bloccato il ragazzo.

4. Ergänzen Sie die fehlenden Infinitive und Partizipien.

infinito	participio passato	infinito	participio passato
percorrere	percorso		offerto
	preso	aprire	
scendere			vinto
	deciso	dipingere	
dividere		piangere	
ridere			tolto
chiudere		scegliere	
perdere		sciogliere	
	corretto		vissuto
	detto	dare	
leggere		succedere	
fare			messo
	rotto	nascere	
	tradotto		morto
produrre			chiesto
scrivere		nascondere	
	avvenuto	rispondere	
	bevuto		visto

5. Denken Sie an die jeweiligen Partizipien und finden Sie das Verb, das nicht in die Gruppe passt.

1. prendere	decidere	leggere	ridere
2. dipingere	piangere	succedere	vincere
3. chiedere	bere	nascondere	rispondere
4. dire	vedere	rompere	leggere
5. chiudere	vedere	ridere	dividere
6. scegliere	mettere	togliere	sciogliere

6. Vervollständigen Sie die Sätze mit den Verben im *passato prossimo*.

1. Ragazzi, (finire) ____________________ di mangiare?
2. Quando (tu – entrare) ____________________ ? Non ho sentito il rumore della chiave.
3. Sono veramente stanca, (lavorato) ____________________ fino alle 2 ieri notte.
4. Scusi, può ripetere per favore non (sentire) ____________________ cosa ha detto.
5. Ieri (andare) ____________________ a vedere la partita Inter – Milan. Che spettacolo!
6. I miei amici (visitare) ____________________ la Sicilia l'estate scorsa.
7. Mi dispiace non (venire) ____________________ alla festa perché abbiamo lavorato fino a tardi.
8. Perché tuo padre non (vendere) ____________________ la Vespa? È ormai un pezzo di antiquariato.
9. (voi – essere) ____________________ in Sardegna?
10. Margherita (partire) ____________________ per le Maldive e torna tra una settimana.

7. Ergänzen Sie die Dialoge mit den Verben in der passenden Form.

1. ❥ (vedere) ____________________ l'ultimo film di Spielberg?
   ❥ Quale, "München"? Sì (andare) ____________________ la settimana scorsa al cinema con un amico.
   ❥ Cosa ne pensi? (leggere) ____________________ un articolo sul giornale, ne
   (parlare) ____________________ molto bene.
   ❥ Sono d'accordo. (essere) ____________________ veramente interessante.
2. ❥ Ragazzi, (scrivere) ____________________ la relazione per il capo?
   ❥ Parli bene tu. (tornare) ____________________ dalle vacanze ieri. Noi (lavorare) ____________________
   tutto il fine settimana al progetto e non (avere) ____________________ tempo per la relazione.
3. ❥ Marco, (comprare) ____________________ il pane per domani?
   ❥ Accidenti! (dimenticare) L' ____________________ .
   ❥ Ecco, devo sempre pensare a tutto io!

8. **Ergänzen Sie den Text mit den Verben in der passenden Form.**

Ciao Marta

A: Marta

Ciao Marta,

io e mia sorella siamo partite per l'Italia due giorni fa. (prenotare) ________________ un soggiorno per due settimane a Perugia, la tua città! Ieri (visitare) ________________ il centro della città, siamo state nella Rocca Paolina e da lì (salire) ________________ con le scale mobili nel centro storico. (attraversare) ________________ a piedi tutto il corso principale e siamo arrivate in Piazza IV Novembre. (visitare) ________________ poi il Pozzo etrusco, il Palazzo dei Priori. La sera (mangiare) ________________ in un tipico ristorante del posto "Dal mi cocco" dove (assaggiare) ________________ gli strangozzi alla norcina: pasta fatta in casa con salsiccia e panna: una bomba calorica! (essere) ________________ veramente una bella giornata! E a te come è andato il viaggio in moto?

A presto

Christine

9. **Ergänzen Sie den Text mit den Verben in der passenden Form.**

R: Ciao Marta

A: Christine

Ciao Christine,

mi (chiedere) ________________ come è andato il mio viaggio in moto in Marocco? Bene ecco qui il racconto del mio viaggio non proprio fortunato. Già prima di partire (scoprire) ________________ che la catena della motocicletta era rotta e (chiamare) ________________ il mio meccanico. Così finalmente (partire) ________________. Appena arrivata (mettere) ________________ inavvertitamente il piede su una macchia d'olio e (cadere) ________________. Per fortuna niente di rotto! (pernottare) ________________ a Taza e l'indomani (fare) ________________ un'escursione a Friouato. A metà percorso (cominciare) ________________ a star male. Dopo quattro giorni passati a letto, (decidere) ________________ di tornare a casa. Queste le mie magnifiche vacanze!

Saluti

Marta

10. Ordnen Sie die Teile der Geschichte und verbinden Sie sie mithilfe der Wörter unten.

quindi • poi / e dopo • a questo punto • alla fine

1. ☐ 2. ☐ 3. ☐ 4. ☐ 5. ☐

A

__________________ ha cominciato a fare andare il veicolo a destra e sinistra. La polizia ha notato il furgoncino e ha cominciato l'inseguimento. Ci sono stati momenti difficili: il rischio di incidenti con altri veicoli agli incroci era continuo. Il furgoncino continuava la corsa ignaro di semafori e strisce pedonali!

B

__________________ ha cominciato a correre all'impazzata per le strade di Shelbyville e ha guidato il veicolo per ben 11 chilometri. Peccato però che non riusciva a tenere fermo il volante e…

C

Un bambino di soli 7 anni, alto non più di un metro e venti di altezza, si è messo alla guida di un furgoncino rubato ai genitori. Il ragazzino è salito sull'automezzo, ha anche allacciato la cintura di sicurezza e ha messo in moto il furgone.

D

__________________ i poliziotti hanno pensato a un pericoloso malvivente o un ubriaco e grande è stata la sorpresa quando hanno visto un bambino così piccolo. «Ci ha detto di averlo fatto perché voleva la patente» hanno raccontato i poliziotti.

E

__________________, fortunatamente, la folle corsa si è fermata proprio davanti alla casa dei suoi genitori. La polizia ha denunciato il ragazzino per guida senza patente, con nove anni di anticipo rispetto a quando potrà avere legalmente il permesso di guida.

11. Lesen Sie den Text und unterstreichen Sie die Adverbien der Art und Weise. Schreiben Sie die Geschichte weiter.

Ore 24:00 – Sono entrato in casa e improvvisamente ho sentito un rumore al piano di sopra. Forse è solo una finestra che sbatte o un topo in soffitta – ho pensato. Sono salito lentamente su per le scale di quella casa disabitata. Rumori di legno tarlato, odore di muffa, ragnatele come opere d'arte agli angoli delle stanze. Sicuramente nessuno ha messo piede da decenni in questi locali che sembrano musei. Sono al piano di sopra: ancora un rumore leggero. Probabilmente è solo la mia fantasia. No, no, è un rumore leggero ma costante. Procedo cautamente per le stanze. Apro una porta sento un odore di umido e polvere. Divani coperti da tessuti di lino, mobili che testimoniano una ricchezza passata. Dalla parete mi guarda sorridente il viso giovanile di una dama ingioiellata. Sicuramente un testimone silenzioso di quegli spazi ora abbandonati, ma un tempo animati di feste e risate, di gioventù invecchiata, di vita vissuta, ora appesa a testa in giù come quel pipistrello in un angolo buio della stanza.

12. Bilden Sie die Adverbien, die zu den Adjektiven gehören.

1. improvviso ______________________
2. lento ______________________
3. sicuro ______________________
4. probabile ______________________
5. cauto ______________________
6. sicuro ______________________

13. Rekonstruieren Sie den ersten Arbeitstag von Margherita, indem Sie die Verben benutzen.

svegliarsi • lavarsi • vestirsi • uscire di corsa • prendere l'autobus • arrivare in ufficio • presentarsi al direttore • sedersi alla scrivania • addormentarsi

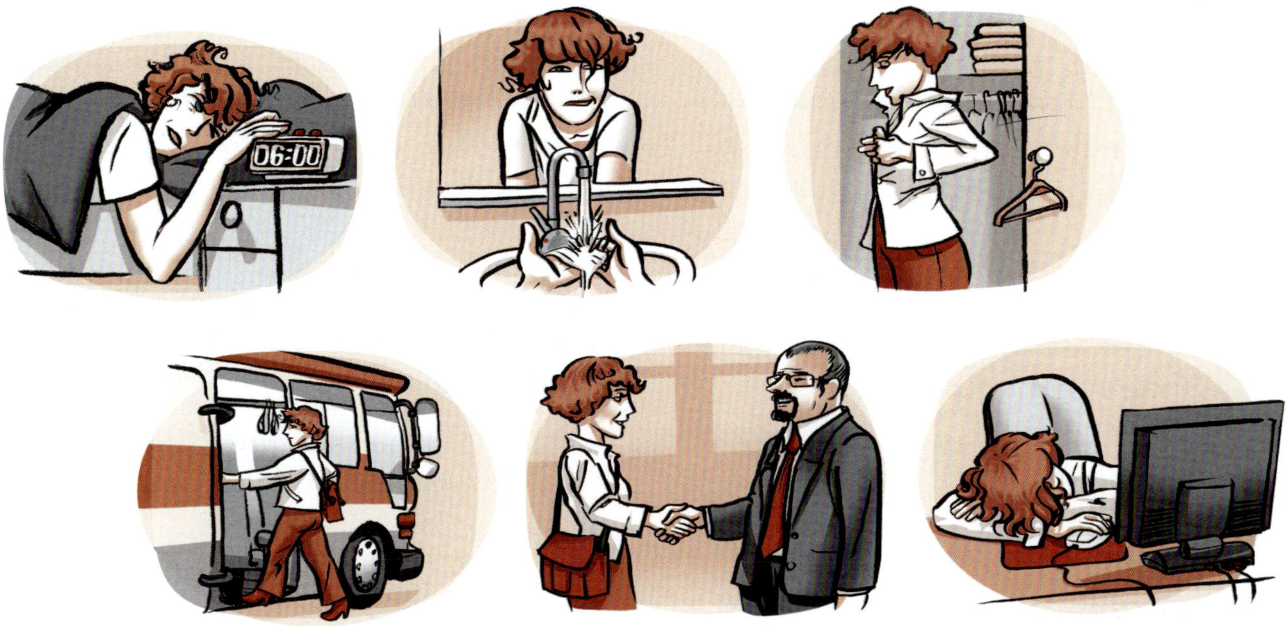

14. Ergänzen Sie die Dialoge mit den untenstehenden Ausdrücken.

Noooo! • Oh, no! • Davvero!? • Accidenti! • Incredibile! • Ma pensa! • Ma guarda!

1. ▸ Sai che ho partecipato a un gioco a estrazione e ho vinto una macchina?
   ▸ ____
2. ▸ Ieri sono uscito di casa e ho lasciato le chiavi dentro. Ho dovuto aspettare due ore il mio coinquilino!
   ▸ ____
3. ▸ Ieri ho incontrato per caso al supermercato un ragazzo che ho conosciuto 5 anni fa in Spagna durante un corso di lingua.
   ▸ ____
4. ▸ Purtroppo non ho passato l'esame di storia, devo rifarlo il semestre prossimo.
   ▸ ____

15. Vervollständigen Sie den Text mit den Verben in den Klammern.

UNA GIORNATA NO DI CATERINA

(Essere) ________________ una giornata terribile. Ieri sera (fare) ________________ le ore piccole e questa mattina naturalmente (svegliarsi) ________________ tardi. Quando tutto comincia male! (Alzarsi) ________________ e sono corsa in bagno. (Lavarsi) ________________ la faccia e i denti, (pensare) ________________ di prendere la bicicletta per fare prima, ma dopo i primi 500 metri (sgonfiarsi) ________________ una ruota! (Lasciare) ________________ la bici per strada e (mettersi) ________________ a correre verso la fermata dell'autobus. Naturalmente quando (arrivare) ________________ era già passato da un minuto e ho dovuto aspettare altri 15 minuti. Sull'autobus (sedersi) ________________ sull'unico posto libero e (chiudere) ________________ gli occhi. Dopo un po' (accorgersi) ________________ che in piedi vicino a me c'era una anziana signora. (Avvicinarsi) ________________ a due centimetri dalla mia faccia e mi ha detto: "Signorina! Non sa leggere? Questo posto è riservato agli anziani! Lei pensa di essere un'anziana!?" (scusarsi) ________________ e (alzarsi) ________________ in fretta lasciando sedere la gentile signora. (Scendere) ________________ dall'autobus e (precipitarsi) ________________ verso l'ufficio (Cercare) ________________ inutilmente nell'atrio indicazioni della stanza 501. Alla fine un ragazzo mi ha detto che la stanza 501 non esiste più e che ora è la stanza D05 al sesto piano. Non ho perso tempo, (vedere) ________________ che l'ascensore era pieno e (prendere) ________________ le scale. Al quarto piano (inciampare) ________________ in uno scalino, non (farsi) ________________ troppo male ma (rompersi) ________________ un tacco della scarpa. Zoppicando (arrivare) ________________ finalmente nell'ufficio del direttore per il mio colloquio di lavoro. (sedersi) ________________ sulla sedia e non (dire) ________________ una parola!

16. Ergänzen Sie die Verben *dovere, potere, volere* im *passato prossimo*.

1. Ieri non sono venuto perché ________________ lavorare fino a tardi.
2. Il direttore non ________________ darmi un permesso, e così sono uscito tardi.
3. Io non ________________ uscire perché sono stato malissimo tutta la sera.
4. Scusa il ritardo, ma ________________ andare con mia madre dal dottore.
5. Scusa il ritardo, ma il direttore ________________ parlarmi, e io ________________ ascoltarlo per due ore.
6. È tardi, lo so, ma purtroppo non ________________ prendere la macchina.
7. ________________ partire per un mese, e ora non lamentarti se non hai più soldi.

17. Setzen Sie die fehlenden Formen in die Tabelle der Verben im *passato prossimo* ein.

	voler parlare	voler andare	poter scrivere	poter venire	dover vedere	dover partire
io		sono voluta / o andare				
tu				sei potuta / o venire		
lei					ha dovuto vedere	
noi						
voi						
loro						

18. Schreiben Sie eine SMS und die Antwort darauf für die folgenden Gelegenheiten.

1. Invito a cena
2. Chiedere un favore
3. Salutare dalle vacanze
4. Scusarsi per aver dimenticato un appuntamento

1

2

3

4

Test

1. ________ episodio in un paesino del Sud.
a. ☐ Incredibile
b. ☐ Impossibile
c. ☐ Vero

2. Trova un sinonimo di *è successo:*
a. ☐ è stato
b. ☐ è accaduto
c. ☐ è detto

3. Ha svoltato a sinistra e ________ si è trovato sulla scalinata.
a. ☐ prima
b. ☐ per finire
c. ☐ così

4. Un sinonimo di *quindi:*
a. ☐ allora
b. ☐ dunque
c. ☐ perché

5. Io ________ salito su di corsa.
a. ☐ ho
b. ☐ sono
c. ☐ è

6. Qual è il verbo che ha il participio intruso?
a. ☐ ridere
b. ☐ parlare
c. ☐ decidere

7. Qual è il verbo che ha il participio intruso?
a. ☐ aprire
b. ☐ vedere
c. ☐ scoprire

8. Il ladro è entrato *di certo* dalla porta.
a. ☐ veramente
b. ☐ sicuramente
c. ☐ evidentemente

9. Per esprimere dubbio usiamo l'avverbio:
a. ☐ solamente
b. ☐ probabilmente
c. ☐ certamente

10. Incontrate un amico con una faccia strana e...
a. ☐ Ehi, Marco! Cosa hai fatto ieri?
b. ☐ Ehi, Marco! Cosa ti è successo?
c. ☐ Ehi, Marco! Cosa fai oggi?

11. Stamattina Margherita ________.
a. ☐ si è svegliato presto
b. ☐ si ha svegliato presto
c. ☐ si è svegliata presto

12. Sai che ho vinto una macchina?
a. ☐ Che peccato!
b. ☐ Davvero?
c. ☐ Capitano tutte a te!

13. Purtroppo non ho passato l'esame.
a. ☐ Fantastico!
b. ☐ Ma pensa!
c. ☐ Accidenti!

14. Perché non ________ venire al cinema con noi?
a. ☐ hai potuto
b. ☐ sei voluto
c. ☐ hai dovuto

15. Perchè non sei venuto ieri alla festa?
a. ☐ Purtroppo ho dovuto studiare.
b. ☐ Forse la prossima volta.
c. ☐ Perché come è stata?

16. Un sinonimo di *smartphone:*
a. ☐ telefono portatile
b. ☐ telefono tascabile
c. ☐ telefonino

VALUTAZIONE

100 % – 80 %	70 % – 50 %	40 % – 0 %
Bravissimo / a!	Ripeti le parti nelle quali sei meno ferrato	Ripassa bene la lezione: grammatica, lessico e fraseologia

Glossario

TÄTIGKEITEN

accadere	geschehen
apparire	erscheinen
baciarsi	sich küssen
cadere	fallen
denunciare	anzeigen
frenare	bremsen
guidare	(Auto) fahren
lavarsi	sich waschen
perdere	verlieren
presentare	präsentieren
pubblicare	veröffentlichen
rompersi	sich (etwas) brechen
salire	einsteigen
sbagliare	Fehler machen
sbattere	auf- und zuschlagen
scendere	aussteigen
succedere	geschehen
suonare	klingeln
uccidere	töten
vincere	gewinnen

KOMMUNIKATION

articolo	(Zeitungs-)Artikel
cellulare (m)	Handy
cronaca	Nachrichten(-teil)
fatto	Ereignis
giornale (m)	Tageszeitung
mandare un sms	eine SMS schicken
mandare una email	eine E-Mail schicken
messaggio	Nachricht
notizia	Nachricht
notizia di cronaca	Lokalnachricht
racconto	Erzählung
radio giornale	Radionachrichten
scrivere un sms	eine SMS schreiben
telefonata	Telefonat
telefonino	Handy
titolo	Überschrift

ZEITADVERBIEN UND ADVERBIEN DER ART UND WEISE

all'improvviso	plötzlich
certamente	sicher
comodamente	bequem
d'un tratto	auf einmal
forse	vielleicht
fortemente	stark
improvvisamente	unvermittelt
lentamente	langsam
probabilmente	wahrscheinlich
rumorosamente	geräuschvoll
silenziosamente	leise
subito	sofort
totalmente	völlig
tranquillamente	ruhig
velocemente	schnell

EIGENSCHAFTEN VON EREIGNISSEN

comico	komisch
incredibile	unglaublich
misterioso	geheimnisvoll
romantico	romantisch
singolare	einzigartig
strano	seltsam
urgente	dringend

9

Momenti indimenticabili

1. Lesen Sie die Antworten und formulieren Sie die möglichen Fragen.

1. ● ____?
   ● Il momento più triste della mia infanzia è stato quando abbiamo cambiato casa, perché non conoscevo nessuno a Roma e mi sono sentito solo per molto tempo.

2. ● ____?
   ● Mi ricordo volentieri quando la domenica la mamma mi comperava il gelato con tre gusti.

3. ● ____?
   ● Beh, molte persone sono state importanti... a parte i miei genitori forse anche zia Matilda che mi ha insegnato a suonare il clarinetto.

4. ● ____?
   ● Per me era importante poter giocare sempre fuori, tra i prati. È una cosa a cui penso spesso e ho dei ricordi bellissimi dei pomeriggi di giochi all'aperto.

5. ● ____?
   ● Guarda, il ricordo più brutto è quello del primo giorno di scuola. Siamo arrivati in ritardo, tutti erano già in classe e io morivo dalla vergogna!

2. Ordnen Sie zu.

1. ☐	frequentare	a. un'università privata
2. ☐	fare	b. un maestro
3. ☐	interrogare	c. un risultato
4. ☐	dare	d. un brutto voto
5. ☐	essere	e. un alunno
6. ☐	avere	f. un'interrogazione
7. ☐	ricevere	g. un corso
8. ☐	sostenere	h. una prova
9. ☐	iscriversi ad	i. una relazione

3. Fügen Sie die fehlenden Formen des Imperfekts der Verben in die Tabelle ein.

	io	tu	lui / lei / Lei	noi	voi	loro
andare	andavo					
prendere		prendevi				
partire			partiva			
fermarsi				ci fermavamo		
chiudere					chiudevate	
finire						finivano

4. Ergänzen Sie die passende Imperfektform der Verben.

Quando (essere) ____________________ piccolo (andare) ____________________ in vacanza in una casa di campagna nel sud d'Italia. (Partire) ____________________ con mia madre, mio padre e mia sorella con la macchina e (arrivare) ____________________ dopo un viaggio di sole due ore. A me però (sembrare) ____________________ un viaggio lunghissimo ed (essere) ____________________ sempre emozionatissimo. Mia madre (preparare) ____________________ le valigie due giorni prima. (innaffiare) ____________________ le piante, (chiudere) ____________________ tutte le finestre, (spegnere) ____________________ il frigorifero e (preparare) ____________________ i panini per il viaggio. Il giorno della partenza mio padre (caricare) ____________________ tutto sulla nostra vecchia macchina FIAT 1100. Io e mia sorella (sedersi) ____________________ sul sedile posteriore con il gatto. Durante il viaggio (fermarsi) ____________________ per fare merenda. Io (guardare) ____________________ dal finestrino, (osservare) ____________________ gli alberi nei campi, il sole al tramonto, (ascoltare) ____________________ la voce di mia madre che (avere) ____________________ sempre qualcosa da dire. Da allora ho fatto tanti viaggi nella mia vita, ma nessuno mi è mai sembrato così ricco di emozioni. In fondo bastava così poco per essere felici.

5. **Schauen Sie sich die Fotografien von Venedig damals und heute an. Fahren Sie mit den Beschreibungen fort.**

Venezia

Ci sono turisti dappertutto e rumore di traghetti e vaporetti. I canali sono pieni d'acqua verde.

Ci sono negozi di souvenir con oggetti di tutti i tipi. A ogni angolo un museo o una mostra d'arte di cinema, letteratura.

In passato non c'erano molti turisti ...

6. **Ordnen Sie die Personenbeschreibungen den Bildern und die Teile der Beschreibungen den richtigen Spalten der folgenden Tabelle zu.**

A

B

1

Ho incontrato… un uomo molto alto, spalle larghe, muscolose. Aveva delle belle mani, lunghe e curate. Il viso era interessante, gli occhi erano grandi e di un marrone molto scuro, il naso dritto e le labbra piene ed un accenno di barba. L'espressione del viso era allegra. I capelli erano scuri, corti e ricci.

2

Aveva un aspetto simpatico, non era molto alto, anzi abbastanza basso, non era nemmeno snello, forse un po' grassottello. I capelli erano biondo scuro, li portava un po' lunghi. Aveva però un viso davvero simpatico, due occhi azzurri che sorridevano sempre, un naso un po' irregolare, una bocca piena e sorridente. Il mento era deciso ed aveva una simpatica fossetta sulla guancia destra quando sorrideva.

statura	**parti del corpo**	**espressione del viso**	**capelli**

7. Ergänzen Sie die Dialoge mit den Verben in den Klammern im Imperfekt oder im *passato prossimo*.

1. ● Quando (arrivare) ____________ Mauro?
   ● Dieci minuti fa, non l'hai sentito?

2. ● Che ricordi hai dell'università?
   ● Beh, (frequentare) ____________ l'università per 5 anni ed (essere) ____________ un po' pigro. Infatti il voto finale non (essere) ____________ proprio superlativo.

3. ● Come mai (tu – arrivare) ____________ con tanto ritardo?
   ● Scusa, (aspettare) ____________ dalle 16 alle 17 mia madre e non (accorgersi) ____________ del tempo che passava.

4. ● Quando (io – essere) ____________ piccola, (abitare) ____________ in campagna.
   ● E quando (voi – trasferirvi) ____________ in città?
   ● (noi – vivere) ____________ dal 2000 al 2008 in un paesino e poi (andare) ____________ a Roma.

5. ● Quando (Lei – conoscere) ____________ suo marito?
   ● Ah, noi (conoscersi) ____________ già dal tempo della scuola. (Essere) ____________ vicini di casa.

8. Vervollständigen Sie die Tabelle.

	cercare	volere	bere	dire	fare	venire
io	cercavo			dicevo		
tu			bevevi		facevi	venivi
lui / lei / Lei		voleva				
noi				dicevamo		venivamo
voi	cercavate				facevate	
loro			bevevano			

9. Ergänzen Sie die fehlenden Präpositionen.

Ricordi di scuola

Ho cominciato le superiori ___________ 1985. ___________ me è stato un bel periodo, avevo poca voglia ___________ studiare e le ragazze e gli amici mi interessavano più dei libri. Ho fatto la maturità cinque anni dopo ___________ 1990. All'università però mi sono iscritto solo ___________ agosto ___________ 1992, perché dopo la maturità ho deciso di passare un anno in Messico dove ho dei parenti. Ricordo benissimo il giorno ___________ tesi. La discussione è stata ___________ luglio 1996, , un luglio caldissimo, e io mi scioglievo ___________ caldo e dalla paura. È andato tutto bene. Ho concluso ___________ il massimo dei voti e come premio mi sono concesso una lunghissima vacanza. Pagata ___________ miei genitori, naturalmente!

10. Ergänzen Sie die Dialoge mit den Verben in den Klammern im Imperfekt oder im *passato prossimo*.

1. ● Ragazzi, cosa (fare) ____________________ mentre (io - essere) ____________________ in ufficio?
   ● Niente di particolare. (Studiare) ____________________ un po' e (giocare) ____________________.
2. ● Sai chi (noi - incontrare) ____________________ mentre (fare) ____________________ una passeggiata?
   ● No, chi?
   ● Luca, un nostro vecchio amico di scuola, ti ricordi di lui?

3. ● Mentre (io – fare) ____________________ sport, (cadere) ____________________ e (farsi) ____________________ male.
   ● Oh, poverina! Mi dispiace.

4. ● Come hai conosciuto il tuo ragazzo?
   ● All'università. Mentre (cercare) ____________________ di seguire la lezione, (sentire) ____________________ dietro di me due occhi che mi fissavano. Poi, dopo la lezione, mi (offrire) ____________________ qualcosa al bar. La nostra storia (cominciare) ____________________ così.

5. ● Mentre (io – cucinare) ____________________ (squillare) ____________________ il telefono. Così (dimenticare) ____________________ la carne sul fuoco e…
   ● E cosa (voi – mangiare) ____________________?
   ● (noi – andare) ____________________ in pizzeria.

11. Ergänzen Sie den Dialog mit den angegebenen Verben im Imperfekt oder im *passato prossimo*. Sie stehen bereits in der richtigen Reihenfolge.

succedere • andare • avere • andare • avere • fermarsi • perdere • volere • chiamare • arrivare • esserci • aspettare • rompersi

● Ciao, Laura che ti ____________________?
● Oh, oggi ____________________ tutto storto, ____________________ un problema dopo l'altro.
● Davvero!? Racconta!
● Beh, mentre ____________________ in ufficio, ____________________ un incidente con un tipo che ____________________ all'improvviso. Niente di grave, ma ____________________ un'ora, perché lui ____________________ dare a me la colpa dell'incidente.
● E poi?
● E poi ____________________ in ufficio per avvertire del ritardo. Quando ____________________, ____________________ un sacco di persone che ____________________ e alla fine, il computer ____________________.
● Che giornata!
● Eh sì. Da dimenticare!

12. *Passato prossimo* oder Imperfekt?

L'anno scorso (ho deciso/decidevo) di fare una vacanza studio perché (ho voluto/volevo) perfezionare il mio inglese. Così ho prenotato un viaggio per l'Inghilterra. Il giorno della partenza (mi sono alzata/mi alzavo) prestissimo, (sono uscita/uscivo) di casa e sono andata alla fermata dell'autobus. (Ho aspettato e aspettato/aspettavo e aspettavo), ma dell'autobus neanche l'ombra. Dopo circa 45 minuti (ho chiesto/chiedevo) ad un signore che (è passato/passava) di lì, informazioni e lui mi (ha risposto/rispondeva) che (c'è stato/c'era) lo sciopero dei mezzi pubblici. Allora (ho chiamato/chiamavo) un taxi, ma (sono stati/erano) tutti occupati. (Ho deciso/Decidevo) di fare la strada a piedi. (Ho camminato/Camminavo) per un'ora e quando (sono arrivata/arrivavo) all'aeroporto le rotelline della valigia (sono state/erano) rotte. (Sono corsa/Correvo) al banco del check-in. (C'è stata/C'era) una fila lunghissima, (ho chiesto/chiedevo) di passare avanti e per fortuna (ci sono state/c'erano) persone gentili. La signorina (ha guardato/guardava) la mia faccia e mi (ha mostrato/mostrava) il passaporto: era scaduto da un anno. Triste (sono tornata/tornavo) a Milano e (sono andata/andavo) in Comune per fare un nuovo documento. Dopo pochi minuti (mi hanno dato) la mia nuova carta d'identità.
Il giorno dopo mi sono alzata di nuovo prestissimo e (ho ricominciato/ricominciavo) tutto. Sono arrivata a Londra e naturalmente non (c'è stato/c'era) nessuno ad aspettarmi. Nella scuola non (ho fatto/facevo) il test perché ero in ritardo e mi (hanno messo/mettevano) nella classe con meno studenti. Quando (sono entrata/entravo) la lezione era già cominciata, (ho guardato/guardavo) i miei compagni e improvvisamente (ho visto/vedevo) lui, che un anno dopo (è diventato/diventava) mio marito.

13. Fügen Sie in die Tabelle die fehlenden Possessivpronomen und Verwandtschaftsbezeichnungen ein.

femminile singolare	maschile singolare	femminile plurale	maschile plurale
mia figlia	________ figlio		
________ sorella	________ fratello		
		le sue cugine	
			i nostri zii
vostra nonna	________	________	________
	il loro nipote		

14. Ergänzen Sie die Possessivpronomen. Achten Sie darauf, ob der Artikel benötigt wird.

Mi ricordo che quando ero piccolo andavo spesso in vacanza da ____________________ nonna. La nonna Amalia viveva in una fattoria lungo il Po e con lei viveva ancora ____________________ figlio minore, ____________________ zio Paolo, con ____________________ figli. Con loro mi divertivo sempre tantissimo. Ogni giorno andavamo a fare il bagno nel Po. ____________________ cugini Bianca e Franco avevano un bellissimo gommone giallo e tutti e tre giocavamo ai pirati! Mi ricordo che un giorno ____________________ nonni hanno preparato un falò lungo la riva e che abbiamo festeggiato insieme fino a tarda notte. Quando tornavo a casa, ____________________ amici mi chiedevano sempre che cosa avevo fatto e io gli raccontavo ____________________ avventure.

15. Lesen Sie die Biographie einer berühmten italienischen Schauspielerin.

La Gina nazionale. Un mito italiano. Gina Lollobrigida nasce il 4 luglio 1927 a Subiaco in provincia di Roma in una famiglia di modeste condizioni. Vive per un certo periodo nella sua città natale e poi con i suoi genitori e le sue sorelle si trasferisce nella capitale. Gina dimostra ben presto di avere molti talenti: non è solo bellissima, ama il bel canto (è un ottimo soprano lirico), la pittura e la scultura. Ancora giovanissima si iscrive all'accademia delle Belle Arti e sogna di diventare scultrice. Ma la sua bellezza non passa inosservata, molto spesso la fermano per strada e le offrono piccoli ruoli nei film. Nel frattempo partecipa ad alcuni concorsi di bellezza, e nel 1947 arriva terza a Miss Italia. Il cinema le apre le porte. La grande popolarità arriva nel 1953 con il film Pane, amore e fantasia che l'anno successivo vince l'Orso d'Oro a Berlino e che le procura la nomina a "migliore attrice straniera" da parte della British Academy Awards. Nel corso della sua carriera la Lollo gira circa sessanta film. Ma il cinema non le basta e a un certo punto lo abbandona per dedicarsi alle sue vere passioni: la scultura e la fotografia.

16. Ergänzen Sie die Fragen zu den Antworten.

1. ____? Nel 1927.
2. ____? Prima a Subiaco e poi a Roma.
3. ____? Era bellissima.
4. ____? Diventare scultrice.
5. ____? Pane, amore e fantasia.
6. ____? Circa sessanta film.
7. ____? Per dedicarsi alle sue vere passioni.

Test

1. L'ho conosciuto quando ________ l'università.
a. ☐ ho frequentato
b. ☐ abbiamo frequentato
c. ☐ frequentavo

2. Quando ti sei laureato?
a. ☐ In 1997
b. ☐ Nel 1997
c. ☐ Al 1997

3. Durante un esame il professore...
a. ☐ interroga lo studente.
b. ☐ chiacchiera con lo studente.
c. ☐ intervista lo studente.

4. Ieri ________ i risultati dell'esame.
a. ☐ sapevo
b. ☐ ho saputo
c. ☐ sapevamo

5. Ieri ________ per tre ore.
a. ☐ leggevo
b. ☐ ho letto
c. ☐ leggo

6. È arrivato mentre ________ .
a. ☐ ho studiato
b. ☐ studiavo
c. ☐ studio

7. Da bambina, ________ con la mia famiglia al mare.
a. ☐ andavo
b. ☐ tornavamo
c. ☐ siamo andati

8. Mentre dormivo all' improvviso ________ un rumore.
a. ☐ ho sentito
b. ☐ sento
c. ☐ sentivo

9. Chiedete al vostro compagno la data della maturità.
a. ☐ Hai fatto la maturità?
b. ☐ Quante volte hai fatto la maturità?
c. ☐ Quando hai fatto la maturità?

10. Il contrario di alto è:
a. ☐ grasso
b. ☐ snello
c. ☐ basso

11. I capelli possono essere lisci, ricci o ________ .
a. ☐ a sventola
b. ☐ ondulati
c. ☐ capricciosi

12. Una persona spensierata è ________ .
a. ☐ pensierosa
b. ☐ triste
c. ☐ allegra

13. Questa sono io con ________ genitori.
a. ☐ miei
b. ☐ i miei
c. ☐ nostri

14. Volete sapere la data di nascita di un amico.
a. ☐ Quando sei nato?
b. ☐ Quando nascevi?
c. ☐ Quando è il tuo compleanno?

15. Informatevi sul primo incontro dei vostri genitori.
a. ☐ Dove vi conoscevate?
b. ☐ Dove e come vi siete conosciuti?
c. ☐ Vi conoscete bene?

16. Volete sapere qual è il ricordo più bello di un amico.
a. ☐ Hai un ricordo?
b. ☐ Ti ricordi qualcosa di bello?
c. ☐ Qual è il tuo ricordo più bello?

VALUTAZIONE

100 % – 80 %	**70 % – 50 %**	**40 % – 0 %**
Bravissimo / a!	Ripeti le parti nelle quali sei meno ferrato	Ripassa bene la lezione: grammatica, lessico e fraseologia

Glossario

AUSSEHEN

alto	groß
basso	klein
capelli castani / biondi / neri	braune / blonde / schwarze Haare
capelli ricci / ondulati / lisci	gelockte / wellige / glatte Haare
esile	schmächtig
grasso	dick
magro	schlank
robusto	kräftig
snello	schlank

KÖRPERTEILE

barba	Bart
bocca	Mund
braccio	Arm
capelli (m pl)	Haare
faccia	Gesicht
naso	Nase
occhio	Auge
orecchio	Ohr
schiena	Rücken
viso	Gesicht

TÄTIGKEITEN

ammalarsi	krank werden
cambiare	verändern
conoscersi	sich kennenlernen
consegnare	abgeben
innamorarsi	sich verlieben
ricordare	erinnern
rivedersi	sich wiedersehen
sorridere	lächeln
sposarsi	heiraten

PERSÖNLICHE BEZIEHUNGEN

cognato	Schwager
cognata	Schwägerin
cugina	Cousine
nuora	Schwiegertochter
suocero	Schwiegervater
suocera	Schwiegermutter
compagno	Kamerad
cugino	Cousin
figlia	Tochter
figlio	Sohn
fratello	Bruder
genitori (m pl)	Eltern
la mia ragazza / il mio ragazzo	feste Freundin / fester Freund
madre	Mutter
marito	Ehemann
matrimonio	Hochzeit
nipote (m / f)	Enkel / Neffe
nonni (m pl)	Großeltern
padre	Vater
parente	Verwandter
partner (m / f)	Lebensgefährte / -in
sorella	Schwester
sposi (m pl)	Hochzeitspaar
zia	Tante
zio	Onkel

STUDIUM

dare un esame	ein Prüfung ablegen
esame di maturità (m)	Abitur
esperienza	Erfahrung
fare la maturità	Abitur machen
interrogazione (f)	Prüfung
secchione (m)	Streber

10

In giro per negozi

1. Wie sind die Personen gekleidet?

1. ______________________________
____
2. ______________________________
____
3. ______________________________
____
4. ______________________________
____
5. ______________________________
____
6. ______________________________
____
7. ______________________________
____
8. ______________________________
____

Lei porta . . .

—1— —2— —3— —4—

Lui indossa . . .

—5— —6— —7— —8—

2. Wählen Sie die jeweils richtige Präposition aus.

un vestito		sera
una giacca		pelle
una gonna		quadretti
una camicia	a	righe
un vestito	di	sposa
una maglietta	da	fiori
un abito		cotone
una borsa		plastica
un vestito		pois
delle scarpe		ginnastica

3. Ergänzen Sie die Minidialoge. Benutzen Sie die untenstehenden Wörter.

Le vanno • mi sta • Le va • Le sta • Le vanno

1. ● Come ____________________ questo pullover?
   ● Sinceramente il colore non fa per te.
2. ● Come ____________________ i pantaloni?
   ● Mi vanno un po' larghi. Si possono stringere?
3. ● Come ____________________ la giacca, signora?
   ● Mi piace, ma mi va un po' stretta sulle spalle. Si può allargare?
4. ● Come ____________________ il completo?
   ● Bene, ma non mi piace il disegno, lo preferirei in tinta unita.
5. ● Come ____________________ le scarpe.
   ● Perfetto, sono il mio numero!

4. Vervollständigen Sie den Dialog mit den passenden Pronomen.

● Buongiorno Signora, in cosa posso aiutar ____________________?
● ____________________ servirebbe un vestito elegante per un matrimonio.
● Che taglia porta?
● La 44.
● ____________________ preferisce di cotone o di seta?
● Guardi non ho idea al momento. ____________________ cosa ____________________ consiglia?
● ____________________ suggerirei questo di cotone: è più leggero. Di che colore ____________________ preferisce?
● Mah! Forse questo azzurro non è male. ____________________ provo. Dove sono i camerini?
● Lì in fondo. ____________________ accompagno.
● Grazie.
● Come ____________________ sta?
● ____________________ va un po' lungo. Si può accorciare.
● Naturalmente. Non ci sono problemi.

5. **Ergänzen Sie die Verbformen im Konditional.**

	lavorare	prendere	sentire
io	lavor-	prend-	sent-
tu			
lui			
noi			
voi			
loro			

6. **Ergänzen Sie die Tabelle der Verbformen im Konditional.**

	io	tu	lui / lei / Lei	noi	voi	loro
andare	andrei					
vedere		vedresti				
fare			farebbe			
dire				diremmo		
venire					verreste	
finire						finirebbero
potere	potrei					

7. Vervollständigen Sie die Sätze und lösen Sie das Kreuzworträtsel.

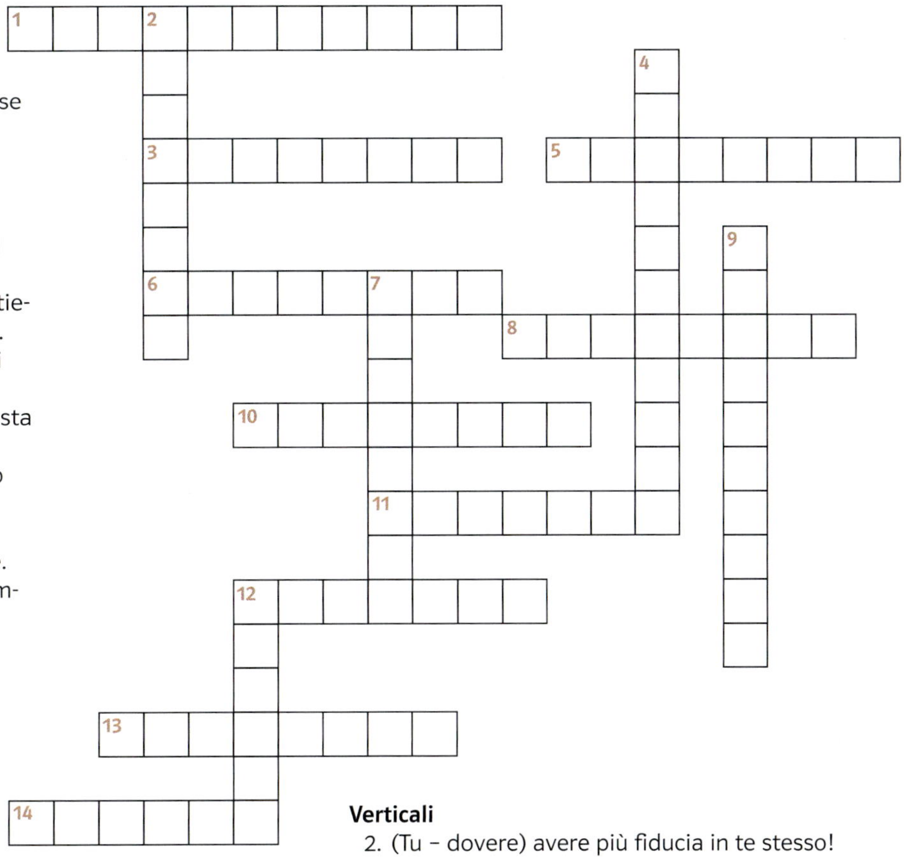

Orizzontali

1. Mi (tu - tradurre) questa frase in tedesco, per favore?
3. (Io - rimanere) volentieri a casa!
5. (Tu - volere) un caffè?
6. Mi (tu - tenere) per favore il gatto per il fine settimana?
8. Che sete! (Noi - bere) volentieri una coca cola freddissima.
10. (Venire) volentieri anche noi alla festa!
11. (Essere) bello abitare in questa città!
12. (Tu - avere) per caso 10 euro da prestarmi?
13. (Noi - potere) aprire la finestra, qui fa un caldo terribile.
14. (Io - vivere) volentieri in campagna.

Verticali

2. (Tu - dovere) avere più fiducia in te stesso!
4. (Voi - cercare) di fare un po' più di silenzio! Qui c'è gente che dorme.
7. (Voi - sapere) dirmi dov'è la farmacia più vicina?
9. Al posto di Marco, (io - cominciare) a studiare. Ha l'esame la prossima settimana.
12. (Io - andare) volentieri in vacanza!

8. Welchen Kommunikationsfunktionen dienen die folgenden Ausdrücke? Ordnen Sie sie der richtigen Spalte zu.

Ti dispiacerebbe... • Le dispiacerebbe... • Potresti... • Mi piacerebbe... • Vorrei... • Mi farebbe piacere... • Potrebbe... • Desidererei... • Sarebbe così gentile da... • Dovresti... • Sarebbe meglio per te... • Al posto tuo, io... • Avrei bisogno di...

esprimere un desiderio	chiedere in modo gentile	dare un consiglio
	ti dispiacerebbe...	

9. Betrachten Sie die Fotos und formulieren Sie vier Wünsche für jedes Bild.

Vorrei ______________________________

Sarebbe bello ______________________________

Mi piacerebbe ______________________________

10. Wie kann man ...?

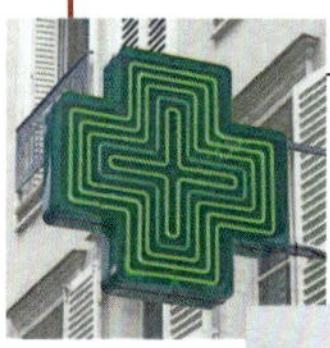

a. ...chiedere la strada per una farmacia.

b. ...chiedere a un vicino di prestarvi delle uova.

c. ...chiedere al vicino in treno di non fumare.

d. ...chiedere a un amico la macchina in prestito

11. Vervollständigen Sie die Dialoge mit den untenstehenden Ausdrücken.

potrebbe • sarebbe meglio • sembrerebbe • non sarebbe male • dovrebbero

1. ❯ Che ore sono?
   ❯ Non lo so. ____________________ già essere l'una.
2. ❯ Cos'è questo strano rumore?
   ❯ Mah! ____________________ fare un controllo alle gomme
3. ❯ Telefoniamo a Marco e Marina?
   ❯ Mah, sì. ____________________ essere già a casa a quest'ora.
4. ❯ Cos'è quella cosa bianca che si muove?
   ❯ ____________________ un gatto, ma è troppo piccolo.
5. ❯ Le compriamo una maglietta?
   ❯ ____________________ prenderle una borsa. Non sappiamo la sua taglia.

12. Welchen Rat würden Sie einer Freundin / einem Freund in den folgenden Situationen geben?

1. È stufo del proprio lavoro.
   Dovresti parlarne con il direttore, e chiedergli di cambiare ufficio.
   Al posto tuo cercherei un altro lavoro, è già troppo tempo che sopporti la situazione.
   Oggi non è facile trovare lavoro, io mi accontenterei e guarderei gli aspetti positivi!
2. È stato invitato al matrimonio del suo capo e non ha i soldi per il regalo.
   ____
   ____
   ____
3. È al ristorante per una cena di lavoro e vede entrare sua moglie con uno sconosciuto.
   ____
   ____
   ____
4. Ha conosciuto un / a ragazzo / a ad una festa e non sa come rintracciarlo / a per un appuntamento.
   ____
   ____
   ____

13. **Lesen Sie die beiden Briefe an die Ratgeberecke einer Zeitung. Wählen Sie einen aus und antworten Sie mit Ratschlägen.**

??? LA POSTA DEL CUORE !!!

laDonna 58

Siamo qui per voi!

Sono una ragazza di 26 anni di bell'aspetto, diplomata all'ISEF e impiegata come segretaria in un'impresa privata. Sono fidanzata da 8 anni con un ragazzo della mia stessa età, il quale mi ama da impazzire. Ora però mi sono innamorata di un'altra persona: il fidanzato della sorella del mio ragazzo. Tutto è cominciato durante le vacanze estive, il nostro rapporto di amicizia si è trasformato sempre di più in qualcosa d'importante ed è diventato amore per entrambi. Da 7 mesi ci frequentiamo di nascosto e siamo molto felici ma non sappiamo proprio come comportarci con i nostri rispettivi fidanzati. Cosa dovrei fare? *Paola, Savona*

Sono uno studente universitario di 23 anni. Ho sempre avuto grosse difficoltà nei rapporti con gli altri perché sono insicuro e timido. Qualche tempo fa ho provato, per curiosità, ad entrare in una chat-room e ho scoperto un mondo nuovo. In internet è facile conoscere molte persone e finalmente mi sento sicuro di me e accettato dagli altri. Questo però mi ha portato ad essere ancora più chiuso con la gente "vera" e la sola cosa che mi interessa è sedermi davanti al computer per molte ore e dimenticare i miei problemi. Ho paura di non essere capace di vivere la vita reale, vorrei un consiglio per favore. *Claudio, Venezia*

A

Cara Paola,
certo che la situazione non è facile. Io al posto tuo… ____________________

____

____

____

____

____

____

____

____

____

B

Caro Claudio,

____

____

____

____

____

____

____

____

____

____

____

14. Ergänzen Sie mit *che* oder *cui* und falls nötig mit der Präposition.

1. Gli inquilini ____________________ abitano nell'appartamento accanto sono molto simpatici.
2. Il film ____________________ ti ho parlato è molto interessante.
3. La persona ____________________ ho parlato non ha saputo dirmi niente.
4. Il medico ____________________ sono stato è molto bravo.
5. Nella zona ____________________ abito c'è molto verde.
6. La ditta ____________________ lavoro esporta i suoi prodotti in tutto il mondo.
7. La città ____________________vivo è molto rumorosa.
8. Gli amici ____________________ andiamo a trovare hanno una casa al mare.
9. È una persona ____________________ sto bene.
10. Ecco i libri ____________________ ti ho parlato e ____________________ ti avevo promesso.

15. Verbinden Sie die Sätze.

1. È questo il vestito 2. Il problema 3. La persona 4. Non è una persona 5. Il ragazzo 6. Può uscire solo 7. Al giorno d'oggi 8. La ragione 9. Ho acquistato dei pantaloni 10. Dobbiamo parlare	**(–)** **di** **con** **per**	**che** **cui** **chi**	metti stasera? ti parlavo ieri l'ho risolto. ti ho appena presentato è il nuovo professore di storia. puoi fidarti. sei uscita ieri sera è mio cugino. ha già consegnato il test. non è vestito trendy non è considerato. ti ho chiamato è che ho bisogno del tuo aiuto. erano in saldo. ha organizzato il convegno.

16. Vervollständigen Sie die E-Mail mit den passenden Artikeln, Präpositionen und Substantivendungen.

Ciao Sara

Caro Marco,

ho ________________ problem __________. Devo consegnare ________________ tes __________ di anatomia la settimana prossima. Il mio computer è fuso e non riesco ad aprire i file con tutte ________________ diagnos __________ spiegate dal professore durante le lezioni. Ho anche bisogno di ________________ sintes __________ dei dati statistici per l'esame di anatomia. Quali sono ________________ tuoi programm __________ per il fine settimana? Posso usare il tuo computer?

Aspetto la tua mail!

Francesco

Test

1. **Buongiorno signore, in cosa posso esser _________ utile?**
   a. ☐ La
   b. ☐ ti
   c. ☐ Le

2. **È una bella cravatta _________ righe.**
   a. ☐ di
   b. ☐ da
   c. ☐ a

3. **Devo comprare delle scarpe _________ tennis nuove.**
   a. ☐ a
   b. ☐ di
   c. ☐ da

4. **Come fare a chiedere in modo gentile:**
   a. ☐ Al posto tuo io…
   b. ☐ Sarebbe meglio…
   c. ☐ Potresti…

5. **Volete dare un consiglio a un amico:**
   a. ☐ Forse, potresti…
   b. ☐ Mi farebbe piacere…
   c. ☐ Ti dispiacerebbe…

6. **Quale espressione è la più formale?**
   a. ☐ Puoi portare il conto, per favore?
   b. ☐ Il conto, per favore.
   c. ☐ Potrebbe portare il conto, per favore?

7. **Che ore sono? – Non ho l'orologio ma…**
   a. ☐ sono le due.
   b. ☐ forse sarebbero le due.
   c. ☐ dovrebbero essere le due.

8. **Un sinonimo di *comprare***
   a. ☐ fare spese
   b. ☐ acquistare
   c. ☐ prendere

9. **Cosa significa: *griffato*?**
   a. ☐ arrabbiato
   b. ☐ alla moda
   c. ☐ nuovo

10. **La persona _________ ho parlato è mio zio.**
    a. ☐ con chi
    b. ☐ che
    c. ☐ con cui

11. **Il negozio _________ ho comprato questo vestito è vicino a casa tua.**
    a. ☐ in che
    b. ☐ a cui
    c. ☐ in cui

12. **Per il prossimo compleanno _________ un computer. Me lo regali?**
    a. ☐ mi compro
    b. ☐ vorrei
    c. ☐ sarebbe bello

13. **Potresti darmi _________ ?**
    a. ☐ la mano
    b. ☐ due mani
    c. ☐ una mano

14. **(Tu) _________ fare più sport!**
    a. ☐ Dovresti
    b. ☐ Vorresti
    c. ☐ Potresti

15. **Purtroppo _________ programma non funziona.**
    a. ☐ la tua
    b. ☐ i tuoi
    c. ☐ il tuo

16. **Abbiamo _________ problema**
    a. ☐ una grande
    b. ☐ un grande
    c. ☐ dei

VALUTAZIONE

100 % – 80 %	70 % – 50 %	40 % – 0 %
Bravissimo / a!	Ripeti le parti nelle quali sei meno ferrato	Ripassa bene la lezione: grammatica, lessico e fraseologia

Glossario

KLEIDUNG

abbinamento	Kombination
abito	Anzug, Kleid
abito firmato / griffato	Markenanzug
camerino	Umkleidekabine
camicetta	Bluse
capo (di abbigliamento)	Kleidungsstück
costume da bagno	Badeanzug
giacca	Jacke
griffe / firma	Modelabel
maglietta	T-Shirt
maglione (m)	(dicker) Pullover
negozio	Geschäft
paio	Paar
pantaloncini (m pl)	Shorts
pantaloni (m pl)	Hosen
saldi (pl)	Schlussverkauf
scarpa	Schuh
sciarpa	Schal
taglia	Kleidergröße
vestito	Kleid, Anzug
vetrina	Schaufenster

ACCESSOIRES

borsa	Tasche
borsetta	Handtasche
cintura	Gürtel
cosmetici (m pl)	Kosmetikprodukte
gioiello	Schmuck(stück)
occhiali da sole (m pl)	Sonnenbrille

MATERIALIEN

cotone	Baumwolle
lana	Wolle
seta	Seide
tessuto	Stoff
pelle (f)	Leder

EIGENSCHAFTEN VON KLEIDUNG

a righe / a quadri	gestreift / kariert
alla moda	modisch
caldo	warm
comodo	bequem
corto	kurz
costoso	teuer
da sera / da ginnastica	Abend- / Turn-
elegante	elegant
in tinta unita	einfarbig
informale	leger
largo	weit
leggero	leicht
lungo	lang
morbido	weich
sportivo	sportlich
stretto	eng
vivace	lebhaft, lebendig

TÄTIGKEITEN

acquistare	einkaufen
aiutare	helfen
consigliare	empfehlen
fare acquisti	Einkäufe machen
fare shopping	einkaufen
fare spese	einkaufen
fare un pacchetto regalo	als Geschenk einpacken
indossare	tragen
misurare	anprobieren
provare	probieren
raggiungere un obiettivo	ein Ziel erreichen

GEFÜHLE

colpa	Schuld
desiderio	Wunsch
dolore (m)	Schmerz
felicità	Glückseligkeit
frustrazione (f)	Frustration
gioia	Freude
paura	Angst
rabbia	Wut
sentirsi brutto	sich hässlich fühlen
sentirsi certo	sich sicher fühlen
timore (m)	Furcht
tristezza	Traurigkeit
vergogna	Scham

11

Fare uno stage

1. **Setzen Sie die Briefteile an den richtigen Stellen ein.**

a. Allego il curriculum vitae
b. Mario Rossi
c. Milano, 5 novembre 2014
d. sarei lieto di incontrarLa per
e. In attesa di una sua risposta invio i miei più cordiali saluti.
f. Oggetto: Posto di assistente vendite

— MARIO ROSSI —
Via Roma, 88 · 20100 MILANO
Tel. 02 / 567890

(1) ______________________________

(2) ______________________________

Gentile Dott. Franco BIANCHI,

Con riferimento all'annuncio pubblicato su Repubblica (3) ______________________________ un colloquio di lavoro.

(4) ______________________________

____

(5) ______________________________ con il consenso al trattamento dei dati personali da me forniti in base al D.LGS. 30.06.2003 N. 196.

(6) ______________________________

2. Antworten Sie auf die Stellenanzeige, indem Sie ein Bewerbungsschreiben verfassen.

ANNUNCIO DI LAVORO
PER LA SEGUENTE SEDE

Roma per la posizione di BIBLIOTECARIO pubblicato dalla società WORKNET S.P.A.

Per rispondere a questo annuncio è importante seguire le istruzioni sotto riportate.

WorkNet S.p.A., Agenzia per il lavoro ricerca impiegati da inserire nel reparto biblioteca e che si occuperanno della gestione della documentazione dell'ufficio, nonché della gestione delle entrate ed uscite dei documenti. Si richiede: Diploma/Laurea nel settore umanistico. Esperienza precedente in biblioteche. Disponibilità immediata e Full-Time.

In riferimento all'annuncio pubblicato sul sito www.cercolavoro.it, ...

3. Welche Gruß- und Schlussformeln würden Sie benutzen? Tragen Sie die passenden Formeln in die Lücken ein.

Apertura
Egregio Dott. Salvini,
Gentile Signora Brioschi,
Caro Andrea,
Carissima Marta,
Ciao Francesca,

Congedo
Cordiali saluti
Distinti saluti
Tanti saluti
A presto
Baci

1. ______________________

come va nella tua nuova casa? Ti sei già abituato? Appena ti sei sistemato bene, veniamo a trovarti. ______

____

2. ______________________

come concordato abbiamo lasciato le chiavi al portiere. Se vuole può usare anche le biciclette. Sono in cantina. ______________________

3. ______________________

Le scrivo perché non L'ho trovata in ufficio. Le spedisco il contratto per posta domani. ______________________

____

4. **Ergänzen Sie Ihren Lebenslauf.**

Curriculum Vitae

Informazioni personali

Cognome / Nome ______________________

Indirizzo ______________________

Telefono ______________________

Cellulare ______________________

Email ______________________

Data di nascita ______________________

Luogo di nascita ______________________

Esperienza professionale

Data ______________________

Lavoro o posizione ricoperti ______________________

Datore di lavoro ______________________

Competenze personali

Madrelingua: ______________________

Lingue conosciute: ______________________

	Ascolto	Lettura	Parlato	Scrittura

5. Tragen Sie die jeweiligen Sie-Formen des Imperativs in die Tabelle ein.

evitare	leggere	dormire	fare	dire	stare	bere

6. Ergänzen Sie die Verben in den Klammern in der passenden Imperativform.

Prima del volo

La vigilia (fare) ______________ una buona notte di sonno. (non preparare) ______________ i bagagli la mattina della partenza. (arrivare) ______________ nella città di partenza il pomeriggio o la sera, in modo da farsi una notte di sonno filato. (evitare) ______________ le riunioni importanti il giorno stesso dell'arrivo. Durante il volo (spostare) ______________ le lancette sull'ora che troverà a destinazione. (dormire) ______________ e (pranzare) ______________ secondo quegli orari. (bere) ______________ molta acqua, non il caffè. Meglio non bere alcol, perché disidrata e mantiene svegli. (mangiare) ______________ leggero. Se può, (ordinare) ______________ il piatto vegetariano. Una buona cucina anti jet-lag deve contenere proteine, poco sodio ed elementi assimilabili come le fibre. (dormire) ______________ nei viaggi lunghi. (chiedere) ______________ cuscino, coperta e mascherina; (usare) ______________ i tappi per le orecchie. Per dormire meglio in aereo (togliersi) ______________ le scarpe. Dopo il volo (restare) ______________ un po' al sole. (fare) ______________ della ginnastica, ma senza esagerare. Se il tempo è coperto, (restare) ______________ un po' in camera con la luce accesa. Gli olii di menta, rosmarino, ylang-ylang ed eucalipto combattono la sensazione di stanchezza e tengono svegli.

7. **Schreiben Sie das Tiramisu-Rezept weiter.**

rompere • separare • mescolare • aggiungere • versare • frullare • montare a neve • disporre • decorare

TIRAMISU

Mmmhh...

INGREDIENTI:

5 uova, ...

PROCEDURA:

Rompete le cinque uova, ...

8. Wandeln Sie die Sie-Form des Imperativs in die Du-Form um und umgekehrt.

	Lei	tu
1.	Prego, si sieda.	
2.		È un regalo per te. Aprilo!
3.	Entri pure	
4.	Chiuda la porta, per favore	
5.		Senti, scusa dov'è la stazione?
6.		Ripeti il tuo nome, per favore, non ho capito.
7.	Mi ascolti, non serve continuare con questo progetto.	
8.		Non chiudere la finestra
9.	Mi scriva una email domani stesso.	
10.	Il cellulare non dà fastidio, non lo spenga.	
11.		Leggi questo articolo
12.	Vada pure dalla segretaria	
13.		Continua, non fermarti!

9. Einer Ihrer Freunde hat ein Vorstellungsgespräch. Geben Sie ihm Tipps.

1. Vestirsi in modo elegante, ma non troppo formale.

___

2. Arrivare al colloquio con un po' di anticipo.

___

3. Stare attento alla comunicazione non verbale.

___

4. Cercare di avere un atteggiamento sicuro, ma non arrogante.

___

5. Informarsi prima sulle caratteristiche dell'azienda.

___

6. Curare l'aspetto.

___

7. Ascoltare con attenzione e rispondere con chiarezza.

___

10. Die zehn Gebote des „fast perfekten" Bewerbers. Ergänzen Sie die vorgegebenen Imperative.

fa' • sta' • da' • di' • va' • fatti • sii • abbi • fallo • fai

1. Non ___riempire___ mai il modulo che ti è stato consegnato.
2. In caso di insistenza, _______________ su un foglio di carta stropicciato.
3. _______________ al colloquio con almeno una mezz'ora di ritardo.
4. _______________ tutti gli hobby che hai e sorvola sulle tue capacità e sulle precedenti esperienze lavorative.
5. Quando il datore ti parla del lavoro, _______________ svagato e distratto.
6. _______________ sempre accompagnare da qualcuno dei tuoi cari.
7. _______________ attento a come ti vesti durante il colloquio: è importante essere stravaganti.
8. Durante il colloquio, _______________ tutte le domande possibili sui tuoi diritti.
9. Parla sempre malissimo di tutti i tuoi precedenti datori di lavoro, _______________ la vittima.
   _______________ mollemente la mano al datore di lavoro.
10. Soprattutto _______________ fiducia: i datori di lavoro a volte sbagliano.

11. Ergänzen Sie die Dialoge.

1. ◗ Ciao Marco! Ti disturbo?
   ◗ (entrare) _______________ , la porta è aperta!
2. ◗ Buongiorno Signora Rossi, come sta?
   ◗ Bene grazie. Mi (aiutare) _______________ per favore!
   ◗ Sì, mi (dire) _______________ , cosa posso fare per Lei?
3. ◗ Mi (scusare) _______________ , dov'è la fermata dell'autobus?
   ◗ (prendere) _______________ la prima a destra, (continuare) _______________ fino al semaforo, poi (girare) _______________ a sinistra.
4. ◗ Hai una penna in più?
   ◗ Sì, (prenderla) _______________ pure, è nella mia borsa.
5. ◗ Come faccio ad accendere il ventilatore?
   ◗ (premere) _______________ il pulsante rosso!

12. Bringen Sie die Teile des Telefongesprächs in die richtige Reihenfolge.

- [ ] No, preferirei parlare direttamente con il signor Fini, è stato lui ad istallare i nostri impianti.
- [ ] Guardi, il signor Fini purtroppo è da un cliente. Vuole lasciare detto qualcosa?
- [ ] Mah, probabilmente torna solo nel pomeriggio. Se vuole, Le posso passare il signor Aldini.
- [ ] Senz'altro, non si preoccupi!
- [ ] Buongiorno, sono Gino Bronchi della Poket. Vorrei parlare con il signor Fini.
- [ ] La ringrazio.
- [1] Telefonia Italia, buongiorno.
- [ ] Sì.
- [ ] Sì, un attimo. Attenda in linea prego.
- [ ] Ah, capisco. Senta, provo a rintracciarlo sul cellulare e gli chiedo se può richiamarLa.
- [ ] Pronto, mi sente?
- [ ] Sì, per cortesia, gli dica di richiamarmi.
- [ ] Sì, bene. E gli dica che è urgente.
- [ ] Di niente, buongiorno.

13. Lesen Sie den Text und beantworten Sie die Fragen.

CHE COS'È LO STAGE

Lo stage, o tirocinio formativo è un periodo di formazione presso un'azienda, che permette di conoscere direttamente il mondo del lavoro e di acquisire una specifica professionalità.
Il processo di stage richiede l'incontro di tre soggetti: il tirocinante, l'azienda, l'ente promotore. Lo stage non è considerato rapporto di lavoro subordinato e quindi non comporta l'obbligo di retribuzione da parte dell'azienda. I soggetti promotori devono invece obbligatoriamente provvedere all'assicurazione degli stagisti contro infortuni sul lavoro presso l'INAIL e presso una compagnia assicuratrice per la responsabilità civile verso terzi. Lo stage si rivolge a diverse categorie. I principali destinatari sono gli studenti che frequentano la scuola secondaria, l'Università o corsi di qualifica e specializzazione, i neodiplomati e i neolaureati. La durata di uno stage varia a seconda delle tipologie dei soggetti. Per gli studenti che frequentano la scuola secondaria: massimo 4 mesi. Per i lavoratori inoccupati o disoccupati iscritti nelle liste di mobilità, per gli allievi degli Istituti professionali di Stato, per gli studenti che frequentano attività formative post diploma o post laurea: massimo 6 mesi. Per gli studenti universitari o laureati da non più di diciotto mesi, per le persone svantaggiate: massimo 12 mesi. Per i portatori di handicap: massimo 24 mesi. Lo stage viene attivato sulla base di apposite convenzioni stipulate tra il soggetto promotore e l'azienda ospitante. L'azienda allega alla convenzione un progetto formativo che contiene indicazioni sulla durata del tirocinio, l'orario di lavoro, la posizione assicurativa, nonché su obiettivi, modalità, facilitazioni, obblighi e impegni. Gli Enti che possono promuovere stage sono molti: Agenzie regionali per l'impiego; strutture di collocamento individuate dalle Regioni; Università e istituti di istruzione universitaria; Provveditorati agli studi; scuole statali e non statali che rilasciano titoli di studio con valore legale; centri pubblici di formazione e / o orientamento. Al termine dello stage l'azienda può rilasciare al tirocinante una dichiarazione sulle competenze acquisite, utile ad arricchirne il curriculum professionale.

1. Che cos'è lo stage? ____________________
2. Quali sono le finalità dello stage? ____________________
3. A chi si rivolge? ____________________
4. Qual è la durata massima di uno stage? ____________________
5. Quali sono gli enti che possono promuoverlo? ____________________

Test

1. Come iniziate una lettera formale?
a. ☐ Buongiorno, signor Biagi,
b. ☐ Gentile Signor Biagi,
c. ☐ Gentile signor Biagi,

2. Dottore, _________ se La interrompo!
a. ☐ mi scusi
b. ☐ scusami
c. ☐ scusatemi

3. Come concludete una lettera fomale?
a. ☐ Molti saluti
b. ☐ Cordialità
c. ☐ Cordiali saluti

4. Gianna, non _________ tardi!
a. ☐ torna
b. ☐ torni
c. ☐ tornare

5. *Lo stage* è:
a. ☐ un tirocinio
b. ☐ un tipo di lavoro
c. ☐ un contratto a tempo

6. *Essere predisposto* significa:
a. ☐ essere preparato
b. ☐ essere in ordine
c. ☐ avere talento

7. Carla, _________ meglio!
a. ☐ si vesta
b. ☐ vestiti
c. ☐ vestitevi

8. Ragazzi, _________ presto!
a. ☐ torni
b. ☐ tornano
c. ☐ tornate

9. Signora, _________ attenzione!
a. ☐ fa
b. ☐ faccia
c. ☐ fate

10. Signora, non _________ !
a. ☐ stare in piedi, siediti!
b. ☐ stia in piedi, si sieda!
c. ☐ state in piedi, sedetevi!

11. Cosa dite per tranquillizzare qualcuno in modo formale?
a. ☐ Non preoccupatevi!
b. ☐ Stia tranquillo!
c. ☐ Tutto va bene!

12. Volete chiedere di entrare. Cosa dite?
a. ☐ Entro subito!
b. ☐ Si accomodi!
c. ☐ Permesso?

13. Non avete capito. Cosa dite?
a. ☐ Ripeta un po'!
b. ☐ Scusi, può ripetere?
c. ☐ Le chiedo scusa!

14. Date il permesso ad un amico:
a. ☐ Vuoi la bici?
b. ☐ Mi dai la bici?
c. ☐ Prendi pure la mia bici!

15. Volete parlare con il direttore:
a. ☐ Voglio parlare con il direttore!
b. ☐ Potrei parlare con il direttore?
c. ☐ Mi passi il direttore!

16. Volete lasciare un messaggio:
a. ☐ Riferisca il mio messaggio.
b. ☐ Posso lasciare un messaggio?
c. ☐ Ecco il mio messaggio.

VALUTAZIONE

100 % – 80 %	**70 % – 50 %**	**40 % – 0 %**
Bravissimo / a!	Ripeti le parti nelle quali sei meno ferrato	Ripassa bene la lezione: grammatica, lessico e fraseologia

Glossario

ARBEIT

affidabile	zuverlässig
annuncio	Anzeige
appuntamento	Termin
candidato	Bewerber
colloquio di lavoro	Vorstellungsgespräch
competenza	Kompetenz
Curriculum Vitae (m)	Lebenslauf
esperienza di lavoro	Arbeitserfahrung
esperienza professionale	Berufserfahrung
formazione (f) di studio	Bildungsgang
formazione (f) professionale	Berufsausbildung
firma	Unterschrift
inserzione (f)	Inserat
interlocutore	Gesprächspartner
lettera di accompagnamento	Begleitschreiben
madrelingua	Muttersprachler
neolaureato	Berufsanfänger
posizione (f)	Stellung
produzione (f)	Produktion
puntuale	pünktlich
selezione (f)	Auswahl
settore (m)	Bereich
specializzazione (f)	Spezialisierung
stage (m)	Praktikum

EINEN HÖFLICHEN BRIEF SCHREIBEN

In / con riferimento a	mit Bezug auf
Cordiali saluti	Herzliche Grüße
Cordialmente	Herzlich
Distinti saluti	Freundliche Grüße
Egregio Dott. / Sig.	Sehr geehrter Herr Doktor / Herr
Gentile	Sehr geehrte / -r
La prego di gradire	Ich bitte Sie, anzunehmen
Resto a disposizione	Ich verbleibe zu Ihrer Verfügung
Spettabile	Sehr geehrte

TÄTIGKEITEN

accomodarsi	sich setzen
considerare	in Betracht ziehen
effettuare	ausführen
fare un colloquio	Bewerbungsgespräch führen
indirizzare	adressieren
mentire	lügen
preoccuparsi	sich Sorgen machen
presentarsi	sich vorstellen
ricercare	suchen
sottoporre all'attenzione	hinweisen
sviluppare	entwickeln

TELEFONIEREN

collegamento telefonico	telefonische Verbindung
lasciare un messaggio	eine Nachricht hinterlassen
messaggio	Nachricht
operatore (m)	Telefonist
segreteria telefonica	Anrufbeantworter

12

Non solo vacanze

1. **Ergänzen Sie die Erzählungen mit den jeweiligen Verben im *passato prossimo*.**

PIERO RACCONTA:

Un mese fa (trasferirsi) _______________ fuori città e (perdere) _______________ un po' i contatti con gli amici. (finire) _______________ gli studi da poco e il mio sogno è quello di aprire un ambulatorio vicino a casa con i miei amici! Qualche giorno fa (incontrare) _______________ una vecchia amica all'aeroporto. Stava partendo per Milano e poi per New York. Francesca (frequentare) _______________ Economia e Commercio e, dopo lo stage, mi (dire) _______________ che vuole aprire un negozio suo.

FRANCESCA RACCONTA:

(finire) _______________ di studiare Economia e Commercio e (decidere) _______________ di fare uno stage all'estero. (arrivare) _______________ a New York qualche settimana fa e il lavoro mi piace molto. Mentre stavo partendo, all'aeroporto, (rivedere) _______________ un mio caro amico che non vedevo da molto tempo. Lui (cambiare) _______________ casa e ora sta cominciando la specializzazione. Mi ha fatto molto piacere rivederlo, andrò senz'altro a trovarlo.

2. Das Futur: Ergänzen Sie die Verbformen.

	io	tu	lui / lei / Lei	noi	voi	loro
lavorare	lavor_____	lavor_____	lavor_____	lavor_____	lavor_____	lavor_____
prendere	prend_____	prend_____	prend_____	prend_____	prend_____	prend_____
sentire	sent_____	sent_____	sent_____	sent_____	sent_____	sent_____

3. Füllen Sie die Lücken in der Tabelle mit den Verbformen im Futur.

	io	tu	lui / lei / Lei	noi	voi	loro
andare	andrò					
vedere		vedrai				
fare			farà			
dire				diremo		
venire	verrò	verrai			verrete	
finire						finiranno
potere			potrà			

4. Füllen Sie die Lücken mit den Verbformen im Futur.

1. Cosa (tu-fare) _______________ appena finiti gli studi?
   Il prossimo anno (io- fare) _______________ un viaggio in Giappone.
2. (venire) _______________ anche Maria e Francesco alla festa di domenica?
   No, penso che loro (andare) _______________ al concerto di Vasco a Milano.
3. Non abbiamo ancora finito il lavoro!
   Cosa (dire) _______________ il direttore?!
4. Hai già tradotto il testo in tedesco?
   Macchè, non ho avuto tempo, lo (tradurre) _______________ durante il fine settimana.
5. Che progetti hai per il futuro?
   (trasferirsi) _______________ negli Stati Uniti.

5. ***Passato, presente o futuro?*** **Wählen Sie die richtige Form für die Verben.**

Ciao Marta

Marta carissima,

Quest'anno (essere) ______________ per me veramente un disastro.
Mi (lasciare) ______________ Francesco, mi (rubare) ______________ il cellulare e (distruggere) ______________ la macchina di mio padre. Cosa poteva succedermi ancora? Per fortuna oggi è il 31 dicembre e domani (cominciare) ______________ un nuovo anno. Questa sera (fare) ______________ una festa a casa mia, (essere) ______________ in otto e (cucinare) ______________ messicano, e tu lì a Genova cosa (fare) ______________, (restare) ______________ a casa o vai fuori? In gennaio finalmente (consegnare) ______________ la tesi e poi (andare) ______________ in Spagna. Chissà forse (trovare) ______________ un lavoro e (restare) ______________ per qualche mese. Mi piacerebbe veramente parlare meglio lo spagnolo. Quando (tornare) ______________ a Genova. (dovere) ______________ subito ricominciare a studiare per il dottorato. E tu quali progetti (avere) ______________ per il prossimo anno? Mi (venire) ______________ a trovare in Spagna? Allora ti auguro un fantastico capodanno e scrivimi presto!

Ciao! **Teodora.**

6. ***Futuro, condizionale, imperativo?*** **Unterstreichen Sie die richtige Form für die Verben.**

1. a. Al posto tuo, io (farò • farei • fai) un viaggio dopo l'esame di laurea.
   b. L'anno prossimo (andremo • andremmo • andiamo) un mese in Croazia.
   c. Sei troppo stanco, (andrai • andresti • vai) a fare un viaggio.

2. a. Se hai pochi soldi, sicuramente (risparmierai • risparmieresti • risparmia) molto per arrivare a fine mese, vero?
   b. Se hai pochi soldi, (risparmierai • risparmieresti • risparmia) un po' di più, e non spendere tutto!
   c. Al posto tuo, (io risparmierò • io risparmierei • tu risparmia) un po' per non avere problemi di denaro.

3. a. Se sei a Milano per pochi giorni (guarda • guarderai • guarderesti) assolutamente il Cenacolo.
   b. In alternativa poi (potresti visitare • potrai visitare • visita) il Duomo o la Scala.
   c. In ogni caso sicuramente (potresti tornarci • potrai tornarci • tornaci) il prossimo anno con più calma, quando finirai gli studi.

7. Wählen Sie die richtige Form für die Verben.

Se avete solo un giorno per visitare Roma, (farete • fareste • fate) sicuramente una lista di priorità. (potrete • potreste • potete) ad esempio concentrare la vostra visita al periodo Barocco che forse rappresenta l'aspetto più sfolgorante della città. In questo caso, non (potrete • potreste • dovete) non visitare *Piazza Navona* con la splendida *Fontana dei Fiumi* del Bernini e la *Chiesa di Sant' Agnese* con le sue bellissime sculture. (farete • fareste • fate) un salto anche, a due passi da lì, a *Palazzo Spada* e (chiuderete • chiudereste • chiudete) naturalmente il vostro giro con la visita a *San Pietro*. La suggestione del colonnato di Gian Lorenzo Bernini vi (resterà • resterebbe • resta) impressa nella memoria per sempre.

8. Welche Beschreibung passt zu welchem Bild?

A

B

C

1. ☐ Ciao Martina! Noi siamo qui a riposarci. C'è caldo e il sole splende!
2. ☐ Ormai fa freddo. C'è un ventaccio terribile e stare in spiaggia non è più possibile!
3. ☐ Che brutta giornata! Piove già da questa mattina, il cielo è grigio, viene la depressione!

9. Vervollständigen Sie die Wetterberichte, indem Sie die Verben ins Futur setzen.

http://www.meteo.it

Nella giornata di sabato gran parte del centro nord (risentire) ______________ ancora della perturbazione giunta sul nostro Paese, con piogge sparse nelle regioni settentrionali e centrali. La giornata di domenica (vedere) ______________ un graduale miglioramento sulle regioni nord occidentali dove (fare) ______________ ritorno anche un po' di sole. Ancora nubi al nord est, pioggia lungo le coste. Al sud una moderata nuvolosità. Le temperature (essere) ______________ in lieve rialzo al nord, mentre le temperature miti si (rilevare) ______________ soprattutto sulle regioni meridionali e sulle isole.

10. Finden Sie das Wort, das nicht zu dem Bezugswort passt.

1. mare
   a. ☐ mosso
   b. ☐ calmo
   c. ☐ veloce
2. piogge
   a. ☐ forti
   b. ☐ rapide
   c. ☐ sparse
3. vento
   a. ☐ leggero
   b. ☐ forte
   c. ☐ calmo
4. nuvole
   a. ☐ scure
   b. ☐ sparse
   c. ☐ sottili
5. temperature
   a. ☐ forti
   b. ☐ in calo
   c. ☐ in aumento
6. regioni
   a. ☐ meridionali
   b. ☐ settentrionali
   c. ☐ esterne
7. temporali
   a. ☐ violenti
   b. ☐ miti
   c. ☐ improvvisi
8. città
   a. ☐ sparse
   b. ☐ meridionali
   c. ☐ settentrionali

11. Ergänzen Sie jeweils eine der Verbformen: *ti serve – ti servono.*

1. Per una vacanza al mare
2. Per una gita in montagna
3. Per una crociera sul Mediterraneo
4. Per la traversata della Siberia
5. Per un safari in Kenia
6. Per un viaggio in Cina

ti serve
ti servono

a. il costume da bagno
b. un dizionario
c. delle scarpe da trekking
d. un cannocchiale
e. un abito elegante
f. dei guanti di pelliccia

12. Vervollständigen Sie die Minidialoge mit den vorgegebenen Verben und Pronomen.

mi serve • mi mancano • ti serve • Le occorre • ti servono • Le occorrono • mi piacciono

1. ❥ Cosa ______________ per il viaggio in Puglia?
   ❥ Sicuramente ______________ il costume da bagno e gli occhiali da sole.

2. ❥ Puoi andare al supermercato, ______________ le uova.
   ❥ Ci vado subito. Cos'altro ______________?

3. ❥ Ha già visto questi guanti di pelle nera?
   ❥ Sì, ma sinceramente non ______________.

4. ❥ ______________ aiuto?
   ❥ No, grazie posso fare da solo.

5. ❥ Paga 10 euro e 99.
   ❥ ______________ soldi spiccioli?
   ❥ Sì, grazie, molto gentile.

13. Ergänzen Sie die Sätze mit den Verben in der vorgeschlagenen Form.

A – Presente

1. (io – uscire) ______________ fra un minuto.
2. Domani (io – andare) ______________ a Roma. Ci vieni anche tu?
3. Cosa (tu – fare) ______________ questo fine settimana?
4. Dove (noi – andare) ______________ stasera?
5. (io – laurearsi) ______________ il prossimo anno in Economia.

B – Stare per + infinito

1. Scusami, non ho tempo (io – uscire) ________________________.
2. Spegniamo il cellulare. Lo spettacolo (cominciare) ________________________.
3. Sbrigati a salire. Il treno (partire) ________________________.
4. (noi – decollare) ________________________. Allacciati la cintura.
5. (loro – litigare) ________________________. Meglio che andiamo via.

C – Futuro

1. Il prossimo anno (io – fare) ______________ un viaggio in Egitto.
2. Se (io – avere) ______________ tempo, (io – venire) ______________ anch'io alla festa domenica.
3. Sai che tempo (fare) ______________ domani?
4. Quando (noi – arrivare) ______________, (noi – cercare) ______________ un albergo più comodo.
5. Non so cosa (io – fare) ______________ dopo gli studi.

14. Verbinden Sie die Sätze.

1. ☐ Hai visto Carla?
2. ☐ Quando vai a prendere il libro di storia?
3. ☐ Hai comperato i cioccolatini per la zia?
4. ☐ Hai visto Giacomo al cinema?
5. ☐ Hai una penna rossa?
6. ☐ Comprate delle rose per il compleanno di mamma?

a. Sì, li ho comprati stamattina.
b. Le abbiamo già comprate!
c. No, non l'ho visto, mi dispiace.
d. L'ho vista la settimana scorsa.
e. L'ha presa Lucia, chiedi a lei.
f. L'ho preso ieri.

15. Ersetzen Sie den markierten Satzteil durch das richtige Pronomen und das *passato prossimo*.

1. Vedo un concerto con mia sorella Giovanna a Bologna.
   L'ho visto con mia sorella Giovanna ...
2. Incontro Donatella e Letizia all'aeroporto.
   ____
3. Porto i bambini a scuola.
   ____
4. Invitiamo Silvia e Vincenzo nella nostra casa sul mare.
   ____
5. Consegno la tesi in luglio.
   ____
6. Non vedo più Carlo da quando si è trasferito a Livorno.
   ____

16. Ergänzen Sie das passende Pronomen und die Endungen des *participio passato*.

- Simone, dove sono i libri sulla Sardegna, quelli che ho comprato ieri?
- Mi dispiace proprio, ma non ____________ ho vist______.
- Ma come?! Se ____________ hai pres______ ieri sera, per darci un'occhiata!
- Ieri sera? Sei sicuro? Hmm… Ah, ora ricordo, è vero, scusa. Guarda uno ____________ ho mess______ sul tavolino in salotto, c'è dentro un segnalibro su una pagina che mi sembra interessante. L'altro, invece, ____________ ho lasciat______ in cucina.
- Grazie. Voglio vedere se trovo l'indirizzo di un buon albergo vicino a Cagliari, ormai dobbiamo prenotare, partiamo tra quattro giorni!
- Hai proprio ragione. A proposito, hai chiamato anche Gianna e Luisa? Non ____________ ho più sentit______ Sai se anche loro vanno a Cagliari o ci troviamo solo più tardi sulla costa Smeralda?
- Non lo so, se vuoi le chiamo.

17. Fügen Sie die passenden Präpositionen hinzu.

23 MAGGIO

È stata una giornata abbastanza impegnativa. Abbiamo visitato Segesta che è uno dei più importanti siti archeologici ______ Sicilia. L'ho vista solo in fotografia finora e devo dire che ______ realtà è ancora più bella. Dopo abbiamo pedalato ______ Erice, una città ______ una certa atmosfera medievale, molto carina. ______ strada ho perso la borsa con la roba ricambio! Accidenti mi tocca ricomprarmi tutto! E pensare che l'ho appena comprata questa borsa!

24 MAGGIO

Abbiamo pedalato ______ ore in totale relax ______ una strada panoramica ______ aperta campagna. Quando siamo arrivati ______ mare è stato uno spettacolo stupendo! Si vedevano le saline e dei mulini a vento. Siamo arrivati ______ Marsala stanchi ma felici! Sembra un miracolo: dei turisti spagnoli, anche loro in giro, ______ bici, mi hanno riportato la borsa. L'hanno trovata ______ un fosso e dentro c'era il mio numero ______ cellulare! Che fortuna!

18. Lesen Sie die Rezensionen der Bücher. Welche Aktivitäten werden vorgeschlagen? Teilen Sie sie ein.

VACANZE CREATIVE 100 IDEE PER UN'ESTATE "IN CORSO"

Se solo l'idea di passare le ferie sotto l'ombrellone vi fa venire l'orticaria, se nemmeno ad agosto riuscite a starvene con le mani in mano, se avete sempre sognato di liberare la vostra vena aritistica ma durante l'anno non ne avete mai avuto il tempo, questa è l'occasione che fa per voi. Vacanze creative vi guida attraverso 100 proposte per un'estate "in corso", sullo sfondo di alcune delle più suggestive località italiane, in montagna, al mare o nelle città d'arte. Potrete scegliere un laboratorio di intaglio del legno in Val d'Aosta, per esempio, oppure uno stage di recitazione sulla costa ionica, full immersion di scrittura creativa in mezzo ai boschi del Trentino o, ancora, un workshop di oreficeria in Sardegna. E poi corsi di cucina regionale, musica, disegno e illustrazione, fotografia, cinema, danza, sport acquatici. E per mantenere allenata la mente non mancano i momenti dedicati alla filosofia, alla letteratura o alla meditazione.

attività artistico-culturali	attività manuali	attività fisiche

Test

1. **Come andrete in vacanza?**
   a. ☐ In aereo.
   b. ☐ Da amici.
   c. ☐ Con Giulio.

2. **Il prossimo anno sicuramente ________.**
   a. ☐ andrò in Giappone
   b. ☐ andrei in Giappone
   c. ☐ sono andato in Giappone

3. **Livio ________ fra due giorni.**
   a. ☐ è partito
   b. ☐ partirò
   c. ☐ partirà

4. **Quando partite?**
   a. ☐ Partiremo tra due giorni.
   b. ☐ Siamo partiti ieri.
   c. ☐ Partivamo di domenica.

5. **Gianni tornerà ________ un mese.**
   a. ☐ in
   b. ☐ fra
   c. ☐ da

6. ***Cielo sereno* significa:**
   a. ☐ c'è qualche nuvola
   b. ☐ il cielo è blu
   c. ☐ ci sono molte nuvole

7. **Le temperature saranno in calo.
   Un sinonimo di *in calo* è:**
   a. ☐ in diminuzione
   b. ☐ in aumento
   c. ☐ basse

8. ***Ho un sacco di problemi* significa che:**
   a. ☐ ho tanti problemi
   b. ☐ sono problematico
   c. ☐ sono bravo in matematica

9. **Hai visto Carlo e Sara?**
   a. ☐ Sì, li ho visti.
   b. ☐ Sì, le ho viste.
   c. ☐ Sì, li abbiamo visti.

10. **Siete stati anche a Caserta?**
    a. ☐ Sì, l'abbiamo visitata.
    b. ☐ No, non l'abbiamo visitato.
    c. ☐ Sì, ci andremo.

11. **Dove hai conosciuto i Carli?**
    a. ☐ Li hanno conosciuti al mare.
    b. ☐ Li ho conosciuti al mare.
    c. ☐ Li abbiamo conosciuti al mare.

12. **Vado in vacanza al mare. Cosa metto in valigia?**
    a. ☐ Guarda, hai bisogno di poche cose.
    b. ☐ Devi prendere la valigia grande.
    c. ☐ Bisogna fare la valigia.

13. **Date un suggerimento a un amico in partenza.**
    a. ☐ Prendi anche gli scarponi?
    b. ☐ Ti servono gli scarponi?
    c. ☐ Hai già messo gli scarponi in valigia?

14. **Per la neve ti ________ le scarpe adatte.**
    a. ☐ serve
    b. ☐ servono
    c. ☐ servite

15. **Quando parti?**
    a. ☐ Parto fra qualche ora.
    b. ☐ Parto per Roma.
    c. ☐ Partono subito.

16. **Vuoi sapere quali sono i progetti di un tuo amico.**
    a. ☐ Hai già comprato il biglietto dell'aereo?
    b. ☐ Cosa pensi di fare quest'estate?
    c. ☐ Dove stai andando?

VALUTAZIONE

100 % – 80 %	70 % – 50 %	40 % – 0 %
Bravissimo / a!	Ripeti le parti nelle quali sei meno ferrato	Ripassa bene la lezione: grammatica, lessico e fraseologia

Glossario

WETTER

afa	Schwüle
afoso	schwül, stickig
esserci vento	windig sein
fare bel tempo	schönes Wetter haben
fare caldo / freddo	warm / kalt sein
fresco	frisch
grandine (f)	Hagel
nebbia	Nebel
nebbioso	neblig
neve (f)	Schnee
nevicare	schneien
nuvola	Wolke
nuvoloso	wolkig
pioggia	Regen
piovere	regnen
piovoso	regnerisch
previsione del tempo	Wettervorhersage
sereno	heiter
soleggiato	sonnig
splendere (il sole)	scheinen
tempesta	Sturm
tempo	Wetter
temporale	Gewitter
tirare vento	windig sein
vento	Wind

TÄTIGKEITEN

ammirare	bewundern
andare a visitare	besichtigen (gehen)
gustare	genießen
includere	einschließen
ospitare	beherbergen
pedalare	radeln
raggiungere	erreichen
rilassarsi	sich entspannen
selezionare	auswählen
scoraggiarsi	den Mut verlieren
scoprire	entdecken
tralasciare	auslassen

HIMMELSRICHTUNGEN

est	Osten
nord	Norden
ovest	Westen
sud	Süden

REISEN

attrattiva	Anziehungspunkt, -merkmal
capolavoro	Meisterwerk
chilometro	Kilometer
escursione (f)	Ausflug
fosso	Graben
giro	Tour, Rundfahrt
itinerario	Route
masseria	Bauernhaus
passeggiata	Spaziergang
percorso	Strecke
rotta	(Schiffs-)Kurs
sacco a pelo	Schlafsack
sito archeologico	archäologische Stätte
soggiorno	Aufenthalt
sosta	Rast
tappa	Etappe
traghetto	Fähre
trasferimento	Versetzung
valigia	Koffer
zaino	Rucksack

Lösungen zum Übungsteil

1
Come ti chiami?

1 come, chiami, piacere, svizzero, di Roma

2 Non sei italiana, vero?, Sono americano di Boston, Di dove sono Paul e David?, Diego è spagnolo di Madrid, Anche tu sei tedesco?, Di dove sei?

3 sono, sei, è, siamo, siete, sono

4 1. è 2. sono 3. siete 4. sono 5. sei 6. sono 7. siamo

5 1. sono, sono 2. siete, siamo, sono 3. sei, sono 4. sono 5. è, è

6 F. Messico - messicano
I. Russia - russo
Q. Corea - coreano
C. Giappone - giapponese
R. Libia - libico
D. Polonia - polacco
J. Grecia - greco
G. Svizzera - svizzero
M. Spagna - spagnolo
B. Inghilterra - inglese
O. Tunisia - tunisino
N. Francia - francese
P. Germania - tedesco
H. Italia - italiano
A. Brasile - brasiliano
L. Argentina - argentino
K. Senegal - senegalese
E. Marocco - marocchino

7 2. brasiliana 3. francese 4. inglese 5. giapponese 6. russo 7. argentina 8. coreano 9. svizzero 10. polacco 11. greca

8 2. non è spagnola 3. non è francese 4. non è coreano 5. non è ceca 6. non è argentino 7. non è svizzera 8. non è svedese 9. non è russa

9 **FACOLTÀ UMANISTICHE:** Architettura, Beni Culturali, Filosofia, Giurisprudenza, Economia e Commercio, Lingue e Letterature Straniere, Psicologia, Scienze della Comunicazione, Scienze Politiche, Sociologia
FACOLTÀ SCIENTIFICHE: Agraria, Chimica, Farmacia, Ingegneria, Medicina e Chirurgia, Medicina Veterinaria, Scienze Biotecnologiche, Matematica, Fisica, Scienze Naturali

10 1. agraria 2. sociologia 3. medicina 4. scienze politiche 5. economia 6. filosofia

11 ho, hai, ha, abbiamo, avete, hanno

12 1. sei 2. hai, ho 3. è, è 4. sono, sono 5. abbiamo 6. hai, ho 7. siete, siamo 8. ha

13 1. come 2. di dove 3. dove 4. chi 5. quanti 6. che cosa

15 1. Signor, Come sta?, Lei?, grazie 2. Ciao, come stai?, tu, stai

Test
1. c, 2. b, 3. a, 4. b, 5. b, 6. c, 7. b, 8. c, 9. b, 10. a, 11. b, 12. c, 13. a, 14. c, 15. b, 16. a

2
Cosa studi?

1 1H, 2B, 3D, 4I, 5E, 6G, 7A, 8F, 9C

2 1. giallo 2. rosso 3. blu 4. verde 5. nero 6. bianco

3 Ti va, Perché no, Ok, va bene, volentieri

4 1. Ti va di andare in centro? 2. Dove abiti? 3. Cosa studi? 4. Quanti anni hai? 5. Qual è il tuo numero di telefono? 6. Ti va di mangiare qualcosa?

5 1. abiti, abito, abita 2. scendi, scendo 3. vivi, vivo, vive 4. parti, parte

6 1. abita 2. studia 3. parto 4. mangi 5. leggo 6. frequenta 7. spiega 8. vivi

7 mi chiamo, sono, vivo, frequento, è, prendo, è, sono, abito, si chiama, studia, ha, trovo

8 1. in, in, in, in, in 2. a, in 3. in, in, in, a 4. in, in, in 5. di, di, di

9 Marco Dinelli, Luca Fagiolini, Stefania Ligi, Giovanni Santini

10 sette più nove uguale sedici, venti meno tre uguale diciassette, cinque per tre uguale quindici, tre più tredici uguale sedici, venticinque diviso cinque uguale cinque, nove per due uguale diciotto, tre per tre uguale nove, nove più sei uguale quindici

11 data, iscrizioni, iscriversi, numero, chiuso, statali, sito, preiscrizione,

12 **Sostantivi maschili:** un ateneo, un posto, un sito, uno studente, un paese, un corso, un sogno, un numero, un professore, uno zaino, un istituto, uno psicologo
Sostantivi femminili: un'università, una preiscrizione, una lezione, una città, una facoltà, una data, una laurea, un'aula, un'iscrizione, una scadenza, una studentessa, un'informazione

13 **Pedro:** uno, un', un, un, un
Katja: una, un, un, uno, uno, un, un'

14 1. uno studente austriaco 2. una bevanda americana 3. una birra irlandese 4. una marca italiana 5. una ditta tedesca 6. un negozio svedese 7. un piatto giapponese 8. uno scrittore inglese 9. una città russa 10. un cibo coreano

15 sono, studente, studio, a, corso, Ho, sono

17 Il Politecnico di Torino, La Scuola Normale Superiore di Pisa, L'Università Cattolica di Milano

Test
1. a, 2. b, 3. b, 4. c, 5. c, 6. c, 7. c, 8. c, 9. a, 10. a, 11. c, 12. b, 13. c, 14. c, 15. a, 16. b

3

A tavola!

1 l', il, i, il, l', l', la, gli, i, i, i, gli

2 gli, la, il, l', i, gli, l', gli, le, la, lo

3 cosa prende, di secondo, filetto di vitello, contorno, insalata, bottiglia, vino

4 C, D, B, A

5 ci sono, ci sono, c'è, ci sono, c'è, c'è, ci sono, c'è, c'è, ci sono

6 sai cos'è, non lo so, allora, che ne dici di, cosa c'è, d'accordo

7 non c'è, non ci sono, ci sono, ci sono, ci sono, c'è, non ci sono, non ci sono, c'è, c'è

8 antipasti, affettati misti, bruschetta, primi piatti, spaghetti aglio e olio, penne al ragù, zuppa di patate, secondi, calamari fritti, fettine di vitello, contorni, carciofi al forno, melanzane fritte, dolci, frutti di bosco, fragole al limone

9 Panettone

10 **singolare:** il bar, l'insalata, la noce, il caffè, il dolce, il cappuccino, la bevanda, il tiramisù, la mensa, l'affettato, lo spumante
plurale: i bar, le insalate, le noci, i caffè, i dolci, i cappuccini, le bevande, i tiramisù, le mense, gli affettati, gli spumanti

11 salato, minerale, dolci, vecchio, fritto, miste

12 importanti, grande, numerosi, tanta, grave, dolci, felici, contenti

13 veloce, pronti, tradizionali, tutta, frequenti, nuovo, grande, maggiore, pronti, moderne, sportive, poca

14 ventinove, diciannove, quarantatré, settantasette, diciassette, sedici, trentotto, ventitré, diciotto, ventuno

15 **A:** torna, lavora, lavorano
B: prende, prendono
C: preferisce, prendono

16 ci sono, sono, c'è, prendi, prendi, preferisci

17 è, ha, arriva, cominciano, pensa, sono, inventano, preparano, gradisce, decide

18 1. si beve 2. si fa 3. si pranza, si cena 4. si mangiano 5. si chiedono 6. si beve 7. si prende 8. si preferiscono

20 1. V, 2. V, 3. F, 4. F, 5. F, 6. V

Test
1. c, 2. b, 3. a, 4. c, 5. b, 6. b, 7. b, 8. b, 9. b, 10. b, 11. a, 12. b, 13. b, 14. c, 15. b, 16. c

4

Vita quotidiana

1 lavoro, lavori, lavora, lavoriamo, lavorate, lavorano / mangio, mangi, mangia, mangiamo, mangiate, mangiano / pago, paghi, paga, paghiamo, pagate, pagano / prendo, prendi, prende, prendiamo, prendete, prendono / leggo, leggi, legge, leggiamo, leggete, leggono / dormo, dormi, dorme, dormiamo, dormite, dormono / pulisco, pulisci, pulisce, puliamo, pulite, puliscono

2 f1, g2, d3, h4, c5, b7, e8, a6, i9

3 1. lavoro, abito, prendo, ho, torno, mangio, pulisco, telefono, guardo, ascolto 2. abitiamo, mangiamo, puliamo, abbiamo, sono, compro, preferisco, beviamo, giochiamo, paga.

4 1. la sera ogni tanto guardo la Tv con amici 2. a colazione mangio spesso solo un cornetto 3. il sabato a volte vado a fare un giro in montagna 4. dopo pranzo bevo raramente il caffè 5. il sabato pomeriggio di solito incontro degli amici al bar

5 stagione, marzo, mese, primavera, estate

6 vado, vai, va, andiamo, andate, vanno / faccio, fai, fa, facciamo, fate, fanno / do, dai, dà, diamo, date, danno / vengo, vieni, viene, veniamo, venite, vengono / esco, esci, esce, usciamo, uscite, escono

7 1. fai, vado, esco 2. va, va, è 3. andate, andiamo 4. va, va / è 5. facciamo, andiamo 6. fanno, vanno, andiamo 7. viene, vengono

8 **Orizzontali:** aprono, facciamo, offriamo, bevete, faccio, vive, preferisce, mangiano, tornate, dormono
Verticali: parlano, consumano, finisco, prepari, preferiscono, prende, bevono

9 fa la spesa, fa colazione, fa una passeggiata, fa una nuotata, fa una domanda, fa una torta, fa la doccia, fa jogging, fa shopping

10 1. stai, sto 2. c'è, ci sono 3. stanno, sono 4. siete, siamo

12 1. dovete 2. deve 3. vuoi 4. devono 5. puoi 6. possono 7. devi 8. vuoi 9. voglio 10. vuole 11. può 12. volete

13 voglio, posso, posso, devo, posso, vuoi, puoi, devo

14 volete, possiamo, deve, devo, dovete, potete, posso, può, devo, puoi, devo

16 a.5, b.4, c.1, d.3, e.2

Test
1. a, 2. b, 3. a, 4. c, 5. b, 6. c, 7. c, 8. b, 9. a, 10. c, 11. c, 12. c, 13. b, 14. c, 15. c, 16. c

5

In giro per uffici

1 **Posta:** le scatole, i bollettini, il codice postale **Banca:** il numero di conto corrente, la carta di credito, il bancomat **Università:** il certificato d'iscrizione, il libretto degli esami, il diploma di maturità **Tabacchi:** il francobollo, l'abbonamento, la cartolina,

2 al bar, in banca, in ospedale, in discoteca, in questura, al cinema, al supermercato, in tabaccheria, in segreteria, dal professore, all'ufficio postale, in biblioteca

3 sera, mese, giorno, settimana, anno, pomeriggio

4 mensile, pomeridiano, settimanale, mensile, giornaliero

5 e1, j2, k3, a4, f5, g6, d7, c8, i9, b10, h11

6 **in:** banca, questura, segreteria, biblioteca, Giappone, ufficio, discoteca **a:** Roma, casa, scuola, lezione **al:** bar, supermercato, ristorante, cinema **allo:** stadio, zoo, studio dentistico **all':** ospedale, ufficio postale, agenzia di viaggi **alla:** banca, stazione **dal:** professore, dentista, medico

7 all', al, alla, al, in, in, in, in, dal, dalla, da, dai, di, di, delle, della, della

8 confronta la tabella nella pagina di grammatica

9 in, al, in, in, alla / in, dal, a, al, all', alla / in

10 delle, dei, delle, dei, della, delle

11 eccoli, eccoli, eccole, eccolo, eccolo, eccola

12 lo, l', li, li

13 ne voglio un chilo, ne prendo un etto, ne metto un cucchiaino, ne spediamo tre, ne bevo due tazze, ne leggo molti

14 2. Sono le tredici / è l'una. All'una e un quarto comincia la partita di calcio 3. Sono le cinque e mezzo / a. Alle sei ho la lezione di danza 4. Sono le nove meno un quarto / le otto e tre quarti. Alle nove apre la banca 5. Sono le otto meno un quarto / le sette e tre quarti. Alle otto esco / vado a cena con amici.

15 1. c, 2. f, 3. b, 4. d, 5. g, 6. a, 7. e

16 stasera, il fine settimana, dal lunedì al venerdì, dalla mattina alla sera, da mezzogiorno all'una, fino alle 17.00

17 1 che 2 chi 3 che 4 chi 5 chi 6 che 7 che 8 chi

18 1. b, 2. a, 3. c

Test
1. b, 2. c, 3. b, 4. b, 5. b, 6. b, 7. c, 8. c, 9. c, 10. c, 11. a, 12. b, 13. c, 14. c, 15. a, 16. c

6

La mia casa

1 1. d, 2. b, 3. a, 4. c, 5. e

2 soggiorno, moderno, bilocale, angolo cottura, riscaldamento

3 primo, secondo, terzo, quarto, quinto, sesto, settimo, ottavo, nono, decimo

4 quindi, ma allora, così, su dai

5 1. b, 2. f, 3. d, 4. c, 5. a, 6. e

6 ti, le, gli, le, gli, mi, gli

7 Vuoi comprargli, dovete dirci, dobbiamo portarle, possiamo darti, possiamo aiutarvi

8 Le, Le, mi, gli, mi

9 acciaio, legno, lana, marmo, oro, porcellana, vetro

10 frigorifero, sedia, libreria, divano, lavastoviglie, lavatrice, poltrona, tappeto, armadio, scrivania, vasca da bagno, letto, tavolo, specchio, lavandino

11 rosso, nero, bianco / verde / rosa, lilla, blu, viola

13 mi piacciono, mi piace, mi piacciono, mi piace, mi piace, mi piace

14 1. te, me, voi, noi 2. lui 3. lei 4. loro

15 2. Cosa state scrivendo? Stiamo scrivendo 3. Cosa stai preparando? Sto preparando 4. Cosa state cercando? Stiamo cercando 5. Cosa stai pulendo? Sto pulendo

16 stai studiando, stai facendo, stiamo pensando, stiamo preparando, sta combinando, sta divertendo

17 Confronta la tabella nella grammatica

18 i loro quadri sono molto famosi, il mio libro è interessante, la tua casa è davvero grande, le nostre sedie sono molto costose, il mio giardino è proprio curato, i vostri amici sono simpatici.

19 I miei vicini sono antipatici, la sua cucina è grande, le loro finestre sono piccole, la nostra macchina è moderna, le sue poltrone sono belle

20 nostra, loro, mia, sue, suoi, suoi, sue, nostri, loro, loro

Test
1. b, 2. a, 3. b, 4. a, 5. c, 6. b, 7. a, 8. c, 9. b, 10. a, 11. c, 12. b, 13. c, 14. a, 15. b, 16. a

7

Che fai di bello?

1 **Hobby:** 5 **Musica:** 7 **Sport:** 1, 3, 8 **Letture:** 2, 4 **TV:** 6

2 medici, archi, banche, laghi, barche, banchi, fuochi, greci, equivoci, discoteche, luoghi, targhe, righe, asparagi.

3 1. Il Lago di Garda è più grande del Lago Maggiore. 2. La Lombardia è più estesa del Trentino. 3. Le Alpi sono più lunghe degli Appennini. 4. Roma è più antica di Palermo. 5. L'isola di Capri è meno grande della Sicilia. 6. Il Tevere è meno lungo del Po. 7. Il Colosseo è più grande dell'Arena di Verona. 8. L'università di Bologna è più antica di quella di Venezia.

4 della, che, di, che, di, degli, quanto

5 un libro, un racconto, un film, un cibo, un piatto, una zuppa

6 1. B, 2. A, 3. C

7 Possibili soluzioni: **Paolo:** colto, simpatico, interessante **Claudia:** matura, responsabile, non invidiosa, molto fashion, civettuola, interessata all'arte, non straricca **Agata:** timida **Fabio:** crede nel rispetto, ama passeggiare, leggere, la musica **Marta:** ama la musica, è sportiva, adora la natura, è solare **Laura:** vivace, solare, ama ballare e viaggiare.

8 ti, lo, vi, La, le, le, mi

9 lo, mi, lo, gli, mi, li, le, le

10 vi perdete, ti annoi, si veste / si vestono, mi addormento, si alza / si alzano, ci sposiamo.

11 si sveglia, si alza, si lava, si veste, si pettina, si trucca, si salutano, si incontrano, si baciano, si riposa, si mette a letto, si addormenta

12 telefonato, trovato, comprato, studiato, passato, creduto, finito, uscito, stato, fatto, visto

13 ho cantato, incontrato, parlato, cenato, guardato, dormito, creduto, finito, giocato, pranzato, mangiato, visto, letto / sono tornato, andato, rimasto, stato, uscito

14 sono, siamo, è, abbiamo, abbiamo, siamo, sono, ho, ho, ho, siamo, abbiamo

15 1. ho telefonato, sono andato, ho visto 2. hai smesso, ho finito 3. hai fatto, ho lavorato, sono andato 4. sei andato, ho giocato 5. hai ascoltato 6. sei andato, sono andato

16 è stato, ha fondato, ha curato, ha reinterpretato, ha passato, ha cominciato, è tornato, ha continuato

17 invisibile, improbabile, insostenibile, inconsapevole, immortali, irrealizzabile, illegale, invivibile, impossibile, illegittimo, irregolare

18 1. incredibili, impossibile, irresistibile 2. inconsapevole, illegittima, incontrollabile, indimenticabile

19 2. È il romanzo più famoso di Baricco 3. Paola è la ragazza più bella del paese 4. Sono gli studenti più bravi del corso 5. È l'edificio più alto della città 6. È il palazzo più antico di Venezia 7. È la mostra più interessante della Biennale 8. È lo spettacolo più particolare del festival

20 divertenti, commedie, atti, regista, in scena, opera, capolavoro, personaggi

Test
1. c, 2. c, 3. b, 4 b, 5 b, 6. a, 7. b, 8. c, 9. b, 10. a, 11. b, 12. b, 13. b, 14. c, 15. b, 16. c

8

Cos'è successo?

1 1. d, 2. b, 3. g, 4. h, 5. e, 6. f, 7. a, 8. c

2 1. d, 2. b, 3. a, 4. e, 5. c

3 di, del, da, con, all', di, alla, della, dei

4 prendere, sceso, decidere, diviso, riso, chiuso, perso, correggere, dire, letto, fatto, rompere, tradurre, prodotto, scritto, avvenire, bere, offrire, aperto, vincere, dipinto, pianto, togliere, scelto, sciolto, vivere, dato, successo, mettere, nato, morire, chiedere, nascosto, risposto, vedere

5 1. leggere 2. succedere 3. bere 4. vedere 5. vedere 6. mettere

6 1. avete finito 2. sei entrato / a 3. ho lavorato 4. ho sentito 5. sono andato / a 6. hanno visitato 7. siamo venuti / e 8. ha venduto 9. siete stati / e 10. è partita

7 1. Hai visto, sono andato / a, ho letto, ha parlato, è stato 2. avete scritto, sei tornato / a, abbiamo lavorato, abbiamo avuto 3. hai comprato, ho dimenticato

8 abbiamo prenotato, abbiamo visitato, siamo salite, abbiamo attraversato, abbiamo visitato, abbiamo mangiato, abbiamo assaggiato, è stata

9 hai chiesto, ho scoperto, ho chiamato, sono partita, ho messo, sono caduta, ho pernottato, ho fatto, ho cominciato, ho deciso

10 1. c, 2. b, 3. a, 4. d, 5. e
A: quindi, B: poi / e dopo, C: –, D: a questo punto, E: alla fine

12 improvvisamente, lentamente, sicuramente, probabilmente, cautamente, sicuramente

13 si è svegliata, si è lavata, si è vestita, è uscita, ha preso, è arrivata, si è presentata, si è seduta, si è addormentata

14 più soluzioni possibili: 1. Davvero!? 2. Oh, no! 3. Incredibile!, 4. Accidenti!

15 è stata, ho fatto, mi sono svegliata, mi sono alzata, mi sono lavata, ho pensato, si è sgonfiata, ho lasciato, mi sono messa, sono arrivata, mi sono seduta, ho chiuso, mi sono accorta, si è avvicinata, mi sono scusata, mi sono alzata, sono scesa, mi sono precipitata, ho cercato, ho visto, ho preso, sono inciampata, mi sono fatta, mi sono rotta, sono arrivata, mi sono seduta, ho detto

16 1. ho dovuto 2. ha voluto 3. sono potuto 4. sono dovuto 5. ha voluto, ho dovuto 6. ho potuto 7. sei voluto

17 confronta pagina 103

Test
1. a, 2. b, 3. c, 4. a, 5. b, 6. b, 7. b, 8. b, 9. b, 10. b, 11. c, 12. b, 13. c, 14. b, 15. a, 16. c

9

Momenti indimenticabili

1 1. Qual è stato il momento più triste della tua infanzia? 2. Hai un bel ricordo della tua infanzia? 3. Quali persone sono state importanti per te? 4. Qual era la cosa più importante per te da bambino? 5. Qual è il ricordo più brutto della tua infanzia?

2 1. g, 2. i, 3. e, 4. c, 5. b, 6. f, 7. d, 8. h, 9. a

3 confronta con la pagina di grammatica

4 ero, andavo, partivo, arrivavamo, sembrava, ero, preparava, innaffiava, chiudeva, spegneva, preparava, caricava, ci sedevamo, ci fermavamo, guardavo, osservavo, ascoltavo, aveva

6 **statura:** alto, basso, grassottello, snello **parti del corpo:** spalle, mani, viso, occhi, naso, labbra, mento, guancia **espressione del viso:** triste, seria, simpatico **capelli:** ricci, scuri, biondo scuro, lunghi.

7 1. è arrivato 2. ho frequentato, ero, è stato 3. sei arrivato, ho aspettato, mi sono accorto 4. ero, abitavo, vi siete trasferiti, abbiamo vissuto, siamo andati 5. ha conosciuto, ci conoscevamo, eravamo

8 confronta con la pagina di grammatica

9 nel, per, di, nel, nell', del, della, nel, dal, con, dai

10 1. avete fatto, ero, Abbiamo studiato, abbiamo giocato 2. abbiamo incontrato, facevamo 3. facevo sport sono caduta e mi sono fatta 4. cercavo, ho sentito, mi ha offerto, è cominciata 5. cucinavo, ha squillato, ho dimenticato, avete mangiato, siamo andati

11 è successo, è andato, ho avuto, andavo, ho avuto, si è fermato, ho perso, voleva, ho chiamato, sono arrivata, c'erano, aspettavano, si è rotto

12 ho deciso, volevo, mi sono alzata, sono uscita, ho aspettato e aspettato, ho chiesto, passava, ha risposto, c'era, ho chiamato, erano, ho deciso, ho camminato, sono arrivata, erano, sono corsa, c'era, ho chiesto, c'erano, ha guardato, ha mostrato, sono tornata, sono andata, mi hanno dato, ho ricominciato, c'era, ho fatto, mi hanno messo, sono entrata, ho guardato, ho visto, è diventato

13 mia figlia, mio figlio, le mie figlie, i miei figli, tua sorella, tuo fratello, le tue sorelle, i tuoi fratelli, sua cugina, suo cugino, le sue cugine, i suoi cugini, nostra zia, nostro zio, le nostre zie, i nostri zii, vostra nonna, vostro nonno, le vostre nonne, i vostri nonni, la loro nipote, il loro nipote, le loro nipoti, i loro nipoti

14 mia, il suo, mio, i suoi, i miei, i miei, i miei, le mie

16 Quando è nata? Dove è vissuta da bambina? Come era sin da giovane? Cosa voleva diventare? Grazie a quale film riceve il titolo di "miglior attrice straniera"? Quanti film ha girato? Perché abbandona il cinema?

Test
1. c, 2. b, 3. a, 4. b, 5. b, 6. b, 7. a, 8. a, 9. c, 10. c, 11. b, 12. c, 13. b, 14. a, 15. b, 16. c

10

In giro per negozi

2 da sera, di pelle, a quadretti, a righe, da sposa, a fiori, di cotone, di plastica, a pois, da ginnastica

3 mi sta, Le vanno, Le va, Le sta, Le vanno

4 La, mi, lo, Lei, mi, Le, lo, lo, La, Le, mi

5 lavorerei, lavoreresti, lavorerebbe, lavoreremmo, lavorereste, lavorerebbero / prenderei, prenderesti, prenderebbe, prenderemmo, prendereste, prenderebbero / sentirei, sentiresti, sentirebbe, sentiremmo, sentireste, sentirebbero

6 andrei, andresti, andrebbe, andremmo, andreste, andrebbero / vedrei, vedresti, vedrebbe, vedremmo, vedreste, vedrebbero / farei, faresti, farebbe, faremmo, fareste, farebbero / direi, diresti, direbbe, diremmo, direste, direbbero / verrei, verresti, verrebbe, verremmo, verreste, verrebbero / finirei, finiresti, finirebbe, finiremmo, finireste, finirebbero / potrei, potresti, potrebbe, potremmo, potreste, potrebbero

7 **Orizzontali:** 1. tradurresti 3. rimarrei 5. vorresti 6. terresti 8. berremmo 10. verremmo 11. sarebbe 12. avresti 13. potremmo 15. vivrei **Verticali:** 2. dovresti 4. cerchereste 7. sapreste 9. comincerei 12. andrei.

8 **Esprimere un desiderio:** Mi piacerebbe... Vorrei... Mi farebbe piacere... Desidererei... **Chiedere in modo gentile:** ti dispiacerebbe... Le dispiacerebbe... Potresti... Potrebbe... Sarebbe così gentile da... Avrei bisogno di... **Dare un consiglio:** Dovresti... Sarebbe meglio per te... Al posto tuo, io...

11 potrebbe, non sarebbe male, dovrebbero, sembrerebbe, sarebbe meglio

14 che, di cui, con cui, da cui, in cui, in / per cui, in cui, che, con cui, di cui, che

15 1. che 2. di cui 3. a cui 4. di cui 5. con cui 6. chi 7. chi 8. per cui 9. che 10. con chi

16 un problema, la tesi, le diagnosi, della sintesi, i tuoi programmi

Test
1. c, 2. c, 3. c, 4. c, 5. a, 6. c, 7. c, 8. b, 9. b, 10. c, 11. c, 12. b, 13. c, 14. a, 15. c, 16. b

11

Fare uno stage

1 1. f, 2. c, 3. d, 4. e, 5. a, 6. b

3 Caro Andrea, come va nella tua nuova casa? Appena ti sei sistemato bene veniamo a trovarti. A presto / Gentile Signora Brioschi, come concordato abbiamo lasciato le chiavi al portiere. Se vuole può usare anche le biciclette. Sono in cantina. Cordiali saluti / Egregio Dott. Salvini, Le scrivo perché non l'ho trovata in ufficio. Le spedisco il contratto per posta domani. Distinti saluti

5 eviti, legga, dorma, faccia, dica, stia, beva

6 faccia, non prepari, Arrivi, Eviti, sposti, Dorma, pranzi, Beva, Mangi, ordini, Dorma, Chieda, usi, si tolga, resti, Faccia, resti

8 Prego, siediti – È un regalo per Lei. Lo apra! – Entra pure – Chiudi la porta, per favore – Senta, scusi dov'è la stazione? – Ripeta il suo nome, per favore, non ho capito – Ascoltami, non serve continuare con questo progetto. – Non chiuda la finestra. – Scrivimi una email domani stesso. – Il cellulare non dà fastidio, non spegnerlo. – Legga questo articolo. – Vai pure dalla segretaria. – Continui, non si fermi!

9 Vestiti in modo elegante. 2. Arriva 3. Sta' attento 4. Cerca 5. Informati 6. Cura 7. Ascolta con attenzione e rispondi

10 2. fallo, 3. va', 4. di', 5. sii, 6. fatti, 7. sta', 8. fa', 9. fai / da', 10. abbi

11 1. Entra 2. aiuti, dica 3. scusi, Prenda, continui, giri 4. prendila 5. premi.

12 9, 6, 8, 12, 2, 13, 1, 5, 3, 10, 4, 7, 11, 14.

13 1. Lo stage è un tirocinio formativo e di orientamento 2. Le finalità sono la conoscenza diretta del mondo del lavoro oltre che l'acquisizione di una specifica professionalità 3. Si rivolge a diverse categorie: studenti che frequentano la scuola secondaria, l'università o corsi di qualifica e specializzazione, nonché i neodiplomati e i neolaureati 4. La durata dello stage varia a seconda delle tipologie. 5. Vi sono molti enti che possono promuovere gli stage.

Test
1. b, 2. a, 3. c, 4. c, 5. a, 6. c, 7. b, 8. c, 9. b, 10. b, 11. b, 12. c, 13. b, 14. c, 15. b, 16. b

12

Non solo vacanze

1 **Piero racconta:** mi sono trasferito, ho perso, ho finito, ho incontrato, ha frequentato, ha detto **Francesca racconta:** ho finito, ho deciso, sono arrivata, ho rivisto, ha cambiato

2 lavorerò, lavorerai, lavorerà, lavoreremo, lavorerete, lavoreranno / prenderò, prenderai, prenderà, prenderemo, prenderete, prenderanno / sentirò, sentirai, sentirà, sentiremo, sentirete, sentiranno

3 andrò, andrai, andrà, andremo, andrete, andranno / vedrò, vedrai, vedrà, vedremo, vedrete, vedranno / farò, farai, farà, faremo, farete, faranno / dirò, dirai, dirà, diremo, direte, diranno / verrò, verrai, verrà, verremo, verrete, verranno / finirò, finirai, finirà, finiremo, finirete, finiranno / potrò, potrai, potrà, potremo, potrete, potranno

4 1. farai, farò 2. verranno, andranno 3. dirà 4. tradurrò 5. mi trasferirò

5 è stato, ha lasciato, hanno rubato, ho distrutto, comincerà / comincia, farò / faccio, saremo / siamo, cucinerò / cucino, fai, resti, consegnerò, andrò, troverò, resterò, tornerò, dovrò, hai, vieni / verrai

6 1. farei, andremo, vai 2. risparmierai, risparmia, risparmierei 3. guarda, potresti visitare, potrai tornarci

7 farete, potreste, potrete, fate, chiudete, resterà

8 1. C, 2. B, 3. A

9 risentirà, vedrà, farà, saranno, rileveranno

10 1. c, 2. b, 3. c, 4. c, 5. a, 6. c, 7. b, 8. a

11 1. ti serve il costume da bagno 2. ti servono delle scarpe da trecking 3. ti serve un abito elegante 4. ti servono dei guanti di pelliccia5. ti serve un cannocchiale 6. ti serve un dizionario

12 1. mi serve, ti servono 2. mi mancano, ti serve 3. mi piacciono 4. Le occorre 5. Le occorrono

13 **A:** esco, vado, fai, andiamo, mi laureo **B:** sto per uscire, sta per cominciare, sta per partire, stiamo per decollare, stanno per litigare **C:** farò, avrò, verrò, farà, arriveremo, cercheremo, farò

14 1. d, 2. f, 3. a, 4. c, 5. e, 6. b.

15 2. le ho incontrate 3. li ho portati 4. li abbiamo invitati 5. l'ho consegnata 6. non l'ho visto

16 li ho visti, li hai presi, l'ho messo, l'ho lasciato, le ho sentite

17 della, in, fino a, con, per, per, per, in, al, a, in, in, di

18 **attività artistico-culturali:** uno stage di recitazione, full immersion di scrittura creativa, corsi di musica, disegno e illustrazione, corsi di fotografia, cinema, corsi di filosofia, letteratura, meditazione. **attività manuali:** un laboratorio di intaglio del legno, un workshop di oreficeria, corsi di cucina regionale. **attività fisiche:** corsi di danza e sport acquatici

Test

1. a, 2. a, 3. c, 4. a, 5. b, 6. b, 7. a, 8. a, 9. a, 10. a, 11. b, 12. a, 13. c, 14. b, 15. a, 16. b

Audios in Klett Augmented

Aufnahmeleitung Ernst Klett Sprachen GmbH, Stuttgart
Tontechnik Andreas Nesic, custom music, Stuttgart

Sprecher Luca Damiani, Cesare Ghilardelli, Lucina Micale, Valentina Nucera, Vittorio Prada, Nino Quattrone, Francesca Simone

Bildnachweis

U1 Corbis (Innocenti), Düsseldorf; U1 Thinkstock (minoandriani), München; U1 Thinkstock (Eric Hood), München; 9.1 Thinkstock (claudiodivizia), München; 9.2 Thinkstock (Oskari Porkka), München; 9.3 Thinkstock (william87), München; 9.4 Thinkstock (Hemera Technologies), München; 11.1 Thinkstock (yyyahuuu), München; 11.2 Thinkstock (Victor Pelaez), München; 11.3 mauritius images (CuboImages), Mittenwald; 11.4 Thinkstock (Neniya), München; 11.5 Thinkstock (mrohana), München; 11.6 mauritius images (alamy), Mittenwald; 11.7 Thinkstock (Luiz Ribeiro), München; 11.8 Thinkstock (Hemera Technologies), München; 11.9 Thinkstock (Gabriele Maltinti), München; 12 Thinkstock (Wavebreakmedia Ltd), München; 13 Thinkstock (diego_cervo), München; 14.1 Thinkstock (Jon Helgason), München; 14.2 Thinkstock (pojoslaw), München; 14.3 Thinkstock (pepmiba), München; 14.4 Thinkstock (Minerva Studio), München; 14.5 Thinkstock (Purestock), München; 14.6 Thinkstock (Andrea Hill), München; 14.7 Thinkstock (jxfzsy), München; 15.1 Thinkstock (pojoslaw), München; 15.2 Thinkstock (Purestock), München; 16.1 Thinkstock (XiXinXing), München; 16.2 Thinkstock (Pixland), München; 16.3 Thinkstock (Jupiterimages), München; 16.4 Thinkstock (Photick/Alix Minde), München; 16.5 Thinkstock (Cathy Yeulet), München; 16.6 Thinkstock (AlexRaths), München; 16.7 Thinkstock (hjalmeida), München; 17.1 Thinkstock (Wavebreakmedia Ltd), München; 17.2 Fotolia.com (goodluz), New York; 17.3 Thinkstock (Ridofranz), München; 20 Thinkstock (PixelEmbargo), München; 21.1 Fotolia.com (Renáta Sedmáková), New York; 21.2 Fotolia.com (bepsphoto), New York; 21.3 Fotolia.com (elophotos), New York; 21.4 mauritius images (View Pictures LTD), Mittenwald; 24 Thinkstock (Goodshoot), München; 26.1 Thinkstock (alessandro0770), München; 26.2 Thinkstock (malija), München; 26.3 Thinkstock (moodboard), München; 28 mauritius images (alamy), Mittenwald; 29.1 mauritius images (alamy), Mittenwald; 29.2 mauritius images (alamy), Mittenwald; 29.3 Thinkstock (RusN), München; 33.1 Thinkstock (kzenon), München; 33.2 mauritius images (Cultura), Mittenwald; 33.3 Thinkstock (lenta), München; 33.4 mauritius images (Tetra Images), Mittenwald; 35 alamy (Claudia Wiens), Abingdon, Oxfordshire; 38.1 Thinkstock (vovan13), München; 38.2 Thinkstock (Jon Helgason), München; 38.3 Thinkstock (Angel Luis Simon Martin), München; 38.4 Thinkstock (LeventKonuk), München; 38.5 Thinkstock (spafra), München; 38.6 Thinkstock (Zakharova_Natalia), München; 38.7 Thinkstock (PRUDENCIOALVAREZ), München; 38.8 Thinkstock (Goxi), München; 38.9 Thinkstock (bajinda), München; 38.10 Thinkstock (Zoonar/O.Kovach), München; 38.11 Thinkstock (Danny Smythe), München; 38.12 Thinkstock (GooDween123), München; 39.1 Thinkstock (TommL), München; 39.2 mauritius images (Cultura), Mittenwald; 39.3 iStockphoto (tirc83), Calgary, Alberta; 41.1 Thinkstock (Lilyana Vinogradova), München; 41.2 Thinkstock (HandmadePictures), München; 41.3 Thinkstock (bernjuer), München; 45.1 Thinkstock (diego cervo), München; 45.2 Thinkstock (Wavebreakmedia Ltd), München; 45.3 Thinkstock (anyaberkut), München; 45.4 Thinkstock (Wavebreakmedia Ltd), München; 45.5 Thinkstock (Jupiterimages), München; 46.1 Thinkstock (massimofusaro), München; 46.2 Thinkstock (JackF), München; 46.3 iStockphoto (RyanJLane), Calgary, Alberta; 46.4 Thinkstock (Szepy), München; 47 Thinkstock (Zoonar/P.Jilek), München; 48.1 Thinkstock (aopsan), München; 48.2 Thinkstock (Nastco), München; 48.3 Thinkstock (slovegrove), München; 49 Thinkstock (StockSolutions), München; 50.1 Thinkstock (Jon Helgason), München; 50.2 Thinkstock (Nikolai Okhitin), München; 50.3 Thinkstock (poplasen), München; 50.4 Thinkstock (Eiveisla), München; 51.1 Thinkstock (Wavebreakmedia Ltd), München; 51.2 Thinkstock (Jon Helgason), München; 52 Geoatlas.com; 53 Geoatlas.com; 57.1 mauritius images (alamy), Mittenwald; 57.2 Thinkstock (vm), München; 57.3 mauritius images (CuboImages), Mittenwald; 57.4 mauritius images (alamy), Mittenwald; 58.1 mauritius images (alamy), Mittenwald; 58.2 mauritius images (CuboImages), Mittenwald; 58.3 mauritius images (alamy), Mittenwald; 58.4 Thinkstock (Razvan), München; 59.1 iStockphoto (Cesare Ferrari), Calgary, Alberta; 59.2 mauritius images (alamy), Mittenwald; 61.1 Thinkstock (Ingram Publishing), München; 61 Thinkstock (kzenon), München; 62.1 Thinkstock (Kristina Afanasyeva), München; 62.2 Thinkstock (Piotr Przeszlo), München; 62.3 Thinkstock (xyno), München; 62.4 Thinkstock (horillaz), München; 63.1 Thinkstock (Piotr Przeszlo), München; 63.2 mauritius images (alamy), Mittenwald; 63.3 Thinkstock (olgysha2008), München; 63.4 mauritius images (alamy), Mittenwald; 63.5 Thinkstock (Wavebreakmedia Ltd), München; 63.6 Thinkstock (Estudi M6), München; 63.7 Thinkstock (Omada), München; 64.1 Thinkstock (Zeljko Bozic), München; 64.2 Thinkstock (shironosov), München; 69.1 Thinkstock (TETSURO GOTO/amanaimagesRF), München; 69.2 Thinkstock (slovegrove), München; 69.3 Thinkstock (Zoonar/P.Jilek), München; 69.4 Thinkstock (jenifoto), München; 70.1 Thinkstock (Milos Luzanin), München; 70.2 Thinkstock (Nikolai Okhitin), München; 73.1 Thinkstock (Scovad), München; 73.2 Thinkstock (irina88w), München; 74.1 Thinkstock (William Perugini), München; 74.2 Thinkstock (loops7), München; 74.3 Thinkstock (mfto), München; 75.1 Thinkstock (Jupiterimages), München; 75.2 Thinkstock (Wavebreakmedia Ltd), München; 75.3 Thinkstock (Wavebreakmedia Ltd), München; 81.1 Thinkstock (dennisvdw), München; 81.2 Thinkstock (Ingram Publishing), München; 81.3 Thinkstock (tubungato), München; 81.4 Thinkstock (Sheldon Gardner), München; 82 Thinkstock (Jacob Wackerhausen), München; 83.1 Thinkstock (Ryan McVay), München; 83.2 Thinkstock (Pixland), München; 83.3 Thinkstock (luckyraccoon), München; 83.4 Thinkstock (Jupiterimages), München; 83.5 Thinkstock (Jupiterimages), München; 83.6 Thinkstock (Mike Powell), München; 84 Thinkstock (gruffi), München; 85 Thinkstock (loops7), München; 86 Thinkstock (AndreaAstes), München; 87 Fotothek ENIT, De Agostini Picture Library; 93.1 Thinkstock (Jupiterimages), München; 93.2 Thinkstock (evgenyatamanenko), München; 93.3 Thinkstock (XiXinXing), München; 93.4 Thinkstock (Dirima), München; 93.5 Thinkstock (Randy Faris/Fuse), München; 94.1 Thinkstock (Feng Yu), München; 94.2 Thinkstock (Milos Luzanin), München; 95.1 Thinkstock (Feng Yu), München; 95.2 Thinkstock (Milos Luzanin), München; 96 Thinkstock (fotonio), München; 97 Thinkstock (Sophie Collin), München; 98 Thinkstock (William Perugini), München; 99.1 Thinkstock (Carlos Gomez BovA), München; 99.2 Thinkstock (ivanastar), München; 99.3 Thinkstock (gpointstudio), München; 99.4 Thinkstock (Jupiterimages), München; 99.5 Thinkstock (rvlsoft), München; 100 Thinkstock (Wavebreakmedia Ltd), München; 101 Thinkstock (nensuria), München; 105.1 Thinkstock (SerrNovik), München; 105.2 mauritius images (alamy), Mittenwald; 105.3 mauritius images (age), Mittenwald; 105.4 Fotolia.com (Wedding Photo), New York; 106.1 Thinkstock (Kristina Afanasyeva), München; 106.2 Thinkstock (jonathanfilskov-photography), München; 106.3 Thinkstock (Manakin), München; 107.1 Thinkstock (Nastco), München; 107.2 Thinkstock (Hemera Technologies), München; 108.1 Thinkstock (Wavebreakmedia Ltd), München; 108.2 Thinkstock (HyperionPixels), München; 108.3 Thinkstock (Digital Vision.), München; 109 Thinkstock (Wavebreakmedia), München; 111.1 Thinkstock (Milenko Bokan), München; 111.2 Thinkstock (Maria Teijeiro), München; 112.1 Thinkstock (Robyn Mackenzie), München; 112.2 mauritius images (alamy), Mittenwald; 112.3 Thinkstock (Jules_Kitano), München; 112.4 mauritius images (alamy), Mittenwald; 112.5 Thinkstock (Ingram Publishing), München; 112.6 Thinkstock (lukas_zb), München; 112.7 Thinkstock (.shock), München; 117.1 Thinkstock (Vittorio Zunino Celotto), München; 117.2 mauritius images (alamy), Mittenwald; 117.3 mauritius images (alamy), Mittenwald; 117.4 Thinkstock (Franco Origlia), München; 118 Thinkstock (Jupiterimages), München; 120 Thinkstock (Peter M. Fisher/Fuse), München; 121.1 Thinkstock (aopsan), München; 121.2 Thinkstock (nyul), München; 121.3 Thinkstock (nyul), München; 122.1 Thinkstock (gpointstudio), München; 122.2 Thinkstock (Oleksiy Mark), München; 122.3 Thinkstock (karandaev), München; 122.4 Thinkstock (bergamont), München; 122.5 Thinkstock (imagehub88), München; 122.6 Thinkstock (Zoonar/P.Malyshev), München; 122.7 Thinkstock (alexxl66), München; 122.8 Thinkstock (matt_benoit), München; 122.9 Thinkstock (Alexander Bedrin), München; 123.1 Thinkstock (Wavebreakmedia Ltd), München; 123.2 Thinkstock (Fuse), München; 124.1 Thinkstock (Nastco), München; 124.2 Mauritius Images (Jeff J Mitchell), Mittenwald; 129.1 Thinkstock (tyler olson), München; 129.2 Thinkstock (Ciaran Griffin), München; 129.3 Thinkstock (Goodluz), München; 129.4 Thinkstock (altrendo images), München; 130 Thinkstock (Zeljko Bozic), München; 131.1 Thinkstock (Jon Helgason), München; 131.2 Thinkstock (Goodshoot RF), München; 131.3 Thinkstock (Boris Zatserkovnyy), München; 132 Thinkstock (nyul), München; 134.1 Thinkstock (mark wragg), München; 134.2 Thinkstock (AdamGregor), München; 135.1 Thinkstock (Wavebreakmedia Ltd), München; 135.2 Thinkstock (risck), München; 135.3 Thinkstock (GoodMood Photo), München; 136 Thinkstock (Creatas Images), München; 137.1 Thinkstock (William Perugini), München; 137.2 Thinkstock (Szepy), München; 140.1 Thinkstock (Ievgen Chepil), München; 140.2 Thinkstock (Wavebreakmedia Ltd), München; 140.3 Thinkstock (loops7), München; 141.1 Thinkstock (Jupiterimages), München; 141.2 Thinkstock (Jenifoto), München; 141.3 Thinkstock (william87), München; 141.4 Thinkstock (Viktor Čáp), München; 142.1 Thinkstock (Wavebreakmedia Ltd), München; 142.2 Thinkstock (Wavebreakmedia Ltd), München; 143.1 Thinkstock (Wavebreakmedia Ltd), München; 143.2 Thinkstock (Wavebreakmedia Ltd), München; 143.3 Thinkstock (Pushkarevskyy), München; 143.4 Thinkstock (David De Lossy), München; 143.5 Thinkstock (Marina Bartel), München; 143.6 Thinkstock (Fuse), München; 144.1 Thinkstock (d3images), München; 144.2 Thinkstock (Perseomed), München; 144.3 Thinkstock (mixov), München; 145.1 Thinkstock (lukas_zb), München; 145.2 Thinkstock (LeeYiuTung), München; 145.3 mauritius images (alamy), Mittenwald; 145.4 Thinkstock (Prill Mediendesign & Fotografie), München; 146 Thinkstock (kopecky), München; 147.1 Thinkstock (PJPhoto69), München; 147.2 Thinkstock (SerrNovik), München; 147.3 Thinkstock (Soldaini), München; 147.4 Thinkstock (Dainela), München; 147.5 Thinkstock (Jupiterimages), München; 147.6 Thinkstock (Q_Saba), München; 148 Fotolia.com (lesniewski), New York; 153 Fotolia.com (Christian Schwier), New York; 155 Fotolia.com (contrastwerkstatt), New York; 160.1 Thinkstock (Comstock Images), München; 160.2 Thinkstock (Jupiterimages), München; 160.3 Thinkstock (lorenzoantonucci), München; 160.4 Thinkstock (Wavebreakmedia Ltd), München; 161 Thinkstock (TimHesterPhotography), München; 164 Thinkstock (javarman3), München; 166 Thinkstock (Digital Vision.), München; 167 Thinkstock (Hilch), München; 168 Thinkstock (william87), München; 169.1 Thinkstock (Fuse), München; 169.2 Thinkstock (Daniel Ernst), München; 171.1 Thinkstock (tella_db), München; 171.2 Thinkstock (lucien82), München; 171.3 Fotolia.com (Rostislav Glinsky), New York; 174 Thinkstock (Jon Helgason), München; 178 Thinkstock (Feng Yu), München; 179.1 Thinkstock (mark wragg), München; 179.2 Thinkstock (Joe Gough), München; 180.1 Thinkstock (Jules_Kitano), München; 180.2 Thinkstock (Dmytro Panchenko), München; 180.3 Thinkstock (Piotr Krześlak), München; 181.1 Thinkstock (Feng Yu), München; 181.2 Thinkstock (sodapix sodapix), München; 193 Thinkstock (loops7), München; 194.1 mauritius images (alamy), Mittenwald; 194.2 Thinkstock (ilbusca), München; 194.3 Thinkstock (David Lentz), München; 194.4 Dreamstime.com (Konstantinos Papaioannou), Brentwood, TN; 197 Dreamstime.com (mrdoomits), Brentwood, TN; 201.1 Thinkstock (Volodymyr Leus), München; 201.2 Thinkstock (Robert Churchill), München; 205 Thinkstock (Jupiterimages), München; 206 Thinkstock (seregam), München; 207.1 Thinkstock (Ljupco), München; 207.2 Thinkstock (AnnaDudek), München; 207.3 Thinkstock (Hemera Technologies), München; 207.4 Thinkstock (Anna Davydova), München; 207.5 Thinkstock (ppart), München; 207.6 Thinkstock (talevr), München; 207.7 Thinkstock (tatniz), München; 207.8 Thinkstock (Matteo De Stefano), München; 207.9 Thinkstock (Igor Terekhov), München; 207.10 Thinkstock (Zoonar RF), München; 207.11 Thinkstock (CGinspiration), München; 207.12 Thinkstock (karammiri), München; 207.13 Thinkstock (Simon Krzic), München; 207.14 Thinkstock (yasinemir), München; 207.15 Thinkstock (tiler84), München; 208.1 Thinkstock (Jon Helgason), München; 208.2 Thinkstock (danbreckwoldt), München; 214 Thinkstock (Zoonar RF), München; 216.1 Thinkstock (Hilch), München; 216.2 Thinkstock (Eivaisla), München; 216.3 Thinkstock (Jon Helgason), München; 216.4 Thinkstock (loliputa), München; 220 Thinkstock (Pipop_Boosarakumwadi), München; 221.1 Thinkstock (Zakharova_Natalia), München; 221.2 Thinkstock (mark wragg), München; 228.1 Thinkstock (Zakharova_Natalia), München; 228.2 Thinkstock (Volodymyr Leus), München; 228.3 Thinkstock (Studio-Annika), München; 231 Thinkstock (lculig), München; 236.1 Thinkstock (Sergey Borisov), München; 236.2 Thinkstock (Medioimages/Photodisc), München; 236.3 Thinkstock (Ridofranz), München; 236.4 Thinkstock (Ysbrand Cosijn), München; 240.1 Thinkstock (kyoshino), München; 240.2 Thinkstock (TommL), München; 240.3 Thinkstock (QQ7), München; 241 Thinkstock (Evan Agostini), München; 244.1 Thinkstock (feedough), München; 244.2 Thinkstock (Szepy), München; 244.3 Thinkstock (Avesun), München; 244.4 Thinkstock (Avesun), München; 244.5 Thinkstock (michaeljung), München; 244.6 Thinkstock (Lite Productions), München; 244.7 Thinkstock (JuNi Art), München; 244.8 Thinkstock (druvo), München; 248.1 Thinkstock (KatarzynaBialasiewicz), München; 248.2 Thinkstock (kukhunthod), München; 248.3 Thinkstock (Gustav Bergman), München; 248.4 Thinkstock (Arnaud-h), München; 248.5 Thinkstock (Dynamic Graphics), München; 248.6 Thinkstock (olgysha2008), München; 248.7 Thinkstock (paolofur), München; 248.8 Thinkstock (延幸 高橋), München; 250 Thinkstock (Nastco), München; 254 Thinkstock (loops7), München; 255.1 Thinkstock (mfto), München; 255.2 Thinkstock (loops7), München; 255.3 Thinkstock (zoomstudio), München; 256.1 Thinkstock (koosen), München; 256.2 Thinkstock (daboost), München; 257.1 Thinkstock (mark wragg), München; 257.2 Thinkstock (SerrNovik), München; 258 Thinkstock (Volodymyr Leus), München; 261 Thinkstock (Jon Helgason), München; 264.1 Thinkstock (Wavebreakmedia Ltd), München; 264.2 Thinkstock (Wavebreakmedia Ltd), München; 267.1 Thinkstock (Ingram Publishing), München; 267.2 Thinkstock (Jevtic), München; 267.3 Thinkstock (fralo), München; 267.4 Thinkstock (ViewApart), München